PSICOLOGIA
APLICADA À
ADMINISTRAÇÃO
DE EMPRESAS

CB043767

O GEN | Grupo Editorial Nacional – maior plataforma editorial brasileira no segmento científico, técnico e profissional – publica conteúdos nas áreas de ciências sociais aplicadas, exatas, humanas, jurídicas e da saúde, além de prover serviços direcionados à educação continuada e à preparação para concursos.

As editoras que integram o GEN, das mais respeitadas no mercado editorial, construíram catálogos inigualáveis, com obras decisivas para a formação acadêmica e o aperfeiçoamento de várias gerações de profissionais e estudantes, tendo se tornado sinônimo de qualidade e seriedade.

A missão do GEN e dos núcleos de conteúdo que o compõem é prover a melhor informação científica e distribuí-la de maneira flexível e conveniente, a preços justos, gerando benefícios e servindo a autores, docentes, livreiros, funcionários, colaboradores e acionistas.

Nosso comportamento ético incondicional e nossa responsabilidade social e ambiental são reforçados pela natureza educacional de nossa atividade e dão sustentabilidade ao crescimento contínuo e à rentabilidade do grupo.

CECÍLIA WHITAKER BERGAMINI

PSICOLOGIA
APLICADA À
ADMINISTRAÇÃO
DE EMPRESAS

PSICOLOGIA DO COMPORTAMENTO ORGANIZACIONAL

5ª EDIÇÃO

- A autora deste livro e a editora empenharam seus melhores esforços para assegurar que as informações e os procedimentos apresentados no texto estejam em acordo com os padrões aceitos à época da publicação, e todos os dados foram atualizados pela autora até a data de fechamento do livro. Entretanto, tendo em conta a evolução das ciências, as atualizações legislativas, as mudanças regulamentares governamentais e o constante fluxo de novas informações sobre os temas que constam do livro, recomendamos enfaticamente que os leitores consultem sempre outras fontes fidedignas, de modo a se certificarem de que as informações contidas no texto estão corretas e de que não houve alterações nas recomendações ou na legislação regulamentadora.

- A autora e a editora se empenharam para citar adequadamente e dar o devido crédito a todos os detentores de direitos autorais de qualquer material utilizado neste livro, dispondo-se a possíveis acertos posteriores caso, inadvertida e involuntariamente, a identificação de algum deles tenha sido omitida.

- **Atendimento ao cliente: (11) 5080-0751 | faleconosco@grupogen.com.br**

- Direitos exclusivos para a língua portuguesa
  Copyright © 2005, 2022 (3ª impressão) by
  Editora Atlas Ltda.
  Uma editora integrante do GEN | Grupo Editorial Nacional
  Travessa do Ouvidor, 11
  Rio de Janeiro – RJ – 20040-040
  www.grupogen.com.br

- Reservados todos os direitos. É proibida a duplicação ou reprodução deste volume, no todo ou em parte, em quaisquer formas ou por quaisquer meios (eletrônico, mecânico, gravação, fotocópia, distribuição pela Internet ou outros), sem permissão, por escrito, da Editora Atlas Ltda.

- Capa: Zenário A. de Oliveira

- Composição: Luciano Bernardino de Assis

- Ficha catalográfica

DADOS INTERNACIONAIS DE CATALOGAÇÃO NA PUBLICAÇÃO (CIP)
(CÂMARA BRASILEIRA DO LIVRO, SP, BRASIL)

Bergamini, Cecília Whitaker
    Psicologia aplicada à administração de empresas : psicologia do comportamento organizacional / Cecília Whitaker Bergamini. – 5. ed. - [3. Reimpr] - São Paulo : Atlas, 2022.

    ISBN 978-85-224-9846-8

    1. Comportamento organizacional 2. Psicologia industrial. I. Título. II. Título: Psicologia do comportamento organizacional.

81-1423 CDD-158-7
658.0019

Índices para catálogo sistemático:

1. Administração de empresas : Aspectos psicológicos   658.0019
2. Comportamento organizacional : Psicologia aplicada   158.7
3. Psicologia aplicada à administração   658.0019
4. Psicologia organizacional : Psicologia aplicada   158.7

ASSOCIAÇÃO
BRASILEIRA
DE DIREITOS
REPROGRÁFICOS

Respeite o direito autoral

SUMÁRIO

PREFÁCIO

Nada é tão vigoroso como referencial de autoconhecimento e autoestima como o que resulta do trabalho que se desempenha. Remunerado ou não, dentro de uma organização ou fora dela, esse trabalho ajuda as pessoas a saber quem são e qual o seu real valor.

Por si mesmas as pessoas têm recursos para se conhecer melhor em relação a seus pontos fortes capazes de lhes propiciar satisfação e felicidade pessoal. Dentro desse referencial elas podem também deixar de se preocupar com suas fraquezas, o que seria uma perda de tempo, pois ninguém muda sua maneira íntima de ser. Há certas características que podem até mesmo estar disfarçadas, mas não serão revertidas na sua totalidade. Mudar não é o destino do ser humano, por isso ele pode buscar no estudo da sua vida psicológica a sua realidade e o sentido da sua própria vida.

Seja quem você é

Não se lamente pelo que não é

Desde a primeira edição do presente livro em 1973 até os dias de hoje, em sua quinta edição, muitos mistérios sobre o ser humano foram desvendados. Como resultado, cada vez fica mais evidente que o principal construtor da própria felicidade é ele mesmo, dando-lhe, no final do seu percurso, o respeito a si próprio e a valorização do seu potencial. Esse é o grande objetivo deste trabalho: oferecer informações que facilitem o reconhecimento de estratégias pessoais que tornem os seus pontos fortes uma realidade visível, seja na vida pessoal ou profissional.

Por muitos anos as empresas buscaram utilizar-se de recursos que deveriam adaptar as pessoas aos imperativos dos cargos que deveriam desempenhar. Felizmente, hoje é consenso relativamente comum que o melhor caminho a percorrer aponta para uma direção inversa, ou seja, construir organizações que tenham condições de permitir o aproveitamento dos recursos pessoais próprios a seus colaboradores e tirar o melhor partido desses redutos de forças.

Os insucessos em querer mudar o comportamento no trabalho feito de maneira superficial nos conhecidos programas de treinamento e desenvolvimento de pessoal tiveram uma grande vantagem e enorme contribuição, mostrando que tudo aquilo que se conseguiu foram tão somente mudanças efêmeras, na sua maioria pouco significativas. As propostas desses programas logo se dissolviam, dando lugar à retomada dos antigos hábitos que se pretendiam remover.

Nesta nova edição totalmente revista e atualizada, o principal objetivo a ser alcançado é o de oferecer àqueles que a lerão uma estratégia simples e desmistificada, mas realmente viável de se chegar ao autoconhecimento, à autoaceitação e ao autogerenciamento dos recursos escondidos nos pontos fortes de cada um frente a tudo aquilo que mais importa a si – eles próprios. Não trabalhar os pontos fortes é uma atitude tipicamente irresponsável; não se trata de humilde ou louvável predisposição.

Para cumprir tais encargos, este livro percorre desde a compreensão do que seja comportamento humano normal, metodologia para estudá-lo e as teorias mais em uso atualmente nesse assunto.

A seguir, serão examinados aspectos vitais à convivência nos pequenos grupos de trabalho, sem deixar de lado a personalidade humana em sua individualidade e diversidade. Isso diz respeito à dinâmica do comportamento, que é o resultado das pulsões motivacionais.

Por fim, foram bem aprofundados aspectos do ajustamento pessoal, inclusive o entendimento de que pontos fracos dos quais nos queixamos e os demais nos cobram nada mais são do que características que se mostraram construtivas no passado, mas que hoje representam simplesmente o uso excessivo e disfuncional dos pontos fortes da competência pessoal. Este último tema acompanha as tendências atuais amplamente pesquisadas em vários países desenvolvidos junto a equipes de executivos e dirigentes de empresas.

Comovida, agradeço a meus leitores a alegria que me têm dado todos estes anos quando fazem repercutir sobre mim seus conselhos, o que mostra o interesse deles na compreensão verdadeiramente psicológica de si. Que seja possível a todos eles encontrar neste livro o verdadeiro sentido das suas vidas pessoais e de trabalho.

A Autora

1

A PSICOLOGIA DO COMPORTAMENTO ORGANIZACIONAL

"Entre todos os campos da ciência, a psicologia talvez seja o mais misterioso para o público leigo e mais suscetível a mal-entendido. [...] a maioria das pessoas têm apenas uma vaga ideia do que se trata e do que realmente fazem os psicólogos."

Tedlow (2012, p. 10)

A falácia da imagem no espelho

Sumário

1.1 Mudança de ênfase: dos atípicos para a normalidade; 1.2 A força do autoconhecimento; 1.3 A falácia da imagem do espelho; 1.4 O homem atual: autoconhecimento e eficácia; 1.5 Nova face do comportamento nas organizações; Referências

1.1 Mudança de ênfase: dos atípicos para a normalidade

Qualquer ser humano está interessado em conhecer-se o melhor possível, procurando também saber mais a respeito do comportamento dos outros. As ciências do comportamento estão aparecendo dentre aquelas que despertam interesse sem precedentes. Esse conhecimento está disponível para todos que se interessam pelo ser humano. Nós mesmos, os amigos, os parentes, colegas de escola e de trabalho, nossos superiores e subordinados merecemos grande consideração quando se trata de resolver qual a melhor forma de suplantar dificuldades e conseguir chegar a uma convivência mais confortável, sobrevivendo a situações de maior desgaste.

Os comportamentos raros ou atípicos, como no caso das doenças mentais, eram o principal foco de atenção. Atualmente, muitos desafios novos surgiram por força de novas formas de vida e necessidade do uso de recursos tecnológicos mais sofisticados. Como afirma Meigniez (1965, p. XI), "a patologia sempre foi, de certa forma, uma caricatura do normal e nos ensina a olhá-la com olhos novos". Especialmente no ambiente organizacional, cada vez com maior profundidade, procura-se saber como evitar situações que coloquem em perigo o equilíbrio e o ajustamento das pessoas, estejam elas em qualquer nível da pirâmide organizacional.

O mundo todo atravessa uma era de grandes descobertas sobre importantes aspectos comportamentais. O interesse sobre o comportamento está presente em praticamente todas as situações da vida do ser humano. O cinema, o teatro, os romances, as revistas e os jornais, a Internet, todos os meios de comunicação comprovam esse grande interesse. No momento, a civilização está voltada para o exame e reflexão sobre esse importante tema que diz respeito ao homem.

Morin e Aubé (2009, p. 1) dizem que a psicologia trata da ciência que "permite compreender o comportamento das pessoas". Caso ela não ofereça uma "boa resposta" às indagações que são feitas sobre as pessoas, ela "propõe pelo menos meios de compreendermos nossas atitudes e reações". O mais importante é que a psicologia "permite também encontrar sentido para nossas experiências", bem como "resolver os problemas com que nos defrontamos todos os dias". Quando voltada às organizações, pode "ajudar as pessoas a encontrar sentido em seu trabalho". É isso o que mais importa, uma vez que o trabalho é um dos mais importantes referenciais de autoestima.

Thomas (2010, p. 8) aponta a diferença das empresas no passado propondo que "hoje com o trabalho mais exigente e uma supervisão menos rígida", é necessário garantir "que os funcionários estejam psicologicamente 'envolvidos' na execução do trabalho". Isso acontece quando a pessoa se conhece e está apta a se autogerir. Para o autor, "a autogestão é característica decisiva no envolvimento do funcionário". Ela representa "a fonte de recompensas intrínsecas que motivam o envolvimento das pessoas". Nisso reside a motivação, que se traduz pelo "compromisso que motiva todo o processo de autogestão", revelando para cada um seu próprio valor.

A obra *O livro de psicologia* (2012, p. 10-13), do qual participam vários colaboradores, a título de introdução, afirma ser possível encontrar alguns conceitos que se propõem a apresentar a ciência da psicologia como um dos campos da ciência mais atrativo. Apesar disso, "ideias e teorias dos psicólogos integram-se de tal forma à cultura popular contemporânea" que muitos daqueles que estudam as "descobertas sobre os processos mentais e comportamentos são considerados 'senso comum'". Muitas ideias novas alteraram também o modo de pensar em si e nos outros. Por fim, a psicologia estimulou "explorar a riqueza e diversidade de uma área que observa o misterioso mundo da mente humana", que é para todos grande atrativo.

Muitas situações desagradáveis, tais como desentendimentos, crises, frustrações e problemas de modo geral, que chegam a atingir vários grupos de pessoas, poderiam ter sido evitadas ou mais facilmente suplantadas se cada um conhecesse um pouco mais a respeito de si mesmo e dos demais. Isso tem sido confirmado como um desafio difícil de ser vencido. Não tem sido fácil encontrar formas mais saudáveis de vida para o ser humano. Bernstein, Clarke-Stewart, Penner, Roy e Wickens (2000) afirmam que a psicologia procura "compreender os processos comportamentais e mentais" imprescindíveis ao bem-estar humano.

Fernández-Aráoz (2009, p. 25) considera a importância que representa ter "capacidade de tomar grandes decisões sobre pessoas". Trata-se da "habilidade mais decisiva na determinação do seu sucesso", quer do ponto de vista individual como organizacional, bem como "também de sua felicidade pessoal".

Fernández-Aráoz (p. XIII) considera que "as pessoas são ao mesmo tempo problema e solução". Resolver sérios problemas requer "pessoas competentes" dentro ou fora da organização. Embora por natureza as pessoas tenham a tendência de "julgar e classificar as pessoas", muitos não têm o preparo necessário para tanto e no meio organizacional corre-se "o risco de fazer julgamentos precipitados ou impensados"; como propõe o autor: "quando se trata de pessoas somos menos humildes. Isso significa que aqueles que têm conhecimentos para isso nem sempre têm poder para tomar decisões sobre pessoas". Por outro lado, "aqueles que têm poder talvez não tenham o conhecimento necessário", como é o caso de executivos altamente posicionados, que enfrentarão este desafio daqui em diante crescendo em projeção geométrica.

Consideráveis problemas psicológicos parecem ter origem no fato de que esse "maravilhoso" desenvolvimento industrial e técnico prometido não resultou na correspondente satisfação afetiva e emocional das pessoas. Hepner (1963, p. 3) diz: "somos como crianças que brincam com brinquedos poderosos, mas de alguma forma perigosos". Desaparecem as atividades simples e repetitivas, o que exige maior competência de quem trabalha para enfrentar uma realidade bastante mais complexa.

Para Thomas (2010, p. 5) "muita gente tem opiniões antigas que não se aplicam mais". Como o autor enfatiza, "o trabalho de forma radical" engloba "a natureza do trabalho [...], o aspecto do envolvimento nas empresas atuais" tem sido reavaliado. "Muitos níveis de gerência intermediária e posições de supervisão foram eliminados." Como principal objetivo, "as organizações precisam que seus funcionários assumam muitas dessas funções", o que "significa eliminar regras e controles desnecessários", que "impedem as pessoas de usar sua capacidade de julgar". Além disso, "outro sinal de confiança é delegar decisões significativas". Só a autogestão "permite monitorar a competência do nosso desempenho". No mundo atual, a gestão de pessoas tornou-se bem mais complicada.

Como propõe Mussak (2010, p. 100), "a valorização das pessoas dentro das organizações nasceu", com isso, procurou-se "corrigir a tendência à desumanização do trabalho" que utilizou "métodos rígidos e rigorosos, científicos e precisos aos quais os trabalhadores deveriam submeter-se". O mais importante, nesse momento, foi que "a motivação era exclusivamente financeira". Essa perspectiva transformou "os operários em máquinas que produziam segundo um índice padrão de produção", considerado "sempre acima da capacidade de produção de um operário normal". Isso teve uma vida curta; logo, aqueles atingidos por esse tipo de tratamento perceberam o que estava ocorrendo e reagiram entre eles, como o ocorrido pelo uso da Administração Científica de Frederick Taylor.

1.2 A força do autoconhecimento

Cada um faz de si e de suas vivências o referencial do universo ao qual pertence. É natural a tendência de considerar a problemática pessoal de forma prioritária. Para suplantar as dificuldades, cada ser humano está constantemente buscando informações para entender melhor suas preocupações mais íntimas. É necessário mergulhar fundo para se conhecer melhor. Há fatos que são difíceis de encarar, todavia, negá-los representa a pior saída, embora a negação seja uma forma de defesa. Como Tedlow (2012, p. 43) aponta, "a mente capta o que acontece e coloca em ação uma espécie de filtro, mantendo a consciência afastada daquilo que a ameaça". É indispensável um trabalho consciente. Muitas vezes, a pessoa pode chegar a acreditar nas próprias mentiras – para não sofrer de novo os desencontros já vividos.

A psicologia organizacional se preocupa em desvendar indícios do ambiente adverso que dificulta o ajustamento dos que trabalham, como aponta Muchinsky (2004): "Outra característica do quadro de emprego é a velocidade da mudança." As pressões causadas pela urgência em qualquer atividade acentuam-se de forma que "os custos médicos estão disparando assustadoramente". Isso leva as pessoas a procurarem maneiras "de enfrentar o trauma da perda do emprego, das transferências e das novas atribuições". Não é simples, como pensam alguns, enfrentar algumas ocorrências nesse ambiente de trabalho.

A busca de ajustamento pessoal faz nascer um novo ramo de especialização no estudo do comportamento humano, que é a psicopatologia do comportamento organizacional. Bendassolli e Soboll (2011, p. 3-21) chamam a atenção ao "traumático no trabalho" procurando "compreender as origens e as manifestações do sofrimento". Além disso, buscam também "compreender e subsidiar os processos de resistência e superação" daqueles que constituem os grupos de trabalho.

Especialistas nesse campo são unânimes em acreditar que podem ajudar mais as pessoas à medida que facilitem a elas se conhecerem melhor. Isso neutraliza as sensações desconfortáveis a respeito delas mesmas, como, por exemplo, sentimentos de autoestima rebaixados, falta de confiança ao sentirem que falharam. Consequência: não advertidas da precariedade de seu conhecimento, essas pessoas acumulam dentro de si inquietudes e ansiedades desnecessárias. O equilíbrio tão importante à possibilidade de serem felizes inexiste, uma vez que lhes falta a competência consciente e produtiva para a resolução dos próprios problemas. Muitos indivíduos parecem não ter coragem suficiente para assumir suas dificuldades de ajustamento. Eles podem falar com naturalidade das suas doenças físicas, mas não estarão à vontade para expor em público problemas psicológicos, como se fossem algo de ruim ou um defeito.

Alguns têm grande capacidade de inventar uma infinidade de problemas que os tornam infinitamente infelizes. O conhecimento mais adequado de si mesmo, de maneira mais inequívoca e avisada, aumenta as possibilidades de ser feliz, uma vez que as respostas comportamentais são mais adequadas às solicitações do ambiente. Se o mal-estar físico causado por uma doença determina um comportamento ineficiente, tal como falta de atenção, sentimentos desagradáveis também incapacitam e comprometem o conforto e a eficácia pessoal, por isso é necessário evitar a sensação interna de pressão que esvazia a energia responsável pelo equilíbrio, imprescindível para vencer o estado de apatia e a perda de motivação. A psicologia está mais acessível às pessoas, já que seus conceitos se despiram da retórica científica de difícil compreensão, retratando com maior simplicidade a realidade existencial.

Todos têm problemas e a existência deles não significa anormalidade psíquica. Qualquer sobrecarga de dificuldades, dúvidas e conflitos normalmente desafiam a procura do próprio ajustamento. O esforço para encontrar soluções mais eficazes pode determinar certo desgaste psicológico e precipitar a sensação de esvaziamento da energia interior.

Bendassolli e Soboll (2011, p. 3-21) enfatizam a importância do trabalho como fator que contribui para o ajustamento de cada um, propondo que ele é "uma atividade pela qual o sujeito se afirma na sua relação consigo mesmo". Todavia, ele também "é fonte de desgaste e sofrimento". A contribuição do uso da psicologia reside "na busca de instrumentos que viabilizam a compreensão da situação de trabalho real". É a partir dela que as pessoas aumentam "o poder de agir sobre o mundo e sobre si mesmos, coletivamente e individualmente". Os autores tiraram essa ideia de Clot (1995), que se constitui num referencial de avaliação do próprio valor de cada um.

Há pessoas que conseguem detectar o momento em que o auxílio de um especialista se faz necessário e antes que seus problemas se avolumem o procuram, não sendo consideradas exemplo de pessoas fracas por causa disso. Pelo contrário, elas tiveram muita coragem ao admitir que precisam de ajuda. Muitos se ofendem quando se lhes recomenda que procurem um psicólogo ou um psiquiatra, e como defesa dão a inevitável resposta: "ainda não estou louco". Dessa forma, pensam colocar um ponto final quanto à dúvida sobre sua anormalidade, para não ser novamente perturbado com inquisições tão desagradáveis. Quanto mais normal e ajustada a pessoa, mais ela aceita que se coloque em dúvida a própria normalidade.

Não há nada de negativo em pedir ajuda, não existe demérito nessa atitude. Com dizem Damon e Bronk (2009, p. 34): "no auge da crise há algumas pessoas em quem se pode confiar para tomar certas atitudes". São pessoas que fazem "todo o possível a fim de encontrar a saída de uma situação difícil". Só se tem vantagens ao pedir a ajuda delas, pois "assumem a responsabilidade", fazendo isso "sem se importarem com o peso, com os riscos ou com a desesperança associada à determinada situação". É preciso saber escolher o tipo de pessoa a quem se pede ajuda, pois algumas, "temendo os encargos pessoais" em situações difíceis, "acham uma desculpa para se omitir ou ignorar o problema". Elas assumem a posição típica daquele que acha "que o problema não é meu". Conseguem, assim, gerar angústia àqueles que lhe pedirem ajuda.

1.3 A falácia da imagem do espelho

A psicologia deixou de ser apanágio de catedráticos e especialistas no assunto. Pessoas mais sensíveis já compreendem que, conhecendo um pouco mais sobre si, o comportamento observável torna-se mais significativo. As pessoas estão em condições de ir além do significado aparente do comportamento humano e não embarcar tão facilmente na observação superficial dos outros, o que pode levar a percepções distorcidas. Mais acessível às pessoas, a psicologia pode ajudar aqueles que dela se socorrem.

Durante bastante tempo, o doente mental foi considerado como portador de maus espíritos. Eles chegaram a ser acorrentados de tal forma que não conseguiam sentar-se para descansar. Muitas lendas cercavam o estudo do comportamento humano. Esse era o enfoque popular a respeito do assunto, difundindo um aspecto negativo sobre a doença mental. Ainda hoje, há pessoas que temem a doença mental devido à interpretação negativa daquilo que realmente ela é.

A partir dos estudos psicanalíticos feitos por Freud (1856-1939) foi possível destrinchar o significado das origens das doenças mentais. Não se trata de justificar, mas de tentar explicar melhor as reações humanas e seus reais "porquês". Sem isso, muitos daqueles comportamentos indesejáveis levam à simples conotação de má vontade ou falta de educação. É normal que cada um procure ser produtivo e estabeleça relacionamentos interpessoais significativos. Se isso não ocorre no seu trabalho, na sua vida familiar, na sua carreira escolar e profissional, é porque você deve estar acumulando dentro de si distorções emocionais que o levam à sensação de inadequação pessoal. É importante ter em mente que toda pessoa considerada como problema seja, antes de tudo, um problema para si mesma, com isso, a convivência entre os seres humanos poderá se tornar mais fácil e agradável.

A título de exemplo, ilustrando o fato de que existem sempre boas razões pessoais para determinadas condutas serem qualificadas como indesejáveis. Há casos narrados pela psicologia aplicada à situação organizacional que ilustram a importância de se compreender o porquê do ocorrido, como ilustrado no caso que se segue:

Já fazia mais de um ano que uma grande empresa sentia como iminente a necessidade de substituir um supervisor de uma das áreas mais importantes e nevrálgicas para seu bom funcionamento.

O candidato à aposentadoria não tinha perto de si nenhum colaborador apto para assumir o seu lugar com a mesma eficiência que lhe era peculiar.

O velho chefe, já há oito anos sem férias, mostrava sintomas de cansaço crescente. A qualidade do pessoal que foi selecionado por ele parecia lastimável.

No decorrer da vida profissional, sua atitude demonstrava excessiva submissão, sendo o típico colaborador apenas eficiente. Vivia sua rotina de trabalho pautada por uma carreira obscura sem grandes variações, não se evidenciando como um tomador de decisões eficazes.

O tempo que dedicava ao treinamento daqueles por quem era responsável era lastimavelmente pequeno, sem nenhuma ligação entre os assuntos relativos ao trabalho deles.

Interpretação dos fatos:

- há fatos nessa história que se colocados juntos dão sentido àquilo que ocorria;

- quando criança passara cinco anos como filho único, sendo o centro de atenção da família toda;

- a chegada de um irmão fez com que ele se sentisse destronado pelo recém-chegado, o que lhe causou um sentimento muito forte de perda;

- durante a infância mostrava-se visivelmente irritado ao ter de concorrer com seus colegas de classe;

- na adolescência esse sentimento de culpa perdurou, não se dispondo a concorrer com os colegas em nada;

- finalmente, na fase adulta, é nomeado como chefe de um grupo em que trabalhava;

- a contragosto aceita a nomeação, para não ser reconhecido por sua falta de interesse. Ao aceitar o cargo sente-se desconfortável pelos conflitos pessoais que enfrenta;

- na posição de chefe afastou de perto de si todos aqueles que poderiam tomar novamente o lugar que ocupava;

- sobrecarregado por ter que preencher as lacunas dos seus funcionários mal treinados, trabalha até a exaustão;

- o final desses acontecimentos aponta para alguém que acabou exaurido sem ninguém à sua volta para ampará-lo, e principalmente substituí-lo em seus impedimentos pessoais.

Essa maneira de se comportar tem ligação com os fatos que compõem a história de vida desse chefe. Em psicologia, todo acontecimento comportamental possui uma causa contida na história de vida das pessoas. A lógica do comportamento aparente é fornecida por essa história de vida.

Como diz Bass (1990, p. 19), a liderança "envolve uma estruturação ou reestruturação de uma situação, bem como das percepções e expectativas dos seus membros". São atividades que englobam o tempo gasto em treinar, orientar, aconselhar e demais medidas que visam preparar e desenvolver um seguidor, tendo em vista o aproveitamento máximo do seu potencial. Para tanto, "são agentes de mudanças, cujos atos afetam outras pessoas mais do que as ações delas os afetam", embora não exista qualquer conceito sobre liderança que compreenda todos esses aspectos.

Conseguir que as pessoas façam aquilo que precisa ser feito requer bom conhecimento de quem são essas pessoas e como se comportam. Para tanto, é necessário ser capaz de distinguir a diferença individual entre elas. Wagner III e Hollenbeck (2000, p. 30) assim caracterizam esse tipo de falha: "Gerentes que não conseguem administrar com êxito a diversidade invariavelmente caem em uma dentre duas armadilhas." Surge, assim, "a tendência constante de supor que todas as pessoas são basicamente semelhantes". O autor chama de "falácia da imagem do espelho, que é muito atraente porque faz o mundo parecer muito mais fácil de compreender". Embora atraente, essa é uma das perigosas crenças que acabam por envenenar os relacionamentos interpessoais.

1.4 O homem atual: autoconhecimento e eficácia

O estudo das ciências comportamentais segue uma linha de raciocínio que se pauta principalmente pelos fatos que constroem a história de vida das pessoas. *A não ser rarissimamente*, essa ciência fornecerá postulados universais ou leis definitivas. O ser humano passa por experiências que vão marcando indelevelmente as várias etapas da sua vida. Cada um é o resultado de características inatas acrescidas pelas experiências vividas. A partir da coerência intrínseca desses acontecimentos, é possível conhecê-los para poder explicá-los melhor. As pessoas já nasceram diferentes umas das outras. Basta que se observem os neonatos no berçário da maternidade que saltará aos olhos a diferença de comportamento entre os bebês. Não há bagagem inata idêntica tampouco experiências de vida exatamente iguais; até mesmo gêmeos idênticos nascem com DNA diferentes, assim como têm marcas digitais também diferentes.

Quando se discute algo a respeito das ciências exatas, emitir opiniões e crenças é perigoso. Uma simples demonstração numérica poderá refutá-las fulminantemente. Ninguém se arrisca a isso, pois seria tornar evidente a própria ignorância. Com relação às ciências do comportamento, tais como a psicologia, a sociologia, a política e outras, o caso é bem outro. São muitos aqueles que se lançam a interpretar ocorrências comportamentais defendendo ardorosamente o seu ponto de vista. Na maioria das vezes, isso é feito com base em simples observações esporádicas, não tendo apoio da investigação científica. Todos nós nos consideramos psicólogos natos.

A mídia tem ajudado essa tendência de considerar os fenômenos comportamentais de forma simplista e apriorística. Henneman (1972, p. 46-53) assim o faz: "Quase todo mundo tem arraigadas noções a respeito da 'natureza humana' e um alto grau de confiança (raramente justificada) em sua capacidade de 'avaliar' as outras pessoas". Quando as crenças que se possui sobre o comportamento de alguém são refutadas ou contrariadas, "a maioria de nós se torna intolerante ou rejeita a evidência contrária, taxando-a de 'teoria'" desnecessária. Como Rogers e Roethlisberger acrescentam, "talvez a maior barreira à comunicação seja nossa tendência muito natural para avaliar (e, como consequência, aprovar ou desaprovar) as afirmações das outras pessoas". Rogers e Roethlisberger (1952, p. 46-53) apontam o evidente contragosto de "aceitar as informações contrárias aos nossos preconceitos e crenças pessoais". Isso parece ser difícil para qualquer pessoa.

Muitos livros têm sido escritos, várias conferências proferidas e até mesmo uma grande quantidade de cursos oferecidos, não mais divulgando, mas banalizando uma área de conhecimento já consagrada como ciência. Especialmente o sincretismo característico do povo brasileiro tem incentivado as práticas de interpretações errôneas dos comportamentos, por pessoas não habilitadas. Para esse tipo de "curioso", é fácil achar uma explicação para o comportamento das pessoas, como adivinhos que, sem cerimônia, oferecem orientações sobre como resolver quaisquer problemas pelos quais passam aqueles que os consultam. São distribuídos nas ruas folhetos que oferecem a troco de uma "simples consulta" formas de resolver problemas, tais como dificuldades na vida amorosa, nos negócios, no relacionamento com pessoas e muitas outras.

Profissionais formados em ciências exatas não vacilam frente à oportunidade de oferecer remédios para males psicológicos; eles chegam a conduzir cursos sobre o assunto sem o menor constrangimento em universidades e outras entidades de treinamento e formação de profissionais. Com isso, a seriedade indispensável ao tratamento de assuntos comportamentais despenca montanha abaixo.

Infelizmente, a vulgarização das crenças sobre o comportamento humano faz jorrar no mercado livros que contêm ideias fascinantes, mas falsas, inoperantes e até mesmo prejudiciais. Os indivíduos que se distraem com sua leitura estão buscando alívio para suas inquietações pessoais. As próprias organizações brasileiras recrutam, por exemplo, engenheiros, advogados e outros profissionais sem a necessária formação para trabalharem em setores como responsáveis por recursos humanos. Houve uma época em que engenheiros eram selecionados para áreas de recursos humanos. Alguns deles chegaram até a escrever livros sobre o assunto. Foram graves os erros cometidos por esses profissionais que tratam os seres humanos à luz das ciências exatas.

1.5 Nova face do comportamento nas organizações

Para que um campo de conhecimento seja verdadeiramente considerado como ciência, é necessário que:

1. Esse campo de conhecimento possua bem caracterizado o conjunto de assuntos que pretende estudar.

2. O estudo desse assunto tenha métodos próprios de pesquisa com passos formais a serem galgados até desvendar aquilo que ainda é mistério.

Segundo Kahhale e Adriani (2002, p. 76), "para que uma disciplina se estabeleça como ciência independente, é preciso que ela possua um objeto e métodos próprios". Isso é sutil caso se compare a psicologia "com outras ciências humanas, devido à sua diversidade teórico-metodológica". Não é tão simples "definir exatamente qual é o seu objeto de estudo e seu método de pesquisa". Esse campo de estudo abrange "conteúdos inconscientes, o comportamento consciente, a subjetividade, o mundo inteiro, todas essas e algumas outras noções fazem parte do chamado fenômeno psicológico". Onde começa e onde termina a vida psíquica são limites bastante controversos de se demarcar.

São tantos os novos assuntos a serem pesquisados que surgiram descobertas diferentes. As diversas áreas nas quais o ser humano exerce suas atividades fizeram surgir muitas maneiras de compreender tipos especiais de conduta, como, por exemplo, família, esportes, estudo, recreação e muitos outros. Na segunda metade do século XIX e durante o século seguinte, desenvolveu-se um novo campo de estudos, que teve o seu começo durante a Revolução Industrial. Esse campo de estudos diz respeito às atividades ligadas ao contexto organizacional, tais como seleção e alocação de pessoal, devido ao fechamento das indústrias bélicas e abertura de organizações industriais.

Em fins do século XIX e início do século XX, as ciências humanas haviam tentado seguir a metodologia usada pelas ciências exatas, o que fez o estudo do comportamento socorrer-se de situações de experimentação controlada feita nos laboratórios. Esse tipo de abordagem visava promover maior avanço científico que só poderia ser conseguido por meio do controle absoluto das variáveis experimentais. A quantificação das reações humanas nas mais diferentes circunstâncias passou a ser o grande desafio perseguido por muitos psicólogos e pesquisadores da época.

Subjacente à utilização de toda metodologia própria às ciências exatas, como a física, química, matemática e outras, havia a intenção de se estabelecer leis que explicassem o comportamento dos sujeitos nos laboratórios. Para a maioria desses cientistas, só seria possível considerar como ciência aquilo que fosse passível de experimentação controlada e posterior quantificação. O estudo do comportamento humano seguia principalmente a orientação ditada pela neurofisiologia para entender as bases sobre as quais se apoiam os diferentes tipos de reações das pessoas. Algumas conquistas foram feitas; todavia, tais descobertas científicas ficaram limitadas à compreensão de algumas reações periféricas da personalidade humana. Muitos conhecimentos foram conseguidos em termos da busca das leis que regem o funcionamento das sensações e percepções. Nos laboratórios, os sujeitos dos experimentos eram submetidos a estímulos com vistas à formulação inquestionável de regras que explicassem a maneira de agir dos que se encontrassem nas mesmas condições.

Lorenz (1988, p. 103) critica esse tipo de estudo, como, por exemplo: "fórmulas conhecidas como aquelas segundo as quais qualquer indagação sobre a natureza é ciência somente quando contém matemática". O autor propõe que a ciência consiste em "medir o que é mensurável e tornar mensurável o que não é". Do ponto de vista teórico e humano, essa proposta representa um contrassenso, tendo em vista a verdadeira complexidade dos fatos que se ligam a estados emocionais.

Os estudos e as pesquisas no campo do comportamento organizacional têm avançado rápido, principalmente em duas direções, conforme Spector (2002, p. 4) ressalta: "Muitos psicólogos organizacionais, particularmente aqueles que são professores de universidades, conduzem pesquisas sobre as pessoas no ambiente de trabalho." Outro aspecto inclui "a aplicação dos princípios e das descobertas obtidas nas pesquisas". O psicólogo organizacional é solicitado a resolver problemas na prática, "seja como consultores ou como funcionários das organizações", fazendo parte integrante do efetivo de pessoal ou como autônomos. Definitivamente, os problemas humanos nas organizações reclamam por soluções imediatas e válidas.

Taylor, que até hoje é conhecido como o pai da Administração Científica, se sobressai no cenário organizacional. O objetivo da sua abordagem foi sistematizar o processo de gestão de pessoas. Um dos aspectos do comportamento humano, cujo estudo tem sido mais incentivado na atualidade, é aquele que procura compreender como as pessoas vivem e resolvem seus problemas dentro das empresas nas quais trabalham. Diferentemente da tecnologia, das finanças e da comercialização, o ser humano representa a principal chave do diferencial competitivo.

Taylor legou ao mundo um conjunto de técnicas de racionalização de trabalho, seleção e treinamento especializado, conforme os requisitos dos cargos, departamentalização e especificidade na atribuição de responsabilidades, técnicas de cronometragem, pagamento por peças produzidas e assim por diante. Ele foi pioneiro em procurar sistematizar o processo de gestão organizacional. O valor dessas descobertas prende-se à época do seu aparecimento, isto é, fim do século XIX e início do século XX.

Hoje, a preocupação com o trabalho humano dentro das organizações já é bem outra. Em seu livro *Princípios de administração científica*, de 1976, Taylor procurou combater a atitude confusa de administrar. Para o autor, o resultado dessa nova sistematização poderia conseguir múltiplos benefícios, como propõe no final da sua obra: "o baixo custo da produção, que resulta do grande aumento de rendimento, habilitará as companhias que adotaram a administração científica e, particularmente, aquelas que a instituíram em primeiro lugar, a competir melhor do que antes". Consequentemente, "ampliarão seus mercados, seus homens terão constantemente trabalho, mesmo em tempos difíceis, e ganharão maiores salários, qualquer que seja a época". Para Taylor, "isso significa aumento de prosperidade e diminuição de pobreza, não somente para os trabalhadores, mas para toda a comunidade" (TAYLOR, 1976, p. 128), objetivo este altamente valorizado na época.

A escola de Administração Científica trouxe sua contribuição num momento em que a Revolução Industrial se encontrava em grande efervescência. Ela atendeu às necessidades básicas do homem em termos de prover maior conforto físico e maior segurança pelo pagamento por peça. Taylor não teve tempo suficiente para ir mais a fundo quanto ao exame dos motivos intrínsecos daqueles que passam a maior parte de suas vidas no trabalho. Assim, a tão almejada atitude cordial, a perda da postura crítica, a vigilância suspeitosa que poderia chegar até a franca hostilidade não desapareceram como Taylor esperava. Essas soluções generalizadas começaram a se mostrar inoperantes, pois as pessoas não são réplicas umas das outras; e não respondem da mesma forma a um padrão de tratamento.

Leavit (1972, p. 14) propõe que: "todos parecemos fazer alguma espécie de generalização acerca das pessoas, e isso é importante no decidir o que é 'prático' e o que é 'apenas teórico'". Assim sendo, "é tão necessária ao administrador que lida com problemas humanos quanto o é a teoria elétrica e mecânica ao engenheiro que lida com problemas de máquinas". Caso não tenha conhecimento de "uma teoria psicológica, o administrador não compreenderá o significado das bandeiras vermelhas da desordem humana". Não será possível prever os "efeitos prováveis das mudanças que se pretende fazer na organização e na política de pessoal". O uso do "bom senso", nesse caso, deve ser colocado de lado. A ciência já tem como ajudar o administrador a tomar suas difíceis decisões sobre pessoas.

Fernández-Aráoz (2012, p. 24) propõe que as organizações reconhecem que oferecem "pouco treinamento formal" para que se torne possível tomar "decisões acertadas sobre as pessoas". Isso ocorre porque de início não se percebeu "sua importância", fazendo com que não se perceba que "essa habilidade não pode ser aprendida", o que, sem dúvida, "demanda tempo". Gerir pessoas toma, a partir daí, novas feições.

Hoje já se fala sobre Clínicas do Trabalho. Bendassolli e Soboll (2011, p. 3-21) propõem que "se por um lado o trabalho é fonte de desgaste e sofrimento, ele é também atividade criativa e meio de sublimação". As Clínicas do Trabalho tratam "das experiências do sujeito no trabalho e das diversas formas de desadaptação". Chama de "neuroses no trabalho" provocadas "por situações de insegurança e de conflitos" – ocasionando "desequilíbrios nos processos adaptativos". Os especialistas que desenvolvem atividades médicas nesse campo voltam sua atenção ao "traumático no trabalho", com o objetivo de "compreender as origens e manifestações do sofrimento". Para os autores, "o trabalho é a atividade pela qual o sujeito se afirma na sua relação consigo mesmo", bem como "com os outros com quem trabalha", devendo ser considerado como vital na construção da sua autoestima.

Psicólogos de algibeira, também vulgarmente conhecidos como *praticólogos*, comumente surgem em meio a conversas formais e até mesmo em reuniões importantes, defendendo que: "as pessoas são basicamente preguiçosas" ou "as pessoas só querem uma oportunidade para mostrar o que são capazes de fazer"; "tenha sempre cuidado com um executivo que perde as estribeiras" ou "tenha sempre em mira o homem que nunca perde a calma"; "um bom vendedor vende a própria imagem antes de vender o seu produto" ou "um bom produto vende-se por si só"; "o líder nasce líder" ou "qualquer pessoa pode ser treinada para ser um líder eficaz"; "os homens precisam saber exatamente quais são suas tarefas" ou "os homens trabalham melhor quando podem escolher suas próprias tarefas"; "ninguém motiva ninguém"; "bons líderes motivam seu pessoal". Lendo essas frases qualquer um logo se lembrará de uma exceção a tais regras, e isso põe em evidência o fato de que tais argumentos são frágeis quando se pensa em aceitação universal. Toda generalização é perigosa quando se trata de pessoas.

Para não generalizar quando o assunto é comportamento humano, como propõe Robbins (2003, p. 3-4), não se pode esquecer do fato de "que as pessoas não são prisioneiras de uma estrutura rígida e estável de personalidade", assim sendo, "o melhor prognóstico do comportamento futuro de uma pessoa é seu comportamento no passado" muito embora essas "características não sejam necessariamente prognósticos adequados de um bom desempenho no cargo". Muitos trabalhos têm sido feitos com esse objetivo. É indispensável consultá-los, para não inventar a roda novamente.

Os resultados de inúmeras pesquisas empíricas são capazes de oferecer, no momento atual, um conjunto de informações que vêm ao encontro das necessidades práticas do dia a dia sem que tenham a conotação de simples observações, opiniões ou preconceitos sem fundamento científico.

Sobretudo no caso de pessoas que não possuem conhecimentos sistematicamente adquiridos a respeito do comportamento dentro das organizações, não deveria ser permitido discutir na base de simples opiniões pessoais aqueles assuntos que já foram exaustivamente investigados pela psicologia. Essas pessoas inferiram a seu próprio modo falsos pressupostos, que pretenderam explicar por uma simples opinião os mais variados aspectos na maneira de agir do ser humano. A credibilidade dessas ciências comportamentais fica completamente ameaçada a partir das perigosas confusões que foram difundidas pelos conhecidos "psicólogos amadores".

Referências

BASS, B. M. *Handbook of leadership*: survex of theory and research. New York: Free Press, 1990.

BENDASSOLLI, P. F.; SOBOLL, L. A. *Organizadores de clínicas do trabalho*: novas perspectivas para compreensão do trabalho na atualidade. São Paulo: Atlas, 2011.

BERNSTEIN, D. A.; CLARKE-STEWART, A.; PENNER, L. A.; ROY, E. J.; WICKENS, C. D. *Psychology*. New York: Houghton Mifflin, 2000.

DAMON, W.; BRONK, K. C. Assumindo a responsabilidade essencial. In: GARDNER, H. et al. *Responsabilidade no trabalho*: como agem (ou não) os grandes profissionais. Porto Alegre: Artmed, 2009.

DUBRIN, A. J. *Fundamentos de comportamento organizacional*. São Paulo: Pioneira Thomsom Learning, 2003.

FERNÁNDEZ-ARÁOZ, C. *Grandes decisões sobre pessoas*. São Paulo: DVS, 2012.

GARCIA, L. F. *Empresários no divã*: como Freud, Jung e Lacan podem ajudar sua empresa a deslanchar. São Paulo: Editora Gente, 2012.

HENNEMAN, R. H. *O que é psicologia*. Rio de Janeiro: J. Olympio, 1972.

HEPNER, H. W. *Psychology applied to life and work*. New Jersey: Prentice Hall, 1963.

KAHHALE, E. M. P.; ADRIANI, A. G. P. A constituição histórica da psicologia como ciência. In: KAHHALE, E. M. P. *A diversidade da psicologia*: uma construção teórica. São Paulo: Cortez, 2002.

LEAVIT, H. J. *Psicologia para administradores*. São Paulo: Cultrix, 1972.

LORENZ, K. *Os oito pecados mortais do homem civilizado*. São Paulo: Brasiliense, 1988.

MEIGNIEZ, R. *Pathologie sociale de l'entreprise*. Paris: Gauthier Villaris, 1965.

MORIN, E. M.; AUBÉ, C. *Psicologia e gestão*. São Paulo: Atlas, 2009.

MUCHINSKY, P. M. *Psicologia organizacional*. São Paulo: Pioneira Thomson Learning, 2004.

MUSSAK, E. *Gestão humanista de pessoas*: o fator humano como diferencial competitivo. Rio de Janeiro: Elsevier, 2010.

O LIVRO DA PSICOLOGIA. Tradução de Clara M. Hermeto e Ana Luiza Martins. São Paulo: Globo, 2012.

ROBBINS, S. P. *A verdade sobre gerenciar pessoas... e nada mais que a verdade*. São Paulo: Pearson Education do Brasil, 2003.

ROGERS, C. R.; ROETHLISBERGER, F. L. Barriers and gateways to comunication. *Harvard Business Review* (30): 46-52, 1952.

SPECTOR, P. E. *Psicologia nas organizações*. São Paulo: Saraiva, 2002.

TAYLOR, W. F. *Princípios de administração científica*. 2. ed. São Paulo: Atlas, 1976.

TEDLOW, R. S. *Miopia corporativa*: como a negação de fatos evidentes impede a tomada das melhores decisões e o que fazer a respeito. São Paulo: HSM Editora, 2012.

THOMAS, K. W. *A verdadeira motivação*: descubra os quatro elementos capazes de fortalecer o envolvimento de seus funcionários para sempre. São Paulo: Elsevier, 2010.

WAGNER III, J. A; HOLLENBECK, J. R. *Comportamento organizacional*: criando vantagem competitiva. São Paulo: Saraiva, 2000.

2

COMPORTAMENTO HUMANO: EVOLUÇÃO DOS ESTUDOS, METODOLOGIA E APLICAÇÕES

"Na qualidade de seres humanos, não temos limitações. Usamos uma porcentagem pateticamente reduzida de toda a capacidade de nosso sistema nervoso, provavelmente não mais do que quinze por cento."

Schultz (1989, p. 27)

"À medida que aumenta minha autopercepção cresce meu controle de mim mesmo. Quando sou ignorante, não me permito saber como harmonizar-me com as leis da natureza."

Schultz (1989, p. 10)

2.1 Diferenças individuais

Quando um elevador para entre um andar e outro por falta de energia, cada pessoa exibe um comportamento diferente nessa situação: pânico, tranquilidade, desespero etc. Cada pessoa reage ao mesmo estímulo de maneira única e própria. Acontecimentos como esse colocam em relevo as diferenças individuais de comportamento. Embora tão notório, sua explicação reclama por vários enfoques diferentes. Se é fácil notar a variação de comportamentos em um grupo de pessoas, descobrir seus reais porquês é um pouco mais complexo.

Cada um tem uma bagagem inata de experiências ímpares vividas durante a vida, que determina um número enorme de variações entre os estilos de personalidade. Essa aparente ambiguidade tem origem em três causas principais, uma vez que muitas variáveis são responsáveis pela diferença de reações de cada um:

❖ a lógica do comportamento humano;

❖ o aspecto impalpável do psiquismo;

❖ a complexidade própria do comportamento de cada um.

2.2 A lógica do comportamento

Na história de vida, a lógica do comportamento humano nem sempre confirma que dois mais dois serão necessariamente quatro. Essa imprevisibilidade fala a favor da necessidade de que os estudos sobre o assunto tenham uma metodologia própria, que segue modelos especiais devido à ligação que guardam entre si com as diversas ocorrências.

Na introdução de *O livro da psicologia* (2012, p. 10), é proposto que, de "todos os campos da ciência, a psicologia talvez seja o mais misterioso para o público leigo". Isso promove uma série de mal-entendidos, bem como interpretações incorretas sobre o comportamento. Considera-se que a psicologia tenha enriquecido a forma como as pessoas encaram a si mesmas. Isso representa "prazer e estímulo" em "explorar a riqueza e a diversidade de uma área que observa o misterioso mundo da mente humana". Como propõe na sua introdução (p. 13), especialmente nos dias de hoje, são excepcionais as descobertas dessa área de conhecimento, "a psicologia nos presenteou com ideias que alteram nosso modo de pensar", o que nos ajudou a compreender melhor a nós mesmos, aos outros e ao mundo em que vivemos.

Em determinado momento, acreditou-se que o atraso das descobertas feitas pelas ciências humanas pudesse ser atribuído à forma como eram estudadas, que divergia dos métodos utilizados pelas ciências exatas. Até então, a psicologia estava impregnada da filosofia, e um dos seus objetivos principais era caracterizar a natureza humana, pesquisando qual a sua origem e seus fins últimos. Isso fez com que a psicologia estivesse orientada por conceitos morais.

Macedo, Rodrigues e Cunha (2006, p. 19) comentam que, oriunda da filosofia, a psicologia como ciência do comportamento humano "é representada por diversas escolas". Para os autores, a metodologia utilizada "tem como foco a observação, pesquisa, análise e teorização da conduta humana". As ciências humanas se socorreram de metodologias especiais para conseguir neutralizar os inesperados recursos de uma lógica própria.

Na tentativa de abandonar esse enfoque, Fechner (1876) publicou a obra *Elementos de psicofísica*, na qual demonstra como fazer medidas precisas dos eventos e das quantidades das ações mentais, e do modo pelo qual os dados quantitativos psíquicos se relacionavam com os físicos. A partir desse livro, estava lançada a pedra fundamental da psicologia experimental, que teve em Wundt a sua maior expressão, trabalhando em seu laboratório da Universidade de Leipzig, em 1879. É por isso que nela havia "lugar para tudo". Os fenômenos e os métodos eram "claramente delimitados por princípios a respeito de como as variadas classes se relacionam" (WERTHEIMER, 1977, p. 82). O uso de uma metodologia própria organizou a mistura de assuntos a serem pesquisados.

Assim, no século XIX, Wilhelm Wundt, Gustav Fechner e Francis Galton propõem que "as diferenças individuais das habilidades cognitivas humanas podem ser mensuradas empiricamente". Data dessa época o incremento dos testes de inteligência que mediam o Quociente Intelectual (QI) e habilidades específicas (S). Esses testes passaram a ser utilizados nas organizações, em especial para selecionar pessoas que deveriam ser contratadas.

Weiten (2002, p. 4) aponta a importância do trabalho de Wundt, caracterizando-o como um marco na história dessa ciência, quando diz: "Muitos historiadores batizaram 1879 como o ano do nascimento da psicologia", e propõem que: "em 1879, conseguiu-se montar o primeiro laboratório formal para pesquisas em psicologia". A partir de então, a psicologia toma a conotação de "estudo científico da experiência consciente". Entre os anos de 1883 e 1893, aproximadamente 24 novos laboratórios de pesquisas psicológicas surgiram nos Estados Unidos e no Canadá.

A partir desse momento, a ciência do comportamento deixou de lado a especulação "achista" dos praticólogos. Com Wundt (1832-1920), surge o primeiro laboratório que facultou a "observação direta" do ser humano, e o controle das variáveis aí presentes de forma mais sistematizada. Como se diz em *O livro da psicologia* (2012, p. 35), "o laboratório de Wundt serviu de modelo para departamentos de psicologia em todo o mundo". Com isso, os "experimentos tiraram a psicologia dos domínios da filosofia, transferindo-a para o campo da ciência". Como propõe Wundt (p. 36), "o objetivo primordial da psicologia experimental é fazer a descrição exata da consciência". Um rico material passa a ficar acessível a qualquer pessoa que procura entender melhor quem é o ser humano.

O experimentalismo arca de forma definitiva com o rompimento da psicologia com a filosofia. Como acreditava Wundt, "o único objetivo da psicologia experimental é a descrição exata da consciência" (2012, p. 34-37). Como pesquisador, tinha por objetivo "investigar a consciência humana em termos mensuráveis". Para ele, o "objetivo primordial da psicologia experimental é fazer a descrição exata da consciência". Isso permitiria inferir comportamentos futuros e possivelmente controlá-los.

Popper (2013, p. 27) delineia o trabalho de pesquisa comportamental feita pelos cientistas, apontando que ele "formula enunciados ou sistemas de enunciados e verifica-os um a um". Para tanto, ele deverá, a partir desses enunciados, indagar "acerca da validade ou verdade" deles. Partindo da experiência, chega às suas decisões. É necessário ser acurado, uma vez que se "suas conclusões tiverem sido falseadas, esse resultado falseará também a teoria da qual as conclusões" foram "logicamente deduzidas" (p. 32). Trata-se de uma árdua atividade para que se possa concluir pela descoberta da verdade.

Segundo Popper (2013, p. 43), "o psicólogo pode deduzir com o auxílio das teorias psicológicas". As predições comportamentais "ver-se-ão confirmadas no decurso dos testes experimentais". Mais adiante (p. 54), conclui que "o princípio da causalidade" é a "asseveração de que tudo e qualquer evento *pode ser* dedutivamente previsto". Nisso reside a possibilidade de interferir no futuro a partir das evidências atuais.

Os estudiosos logo perceberam que a relação causa e efeito não é tão rigorosa quanto se imagina. Um mesmo estímulo não provoca respostas comportamentais iguais em diferentes pessoas. As diferentes respostas comportamentais não foram as mesmas suscitadas por estímulos iguais. Como esclarece *O livro da psicologia* (2012, p. 17), um "método científico era aplicado a questões como percepção, consciência, memória, aprendizagem e inteligência". Para tanto, foram usadas práticas de observação experimental, produzindo um novo acervo de teorias, estando assim aberto o campo para novas pesquisas.

A título de exemplificação da lógica comportamental, sabe-se que duas crianças superprotegidas não necessariamente apresentam o mesmo comportamento na fase adulta, seja ele de submissão ou revolta contra essa proteção exagerada. O mesmo sintoma, como é o alcoolismo, se estudado em duas pessoas diferentes, provavelmente evidenciará duas histórias bem diferentes.

Na história da psicologia, não se pode deixar de falar em William James (1842-1907), cujo livro *Os princípios da psicologia* (1890) marca o reconhecimento da psicologia como ciência. Na Universidade de Harvard (1873), o autor lecionou filosofia e psicologia, criando assim os primeiros cursos de psicologia experimental dos EUA, consolidando a psicologia como disciplina científica. Para ele, os pensamentos ligados aos sentimentos "dão forma ao eu", que se manifesta por seu comportamento, tornando-se "passíveis de serem conhecidos pela introspecção". Estava lançado um dos primeiros conceitos de personalidade.

William James (O LIVRO DA PSICOLOGIA, 2012, p. 34-35) desenvolveu uma série de pesquisas sobre a consciência que, para ele, não pode ser considerada "uma coisa", mas, sim, "um processo". Esse processo permite "refletir sobre o passado, o presente e o futuro". Com isso, é possível "planejar, adaptar-se às circunstâncias". Para James, tudo isso ajuda a cumprir "o propósito fundamental da consciência, que é: sobreviver". Considerado como "o pai da psicologia", percebeu que as emoções desempenham um papel importante na vida cotidiana. Essas contribuições da pesquisa de James são até hoje dignas de respeito.

Por volta de 1920, surge uma nova orientação no estudo do comportamento humano, inspirada pelos experimentos de Pavlov (1849-1936), sobre salivação e secreção do suco gástrico em cães. Trata-se da escola behaviorista que focaliza a observação das respostas comportamentais aos estímulos externos. Os processos mentais passaram para segundo plano. Como se apresenta em *O livro da psicologia* (2012, p. 58), essa "mudança de foco, de 'mente' para 'comportamento', foi revolucionária" com os estudos de Watson em 1913. Na psicologia americana, o "behaviorismo tornou-se a abordagem predominante" durante 40 anos. Para Watson (1878-1958), "o comportamento é formado apenas pelo estímulo ambiental, fatores inatos e herdados não participam do processo". Acreditou-se que "qualquer pessoa, independentemente da sua natureza, pode ser treinada para ser qualquer coisa" (O LIVRO DA PSICOLOGIA, p. 68), o que atesta aquilo que se concebeu como mudança comportamental.

No início do século XX, Watson mudou o curso do estudo do psiquismo, fundando a corrente behaviorista. O pressuposto teórico básico é de que a "psicologia científica deveria estudar os comportamentos observáveis" (WEITEN, 2002, p. 7). Para tanto, o comportamento passou a ser entendido como uma resposta (R) a estímulos (S) vindos do ambiente. Caso fosse possível descobrir a ligação necessária entre os dois elementos, seria possível formular leis que regulamentariam o psiquismo com vistas à possibilidade de mudá-lo por meio do processo de aprendizagem.

Como uma espécie de reação à escola behaviorista, surge uma nova teoria chamada de gestaltista, também conhecida como teoria da forma, configuração, todo. Para essa teoria, "não existem estímulos isolados: o organismo reage como uma organização de estímulos, como um processo total" (DÓRIA, 1962, p. 24). "O mesmo elemento é outro, quando num conjunto diferente. Alterando-se uma parte, é o todo que se modifica." Para os gestaltistas, a "aprendizagem e cognição devem ser pensadas como uma totalidade e não investigadas como partes isoladas", o que foi considerado por eles "simplistas demais" (2012, p. 160). Cada representante dessas escolas lutava para fazer valer a sua nova teoria, o que permitiu um avanço no estudo do ser humano.

2.3   O estudo de caso: um legado de Freud

A lógica humana segue leis próprias e utiliza modelos de pesquisa especiais. A partir de Freud (1856-1939), durante as três primeiras décadas do século XX, o médico psicofisiologista reconhece que o sintoma da patologia apresentado por seus pacientes guardava uma clara relação com as vivências da história de cada um.

Enquanto observava Charcot hipnotizar seus pacientes no hospital de La Salpêtrière, algo chamou a atenção de Freud. Sintomas histéricos como cegueira, surdez, paralisias e outros desapareciam por sugestão do hipnotizador durante o sono hipnótico e mesmo após esse transe. Freud levantou a hipótese de que não havia nada de errado com os órgãos tidos como afetados. Isso o fez abandonar o hipnotismo como recurso de cura.

Fazendo com que seus pacientes relatassem a sua história pessoal, ele descobriu que o comportamento atual era fruto de vivências anteriores; esses conteúdos desconfortáveis foram aos poucos se armazenando no psiquismo, especialmente em sua área mais opaca, à qual denominou de inconsciente. Esse novo método de cura foi inspirado no termo grego *kátharsis*, que significa purificação, usado para descrever o ato de banhar com sangue os animais para que os *maus espíritos* e as *impurezas* saíssem deles.

Um dos grandes legados de Freud foi sua maneira de estudo do psiquismo,[1] conhecido até hoje como método do estudo de caso. Nele, procura-se reconstruir a história de vida anterior ao sintoma atual, representado por um comportamento pouco comum, para descobrir que fatos explicam esse sintoma atual. Os dados obtidos devem ser correlacionados entre si, de tal forma que fique evidente a ligação entre eles, para que seja possível levantar uma hipótese diagnóstica. Freud pretendia *refazer o caminho do esquecido*, partindo do pressuposto de que, curando a causa armazenada no inconsciente, o comportamento neurótico desapareceria. Essa forma de cura é também chamada por alguns teóricos em psicopatologia de *talking cure*.[2]

2.4 O método do caso nas organizações

Utiliza-se o método do estudo de caso quando se torna necessário orientar um empregado considerado como problema e que esteja comprometendo o desempenho organizacional. O empregado-problema chama a atenção por sua conduta atípica, frequentemente indesejável e acaba por provocar queixas quanto à sua maneira de agir. A "queixa" é um sintoma atual. Para se evidenciar como indivíduo, o empregado-problema acumulou uma série de fatos e frustrações. Conhecer esses eventos e procurar a conexão entre eles

---

[1] Esse método de estudo é também muito usado na medicina, onde o médico procede à anamnese do cliente para tentar compreender a doença atual da qual ele se queixa.

[2] Cura pela fala.

e a queixa atual permite formular um diagnóstico do psiquismo anormal e planejar medidas para reorganizar o comportamento do qual se queixam.

2.5 Histórico de caso resumido

Marina tem 37 anos de idade, é solteira e trabalha na companhia "X" há cinco anos. De início, foi selecionada como digitadora da seção de cobrança de títulos, cargo que ocupou por dois anos e meio. Como se evidenciara excelente digitadora, apresentando sempre um trabalho de ótima qualidade e feito com grande rapidez, tão logo vagou o lugar imediatamente superior ao seu, foi promovida a ele por merecimento.

Inesperadamente, a responsável pelo setor de digitação foi acometida de esgotamento nervoso e, por ordens médicas, foi obrigada a se afastar do trabalho. Naquele momento, o responsável pela área viu-se obrigado a substituir sua chefe doente – sem pensar duas vezes, propôs ao departamento de recursos humanos que promovesse Marina. Quando comunicada sobre o fato, a recém-promovida mostrou significativa insegurança diante das novas responsabilidades.

Depois de seis meses em seu novo posto, as coisas não corriam tão bem como se esperava. Eram constantes as reclamações de seus subordinados sobre a inabilidade em tratar o pessoal. Os demais setores que dependiam do trabalho de digitação também se queixavam de que o serviço não só era de má qualidade, como também estava sempre em atraso.

Chamada para uma entrevista, Marina contou que antes de trabalhar nessa empresa sempre havia ocupado funções de auxiliar de escritório e datilógrafa. Em uma delas, havia se negado a assumir o posto de encarregada de serviço porque as pessoas a quem deveria supervisionar eram elementos de difícil convivência e ela não estava disposta a ter problemas pessoais com colegas de trabalho. Preferia tocar atividades rotineiras, pois no trabalho os problemas a resolver eram simples e não exigiam muito esforço intelectual. No momento, sentia que não tinha jeito nem motivação para o cargo de líder, que seus subordinados não a respeitavam e não a obedeciam de bom grado.

A história da funcionária leva a pressupor uma dificuldade pessoal em assumir atividades de chefia. Trata-se de um tipo de pessoa que passará toda a sua vida assumindo a posição de subordinada e executando ordens. A história de vida dessa pessoa deveria ter sido cuidadosamente analisada antes que qualquer medida a respeito fosse tomada, evitando-se, assim, o resultado negativo da sua promoção.

Assim como na medicina, na psicologia clínica o método do histórico de caso inclui, também, entrevistas com demais pessoas ligadas a quem está sendo analisado (familiares, por exemplo). A psicologia organizacional pode envolver coleta de opiniões de colegas de trabalho, superiores diretos e indiretos e até clientes para comprovar os fatos narrados pela pessoa com problemas.

Ignorar simplesmente a história de vida de uma pessoa problemática não resolverá seus desajustamentos. É necessário interpretá-la, estabelecendo replanejamento de estratégias futuras que possam devolver ao indivíduo o seu equilíbrio pessoal. Formular questões é a chave para uma coleta de dados realmente significativos, e só deve ser feita por profissional habilitado. O perigo do uso desse método por pessoas não habilitadas para tanto é trazer ao consciente experiências traumáticas passadas que o paciente não esteja preparado para enfrentar, o que pode desorganizar seu equilíbrio pessoal.

Os desajustamentos pessoais dentro das organizações na atualidade estão chamando cada vez mais a atenção dos especialistas, de tal forma que surge um novo campo de conhecimento chamado de psicopatologia do comportamento organizacional, que tem no INSEAD, na França, seu principal expoente: Manfred Kets de Vries. Para tanto, ele reúne os principais executivos e revê com eles os efeitos deletérios do seu comportamento desajustado. Kets de Vries propõe uma nomenclatura que caracteriza as empresas como depressivas, paranoicas, histéricas e obsessivas. Cada uma dessas patologias prevê comportamentos diferentes, mas igualmente desajustados e que possuem diagnósticos e tratamento terapêutico especial. Ao se reunir com os executivos de topo nas organizações, De Vries examina com eles as consequências indesejáveis que essas patologias precipitam na maneira pela qual se comportam quando estabelecem suas diretrizes de ação administrativa.

Kets de Vries (1997, p. 205), responsável por inúmeros programas de desenvolvimento de executivos, propõe que o tema sobre a saúde mental é importante "até em um livro que focaliza a vida nas organizações", principalmente se for considerada a porcentagem da vida que é passada no trabalho. Nesse sentido, enfatiza que quando se quer "obter funcionamento organizacional eficaz, é essencial que identifiquemos pessoas que possuam um equilíbrio mental confiável". É indispensável "ter consciência da ocorrência de sintomas de *estresse* nas organizações". Reconhecer o "perigo do mau funcionamento dos executivos e sermos capazes de reconhecer quando estes têm problemas". Mas, antes de tudo isso, as pessoas precisam "conseguir reconhecer os sintomas de *estresse* em si mesmas". Fechando com chave de ouro seus argumentos, Kets de Vries assinala que "aqueles que aceitam a loucura que trazem em si podem ser os mais saudáveis de todos" – e isso não ocorre sem o reconhecimento daquilo que não vai bem para si.

Kets de Vries acredita que existe certo paralelo entre a patologia do indivíduo e a patologia organizacional. Os problemas dos dirigentes influenciam nas definições estratégicas, nos estilos de comando, nos processos decisórios e na própria empresa.

Como de Vries, Garcia (2012) reforça essa posição dizendo que as atitudes do dono influenciam no destino de uma organização inteira. Para o autor, existem nós psicológicos inconscientes que se refletem obrigatoriamente em tudo o que se faz.

2.6   Disfarce do psiquismo humano

Ninguém sabe com precisão onde se esconde a vida psíquica. Tentar localizar essas funções, tais como inteligência, emoções, memória e muitas outras de forma exata, é tarefa que, do ponto de vista da medicina, ainda guarda alguns pontos cegos. Embora não existam ainda microscópios capazes de revelar pequenos detalhes, torna-se necessário inferi-los por meio da observação do comportamento manifesto.

Estudos desenvolvidos pela neurologia, farmacologia, endocrinologia e outras áreas afins da medicina permitem tanto estimulá-los como inibi-los pelo uso de determinadas drogas em certas circunstâncias. É praticamente certo que a cura desses estados só tem sido possível com a conjugação de um tratamento medicamentoso e psicoterapia. A droga age como coadjuvante do tratamento e coloca o paciente em condições de abrir-se à interferência do terapeuta.

2.7   Observação do comportamento

É impossível estudar a vida psíquica sem contato direto com ela. Para melhor compreender aquilo que se passa no interior de cada um. Só é possível observar o comportamento, buscando inferir características próprias a cada pessoa que esteja por trás dessa aparência, para que se possa descobrir o significado desse comportamento. Por exemplo, constata-se que alguém enrubesceu de repente (comportamento aparente); infere-se que deve ter havido algum fato desagradável (interpretação do fato). O chefe que dá com os punhos violentamente em cima de sua mesa está evidenciando seu desagrado por alguma coisa. O pesquisador que trabalha com a técnica de observação do comportamento deve passar por um treinamento especial, sendo para desenvolver a própria sensibilidade e conseguir detectar o ocorrido que originou o fato aparente.

Em muitos casos, só se consegue conhecer os aspectos internos das pessoas mediante a observação cuidadosa do seu comportamento aparente para interpretar aquilo que ele significa. Os psicólogos dispõem de testes projetivos de personalidade que são como "balões-sonda", por meio dos quais a pessoa que está sendo avaliada projeta seus estados emocionais interiores. Tanto a aplicação do teste como sua validação exigem técnicas específicas de pesquisa. Esses testes permitem maior aprofundamento da observação e controlam a sua validade.

O método da observação vai ao campo onde ocorrem os fenômenos em lugar de trazer o experimento para o laboratório. Exemplo disso é o estudo feito pelos etologistas que observaram os animais no seu *habitat* natural para compreender os seus atos instintivos. A observação assim conduzida neutraliza a impressão de ser uma "cobaia de laboratório", o que propicia uma conduta mais natural e não defensiva. Isso é claramente explorado no filme de Jon Turleltaub, de 1998, *O instinto*. Seu personagem principal, estrelado por Hopkins, é um famoso antropologista interessado em conhecer o comportamento dos chimpanzés. O respeito pelos hábitos dos animais acaba fazendo com que o personagem seja aceito como parte do grupo de animais. Isso é marcado quando um dos chimpanzés vai ao encontro do ator e coloca a sua pata sobre a mão dele, como sinal de que o ator faz parte do grupo dos animais que não temem mais sua presença.

2.8 Métodos de pesquisa

Segundo Gazzaniga e Heatherton (2007, p. 64), são três os elementos que compõem um processo de pesquisa. Em primeiro lugar, "existe uma **teoria** que é uma ideia ou modelo de como algo no mundo funciona". Isso representa um referencial, uma vez que uma pesquisa não surge do nada.

A seguir, surge a "**hipótese**, que é a predisposição específica do que deve ser observado". Ela desempenha o papel de controle de validade da teoria. Finalmente, vem a **pesquisa** em si, "que envolve a sistemática cuidadosa de coleta de **dados**" e que representa um teste de hipótese. Os autores abordam as características de uma boa pesquisa: a primeira condição é que tenha **validade** na medida em que os dados sejam pertinentes e expliquem a questão. A segunda condição diz respeito à **fidedignidade**, também conhecida como estabilidade e consistência, na qual os dados "coletados não vão variar se houver mudança" ao longo do tempo. Finalmente, bons dados possuem **exatidão**, representada pela ausência de erro, isto é, leva a resultados exatos. Esta sistemática pode ser enriquecida ou empobrecida, tudo depende do tipo de pesquisa tendo em vista a sua adequação ao tema.

Trata-se de um método frequentemente utilizado em psicologia organizacional. Importantes pesquisas têm sido feitas a respeito da motivação para o trabalho, sobre características de líderes eficazes, moral e clima organizacional, que se socorrem da observação, quer com entrevistas individuais ou coletivas, bem como por meio do preenchimento de questionários. Pesquisas sobre necessidades pessoais de quem trabalha que não estão sendo atendidas naquele momento, causando insatisfação, usam os questionários resguardada a identidade de quem os preencheu.

O método da observação tem sido particularmente útil nas pesquisas de mercado, quando se colhem opiniões dos consumidores sobre suas expectativas. É sabido que em muitos supermercados são instaladas câmaras de televisão que colhem expressões e atitudes dos compradores, o que mais lhes chama a atenção, levando-os a comprar ou não outro produto. Alguns autores propõem a vantagem do uso da observação, uma vez que "minimiza a artificialidade. Pode ser a melhor forma de começar quando se sabe pouco sobre os fenômenos em estudo" (WEITEN, 2002, p. 48). Não sendo invasiva, ela permite mais tempo de pesquisa.

O método da observação não exclui o concurso da estatística na determinação do tamanho e tipo de amostragem para controlar as variáveis observadas e correlacioná-las. Há pessoas que acreditam que, para concluir por uma lei sobre qualquer fenômeno observado, basta abrir os olhos e vê-lo. Esse é um erro que, embora frequente, não deve ocorrer quando o interesse é estudar qualquer acontecimento de forma confiável.

Muitos planos de benefícios, tais como restaurantes, cooperativas, assistência médica e outros, têm sido oferecidos, supondo-se que eles preencham as necessidades de todos os empregados. Posteriormente, verifica-se que o nível de satisfação desses empregados não é aquele que se esperava, tornando-se necessário descobrir sob que aspectos esse plano foi inadequado, e isso pede o uso da observação dirigida em torno do assunto.

É necessário ser prudente quanto às conclusões que se possam tirar a partir do método de observação, uma vez que o próprio observador possui coeficientes pessoais que podem interferir nos resultados da observação. Um bom exemplo disso são as diferentes avaliações de desempenho feitas sobre um mesmo empregado por dois observadores diferentes. Essas duas observações nem sempre coincidem.

2.9 Complexidade do comportamento humano

As limitações impostas pela complexidade do estudo das ciências do comportamento residem principalmente no grande número de variáveis que entram em jogo, mesmo que se trate de um comportamento relativamente simples. Para Fernández-Aráoz (2012, p. 47): "A tomada de grandes decisões sobre as pessoas é fundamental ao desempenho organizacional em todos os estágios da vida de uma empresa." Isso demanda preparo especial de quem se responsabiliza por essas decisões fora da rotina, principalmente quando se leva em conta os múltiplos fatores que formam a personalidade de cada pessoa.

Essas variáveis que afetam o comportamento podem ser classificadas em individuais e ambientais. As variáveis de ordem individual dizem respeito a toda bagagem inata, especialmente programada pelo DNA, mais as experiências adquiridas ao longo das várias fases evolutivas, como a infância, a adolescência e a maturidade de cada um. As variáveis de ordem ambiental incluem todos os possíveis eventos extrínsecos ao indivíduo, tais como grupo social, cultura, fatores do ambiente físico propriamente dito, e muitíssimos outros.

O comportamento humano mostra facetas inéditas, que dizem respeito ao grande número de ações especiais daqueles que estão sendo observados. É bastante complexo conseguir abranger tudo aquilo que diz respeito a ele. Ninguém acumula o mesmo tipo de bagagem inata, sendo improvável que duas pessoas diferentes passem pelas mesmas situações de vida. De nada adianta consultar manuais sobre comportamento quando se procura compreender melhor cada uma dessas pessoas. Esses manuais são abstrações que não chegam a descrever quem são as pessoas vivendo suas realidades individuais na prática.

2.10 O método experimental

A utilização do método experimental ajuda a suplantar as dificuldades encontradas no estudo das ciências comportamentais. Como diz Henneman (1972, p. 44), "ao utilizar-se do método experimental, o psicólogo está adotando uma abordagem de ciência natural para a compreensão dos fenômenos. Essa metodologia visa à descoberta das condições antecedentes necessárias para que um evento possa ocorrer". A vantagem do seu uso reside no fato de se poder determinar, com alguma precisão, em que condições se consegue fazer aparecer um determinado comportamento. Os resultados desse tipo de estudo permitem concluir que, quando certas situações existem, ocorrerá um comportamento e não outro. Ele permite previsão do evento quando isso é necessário.

A grande dificuldade de se considerar como ciência alguns fenômenos parapsicológicos, como a transmissão de pensamento, por exemplo, é que o fenômeno não pode se repetir conforme as exigências do método experimental. Sabe-se que existem, mas não se consegue repeti-los em laboratórios de psicologia, por isso eles pertencem ao campo de conhecimento chamado parapsicologia.[3] Um dos aspectos positivos do método experimental é a possibilidade de exercer controle praticamente total sobre as variáveis que circundam o indivíduo, bem como repeti-los quando necessário.

Constitui um exemplo típico da utilização do método experimental o trabalho de Pavlov (1849-1936), neurofisiologista, prêmio Nobel de Medicina de 1904. Sua metodologia o levou a descobrir aquilo que ficou sendo conhecido como Reflexo Condicionado Aprendido, a partir dos experimentos realizados com cães. Dentro do campo da psicologia, Thorndike (1874-1949) também realizou um trabalho experimental com gatos, sendo levado a enunciar a conhecida Lei do Efeito. Nesse caso, todo comportamento que leva à recompensa passa a ser incorporado ao repertório psíquico, voltando a se repetir. O trabalho mais abrangente, experimentalmente, foi o desenvolvido por Skinner (1904-1990), psicólogo da Universidade de Harvard, utilizando pombos e ratos. Depois de experimentos rigidamente controlados, ele acaba enunciando os pressupostos básicos da Teoria do Condicionamento Operante. Os trabalhos de Thorndike e Skinner foram desenvolvidos primeiramente com animais, para posteriormente serem estendidos ao comportamento humano. Como tais pesquisas foram realizadas principalmente no campo da aprendizagem, esses pesquisadores são conhecidos como os mais representativos nomes dentro do Condicionamento Operante, da Psicologia da Aprendizagem, ou também conhecidos como Mudança de Comportamento.

2.11 O método experimental nas organizações

No dia a dia das organizações, a preocupação maior é cumprir os compromissos de produção. Algumas dessas empresas já perceberam a necessidade de ter como consultores especialistas em condições de sugerir medidas que possam prevenir que os mesmos problemas continuem ocorrendo.

No campo de estudo das ciências comportamentais aplicadas às organizações, a experiência de Elton Mayo, com as operadoras da fábrica de bocais de telefone da Western Electric, pode ser encaixada no modelo experimental. No início, Mayo preocupou-se em estudar o efeito da luminosidade. Como tanto um grupo como outro elevaram sua produção, apesar de estarem sob o efeito de diferentes tipos de iluminação, acabou-se des-

---

[3] Parapsicologia: ao lado da psicologia.

cobrindo, por meio de entrevistas posteriores, que os laços de amizade que uniam as pessoas de cada grupo foram as variáveis determinantes do aumento de produtividade.

As conclusões do experimento de Mayo o levam a enunciar o pressuposto teórico básico da Escola de Relações Humanas, uma das teorias que influenciou fortemente certas orientações da filosofia administrativa em um grande número de empresas nas décadas de 1960 e 1970. Passou-se, então, a valorizar o relacionamento interpessoal, estabelecendo-se uma filosofia administrativa do tipo "portas abertas". Todos poderiam abordar qualquer um, independentemente do seu nível hierárquico.

O exame das fases características do procedimento experimental facilita a sua melhor compreensão. Por exemplo:

> 1ª Fase – Observação. As pessoas com níveis muito altos de inteligência suportam menos tarefas rotineiras.

> 2ª Fase – Hipótese. O nível intelectual pode ser um fator de desajustamento no trabalho.

> 3ª Fase – Verificação da hipótese. Formam-se dois grupos de empregados com diferentes níveis de inteligência. Grupo "A", inteligência acima do normal; Grupo "B", inteligência no limite inferior da normalidade.

Dá-se aos dois grupos a atividade de rotular garrafas e os dois grupos acham-se submetidos rigorosamente às mesmas variáveis ambientais. Observando os dois grupos, verifica-se que os elementos do Grupo "A" evidenciam sintomas de desagrado com relação à tarefa que lhes foi atribuída, enquanto os indivíduos do Grupo "B" conseguem manter seu nível de satisfação no trabalho com uma produtividade constante e crescente.

> 4ª fase – Conclusão. Quanto mais alto for o nível de inteligência de um empregado, mais rapidamente ele se mostrará descontente com atividades de complexidade limitadas ou rotineiras e repetitivas.

2.12 Limitações do método experimental

Muitos aspectos do comportamento humano são passíveis de experimentação. Todavia, restringir todo estudo ao método experimental é forçar demais a compreensão do homem na sua maneira própria de se comportar. Esse método é objetivo, mas possui limitações que devem ser respeitadas: a primeira delas é que nem todo comportamento humano é suscetível de investigação experimental. Por exemplo, não se pode trabalhar experimentalmente com o estudo das emoções. Alguns experimentos feitos no passado não podem ser repetidos atualmente devido a impedimentos de ordem ética. Não se podem provocar determinados comportamentos, como fobias ou neuroses, para verificá-los experimentalmente, o que levaria o sujeito do experimento a um desajustamento perigoso para ele.

Dentro das organizações, a Avaliação de Desempenho representa uma forma de pesquisa constante. Como dizem Souza et al. (2012, p. 25), "avaliar o desempenho não significa avaliar pessoas". Esse procedimento em Recursos Humanos "implica na captação de informações relativas ao nível de contribuição ao negócio". Para os autores, o "desempenho humano e a ação explícita resultam da influência e da dinâmica de variáveis de natureza distinta". Essas variáveis podem incluir "cultura e clima organizacional, condições de trabalho, possibilidades individuais, competência, atitudes". Os autores incluem também o "modo de gerenciamento do processo produtivo, motivação", sendo praticamente impossível citar todas elas. Na verdade, o método experimental é bastante útil nas organizações, mas deve respeitar o rigor e as regras de experimento científico.

Obras como as de Weiten (2002, p. 37), ao apreciar a pesquisa em psicologia, afirmam: "a ciência não é o único método usado para tirar conclusões sobre o comportamento [...]", sob esse aspecto, "como o método científico sempre requer esforço cuidadoso, parece razoável perguntar quais são as vantagens que fazem com que ele valha a pena". O autor completa sua apreciação sobre a metodologia científica afirmando que "os métodos de pesquisa consistem de abordagem diferenciada de observação, medição, manipulação de variáveis, num estudo empírico". Fica assim evidente como é delicado o procedimento de pesquisa experimental em psicologia.

O método experimental exige tempo e engenhosidade por parte dos experimentadores, desde o planejamento da experimentação até suas conclusões. Geralmente, envolve toda uma equipe de especialistas em diversas áreas da psicologia, sendo necessária, muitas vezes, a colaboração de outros especialistas, como é o caso dos estatísticos, para fins de tratamento dos dados obtidos. Esse método requer bastante tempo disponível e dedicação integral dos interessados em estudar e comprovar hipóteses comportamentais.

Referências

BERNSTIN, D. A. et al. *Psychology*. New York: Mifflin Company, 2000.

CARVALHAES, J. *Um psicólogo no futebol*: relatos e pesquisas. São Paulo: Editora Esporte e Educação, 1975.

DÓRIA, C. S. *Psicologia científica geral*: um estudo analítico do adulto normal. Rio de Janeiro: Agir, 1962.

ETZIONI, A. *Organizações modernas*. São Paulo: Pioneira, 1972.

FERNÁNDEZ-ARÁOZ, C. Grandes decisões sobre pessoas. São Paulo: DVS, 2012.

GARCIA, L. F. *Empresários no divã*: como Freud, Jung e Lacan podem ajudar sua empresa a deslanchar. São Paulo: Editora Gente, 2012.

GAULEJAC, V. A NGP: nova gestão paradoxal. In: BENDASSOLLI (Coord.). *Clínicas do trabalho*. São Paulo: Atlas, 2011.

GAZZANIGA, M. S.; HEATHERTON, T. F. *Ciência psicológica*: mente, cérebro e comportamento. São Paulo: Artmed, 2007.

HENNEMAN, R. H. *O que é psicologia*. Rio de Janeiro: José Olympio, 1972.

HOCKENBURY, D. H.; HOCKENBURY, S. E. *Discovery psychology*. New York: Worth Publisher, 2001.

HRISCHBERGER, J. *História da filosofia moderna*. São Paulo: Herder, 1960.

HUFFMAN, K.; VERNOY, M.; VERNOY. J. *Psicologia*. São Paulo: Atlas, 2003.

KAHHALE, E. M. P. *A diversidade da psicologia*: uma construção teórica. São Paulo: Cortez, 2002.

KARL, P. *A lógica da pesquisa científica*. 2. ed. São Paulo: Cultrix, 2013.

KATZ, D.; KANN, R. *Psicologia social das organizações*. São Paulo: Atlas, 1970.

KELLER, F. *A definição de psicologia*: uma introdução aos sistemas psicológicos. São Paulo: Herder, 1970.

KETS DE VRIES, M. F. R. *Liderança na empresa*: como o comportamento dos líderes afeta a cultura interna. São Paulo: Atlas, 1997.

LARROYO, F. *História geral de la pedagogia*. México: Porrua, 1957.

MACEDO, I. I.; RODRIGUES, J.; CUNHA, N. M. M. *Aspectos comportamentais da gestão de pessoas*. Rio de Janeiro: FGV, 2006.

MOTTA, P. C. P. *Teoria geral da administração*. 6. ed. São Paulo: Pioneira Thomson, 1977.

MUELLER, F. L. *História da psicologia*. São Paulo: Nacional, 1968.

O LIVRO DA PSICOLOGIA. Tradução de Clara M. Hermeto e Ana Luiza Martins. São Paulo: Globo, 2012.

POPPER, K. *A lógica da pesquisa científica*. São Paulo: Cultrix, 2013.

SCHULTZ, W. *Profunda simplicidade*: uma nova consciência do eu interior. São Paulo: Agora, 1989.

SOUZA, V. L. et al. *Gestão de desempenho*. Rio de Janeiro: FGV, 2012.

SPECTOR, P. E. *Psicologia nas organizações*. São Paulo: Saraiva, 2002.

WEITEN, W. *Introdução à psicologia*: temas e variações. São Paulo: Pioneira Thomson, 2002.

WERTHEIMER, M. *Pequena história da psicologia*. São Paulo: Nacional, 1977.

3

PARA QUE SERVE O ESTUDO DE PSICOLOGIA

"Desde os começos da psicologia na Antiguidade, quando surgiu a filosofia, seus temas centrais passaram por permanentes mudanças. Em razão da sua dependência à teologia e à filosofia, a psicologia atuou por uns tempos como uma bola jogada em diferentes direções. No seu desenvolvimento subsequente foram se acrescentando sempre novos temas e tarefas, de modo que ainda hoje é difícil descrever em poucas palavras o que é a psicologia e o que a constitui."

O livro da psicologia (2012, p. 7)

Sumário

3.1   A história da psicologia

Diferente do estudo das ciências exatas, o estudo do comportamento humano tem uma ampla gama de perspectivas a serem exploradas. Eis por que a expectativa de se chegar a conceitos e definições inquestionáveis e únicos ainda está distante. Nenhum trabalho publicado conseguiu até agora esgotar por completo o assunto, por mais que se queira. Para que se possa lograr um conhecimento satisfatório a respeito da enorme quantidade de facetas que o caracterizam, é necessário conhecer algumas abordagens que compõem o seu estudo. Pouco a pouco os passos foram sendo dados no decorrer de anos por vários pesquisadores. É indispensável percorrer as principais etapas vencidas pelas ciências humanas para que se consiga uma síntese final válida.

É significativo o número de pessoas que exaram suas teorias pessoais sobre o comportamento, achando desnecessário pesquisar qualquer tipo de estudo. Chega-se mesmo a dizer: "de psicólogo, médico e louco todo mundo tem um pouco"; assumindo esse pressuposto, não há necessidade de estudar seriamente o assunto, mas na verdade ele merece exame mais cuidadoso.

Durante anos, a preparação de líderes organizacionais não contemplou senão assuntos técnicos; pouco foi feito em prepará-los para lidarem corretamente com as pessoas pelas quais respondiam. Essa crença foi, com o passar do tempo, agravando o desconforto entre as pessoas dentro das organizações. Há casos em que a interação pessoal tornou-se doentia e extremamente desgastante. Isso ainda perdura até os dias de hoje em alguns casos, gerando um clima de trabalho praticamente impossível de ser suportado.

3.2   O nascimento da psicologia

Na Antiguidade, a grande incógnita residia em descobrir o princípio vital, ou seja, de onde o ser humano vinha e qual o seu objetivo a ser cumprido. Muitas das abordagens filosóficas apareceram tentando decifrar a natureza humana, o que despertou interesse dos pensadores desde tempos imemoriais. Um exemplo é Protágoras (460 a.C.), que disse: "o homem é a medida de todas as coisas, das que são e das que não são". Muitas das explicações dadas por outros pensadores da mesma época perderam-se no tempo, por falta de documentos escritos que perpetuassem suas crenças após a sua morte.

Os primeiros filósofos buscaram descobrir qual é o elemento da natureza que seria o responsável pela vida dos seres animados, qual o seu princípio vital. Através da tradição verbal, três pontos de vista diferentes se propuseram a explicar o fato tão misterioso entre 600 e 400 a.C. Tales considerava que a água era a substância básica, responsável pela vida. Heráclito sustentava que o princípio de tudo era o fogo. Anaxágoras considerava o sopro vital e, em razão dele, tudo estava em constante mudança. Conforme esses paradigmas, todos os elementos que constituíam a natureza eram semelhantes em seu átomo elementar, sendo que só se diferenciavam em razão da maior ou menor quantidade desse princípio vital. O reino mineral, depois o vegetal, seguido pelo animal e terminando com o homem iam sucessivamente apresentando maiores quantidades do princípio vital, que levou à conclusão de que os elementos do reino mineral, vegetal e animal eram formados dos mesmos átomos. O aparecimento do termo *psicologia* remonta a essa época, sendo *psique* usado para designar alma, e *logos*, o estudo. Esse termo composto passou a ser utilizado para designar o estudo da alma, ou da própria vida.

Alguns termos muito utilizados pelos cientistas do comportamento apareceram em épocas passadas distantes. Por exemplo, o termo "neurose" surgiu em 1774 com Willian Culle. A palavra psicose surgiu em 1845, com Feuchtersleben.

Considerou-se por muito tempo que os doentes mentais estavam possuídos por maus espíritos e demônios. Por isso eram acorrentados de tal forma a não conseguirem sentar-se para descansar, até que Pinel (1745-1826) os libertasse, em 1801. A doença mental era algo terrível, que depreciava seu portador, o qual fazia de tudo para encobri-la aos demais.

3.3   Psicologia filosófica

Sócrates (469-399 a.C.) foi o primeiro grande pensador do qual se tem notícias mais precisas, pelo fato de suas ideias terem sido transmitidas por seus discípulos. Para ele, o estudo do comportamento ainda estava cheio de conceitos morais, acreditando que o homem era naturalmente bom e tenderia para a bondade através da sabedoria. Para o filósofo, "todo ciente é sábio, e todo sábio é bom". O ser humano, para isso, tem como fim último a sabedoria.

Segundo *O livro da filosofia* (2011, p. 46-49), "compreender o que fomos é a primeira tarefa da filosofia". Diante da contingência de negar essa crença, Sócrates preferiu tomar cicuta, afirmando que a "vida irrefletida não vale a pena ser vivida". Assume um tom enfático quando propõe que "o conhecimento seria essencialmente o autoconhecimento", uma vez que o conhecimento "define a pessoa que se é neste mundo". O conceito do mal é "perpetuado pela falta de sabedoria e conhecimento". Era importante que se desse luz à verdade, da mesma forma como o fazia sua mãe parteira. Para isso, seria "necessário compreender os limites da própria ignorância", conseguindo "remover ideias preconcebidas". Sócrates, com sua proposta, é praticamente aquele que conceitua vida psíquica como o recurso para as pessoas compreenderem aquilo que são.

Dentre outras propostas, Sócrates recorre a dois métodos pedagógicos que ficaram para sempre na história: "A ironia socrática era a arte de rebater, de ressaltar a ignorância do pretenso sábio – chamava-se 'elêntica' (elenchos, objeção). O segundo residia na arte de dar luz às ideias a partir das quais propõe que cada um deveria descobrir por si a verdade que orientaria sua vida. Esse segundo método chamava-se 'maiêutica' (de *mayevein*, parir) ou heurística (de *heuristické*, a arte de descobrir)" (MUELLER, 1968, p. 48). Essas primeiras formas de pensar mais sistematicamente, sobre as quais repousava o conhecimento humano, retratam aquilo que ficou conhecido como psicologia filosófica. Sócrates propõe enfaticamente a necessidade do autoconhecimento, tópico este que representava a base do ajustamento humano, até hoje.

O avanço das ciências do comportamento na Antiguidade é também atribuído aos postulados de Platão (429-347 a.C.), primeiro filósofo do qual há obras escritas, que são os *Diálogos*. É o primeiro a dar consistência à vida psíquica, quando propõe a **Alegoria da Caverna**, chamada de **Mundo das Ideias**.[1]

Discípulo de Sócrates, Platão, no diálogo *Fedro*, compara a alma a uma dupla de cavalos, conduzidos por um cocheiro. Nessa alegoria, o cocheiro simboliza a razão, um dos corcéis, a energia moral; o outro, o desejo (LARROYO, 1957, p. 134). Platão deixa perceber a influência de Sócrates, seu mestre, quando fala do aspecto central das suas especulações filosóficas

---

[1] Todos aqueles que se dedicam ao estudo da Administração encontram em *A república*: a noção de hierarquia. Embora use a figura das cidades, defende a ideia de diferentes características pessoais para diferentes postos, desde aqueles mais rudimentares até aqueles em que caberia dirigir o destino dos diferentes grupos de pessoas, que eram os filósofos.

a respeito do **Mundo das Ideias**, que pode ser considerado como a própria vida psíquica.

Usando a **Alegoria da Caverna**, Platão propõe que "o verdadeiro conhecimento é alcançado pela razão em vez dos sentidos". Para ele, a vida psíquica é formada pelas sombras da realidade "de um mundo de formas ou ideias perfeitas". Os seres humanos veem esse mundo através das sombras que eles projetam no fundo da caverna. *O livro da filosofia* (2011, p. 52-55) propõe que "as pessoas estão aprisionadas desde o nascimento, amarradas, encarando a parede do fundo na escuridão" e não podem se voltar para trás, onde existe "uma chama brilhante que lança sombras na parede para a qual elas olham". O mundo conhecido "é limitado à sombra da realidade, onde estão as formas ou ideias perfeitas, que está separado do mundo material". Caso a pessoa se volte para contemplar esse mundo, ficaria muito confusa e talvez fascinada pelo fogo, já que a parede é "a única realidade que conhece". Aquilo que constitui a vida psíquica é sombra de uma realidade "alcançada pela razão em vez dos sentidos". Essa proposta o classifica como um realista exagerado ao considerar o mundo das ideias como real. Essa é a perspectiva da Academia que fundou em Atenas, permanecendo nela até sua morte.

É com Aristóteles (384-322 a.C.) que a psicologia passa a ser reconhecida como a ciência das coisas animadas, que inclui o estudo das plantas, dos animais e do homem, considerando não só a alma, como também o corpo dos seres vivos. Já bem mais elaborado que seus antecessores, ele formula a base da teoria do conhecimento, ressaltando que todo conhecimento tem origem na sensibilidade e que nada existe no espírito que não haja passado pelos sentidos.

No século XVIII surge a escolástica, investigação a partir da qual Santo Tomás retoma os conhecimentos deixados por Aristóteles, surgindo a filosofia aristotélico-tomista, depois de longo período infértil na história do pensamento. Nessa época partia-se do pressuposto de que a alma de cada homem era criada individualmente. A alma era considerada incorpórea, impregnada pela razão imortal (O LIVRO DA PSICOLOGIA, 2012, p. 27). Foi uma fase considerada obscura se comparada à filosofia grega.

O Renascimento, compreendido entre 1400-1600, apresenta mudança de atitude dos pensadores face às fontes do conhecimento. Autores como Wertheimer consideram que essa tenha sido a época de fermentação em praticamente todas as áreas da atividade humana. Embora muitas das teorias dessa época ainda levassem à conotação típica da psicologia filosófica, muitas outras orientações haveriam de convergir, dando início à psicologia experimental, que caracteriza o fim do século XIX, quando se começou a delinear o novo enfoque, menos filosófico e mais científico.

Duas correntes foram decisivas na determinação futura das diferentes escolas psicológicas que vão aparecer nos séculos XIX e XX. A primeira é conhecida como racionalista, tendo Descartes (1526-1649) como um dos seus mais importantes expoentes. A segunda é a escola empirista, proposta por Bacon, considerado pai da filosofia moderna (1561-1626). A partir de então, nada que escape à experimentação poderia ser objeto de estudo científico. Em sua orientação racionalista, "o fim que Descartes persegue é descobrir para a filosofia um caminho e dar-lhe uma estrutura de absoluta segurança" (HRISCHBERGER, 1957, p. 95), não mais especulativa.

O terceiro filósofo de reconhecida importância para a psicologia é Aristóteles (384-322 a.C.), que, embora tenha sido discípulo de Platão, propõe suas interpretações sobre o homem e o mundo concreto de forma avessa a ele. Consta em *O livro da filosofia* (2011, p. 59) que, enquanto para Platão a natureza das qualidades universais "reside no elevado mundo das formas, para Aristóteles está aqui na Terra". Ao nascer, o ser humano é como se fosse "folhas em branco" – não existem ideias que possam ser consideradas como inatas. É necessário observar como os acontecimentos se passam à volta do ser humano para que se possa ter ideia dele. Para Aristóteles, "a verdade do mundo deve ser encontrada e vista na terra em que se vive". Essa maneira de conceber o funcionamento do psiquismo deu um rico cabedal de informações que formarão a base das Teorias do Conhecimento. Acredita-se que essa diferença entre ambos os filósofos se baseia na formação que tiveram. Platão recebeu uma formação que se baseou na matemática, enquanto Aristóteles seguiu a linha do pai que era médico, explorando mais as ciências biológicas.

3.4 Laboratório da psicologia experimental

Comparada ao avanço das descobertas feitas pelas ciências exatas, a psicologia foi considerada muito atrasada. Alguns representantes desse estudo atribuíram à metodologia de pesquisa utilizada a razão desse atraso. Em consequência, surge uma tendência que leva o nome de "corrente experimental" que dominou nos séculos XVIII, XIX e XX. Foram criados os laboratórios experimentais que passaram a estudar concretamente as reações dos seres humanos.

A psicologia experimental valorizou a fisiologia e a biologia, procurando, assim, decompor um todo em suas partes componentes – "átomos", e trabalhando de maneira quantificável promoveu e incentivou a pesquisa universitária dentro dos laboratórios. As tendências fisiológicas que apareceram nesse momento estavam mais preocupadas com a possibilidade de estabelecer correlações entre características fisiológicas e comportamentais. Enfatizou-se o estudo do reflexo, as características próprias da condução nervosa, a estrutura e função do sistema nervoso, a localização das funções, as energias específicas dos nervos e fibras, e vários outros trabalhos sobre sensações. São seus representantes Helmholtz, Rámon e Cajal, Gall e outros. Muitos foram os estudos feitos nos laboratórios que ofereceram base para trabalhos posteriores importantes.

É indispensável citar William James (1842-1910), considerado como marco inicial da psicologia na América, uma vez que, até então, os grandes estudos haviam sido feitos principalmente na Europa. Médico, tendo iniciado sua carreira como professor de fisiologia em Harvard, publicou, em 1878, seu livro *Princípios de psicologia*, que levou 12 anos para ser escrito. Apesar do cunho amplamente abrangente da sua obra, James foi considerado o pai do pragmatismo, tendo sido o primeiro a usar essa palavra. Em 1880 fundou o primeiro laboratório de psicologia nos Estados Unidos. William James "achava que as atividades mentais formam uma unidade de experiência". Isso quer dizer que "um pensamento leva a outro num contínuo fluir da consciência" (HUFFMAN; VERNOY; VERNOY, 2003, p. 45). Para James, a consciência se caracteriza por ser um **fluxo de pensamentos**, sendo esse termo usado para se referir à percepção "que cada indivíduo tem dos seus próprios pensamentos, sensações e sentimentos" (O LIVRO DA PSICOLOGIA, 2012, p. 40-43). Ela não representa "uma coisa, mas sim um processo". A partir daí, é possível "refletir sobre o passado, o presente e o futuro". Dessa forma, o homem cumpre seu "propósito fundamental que é: sobreviver", o que depende necessariamente de cada um.

Outro pesquisador importante é Wilhelm Wundt (1832-1920), que, profundamente influenciado pela orientação dos estudiosos empiristas, procurou conceber a psicologia como uma ciência experimental que foi, de início, conhecida como psicofísica. Em muitos experimentos feitos em seu laboratório, na Universidade de Leipzig (1879), procurou descobrir até que ponto os processos corporais poderiam determinar as características próprias da percepção que o homem tem do mundo. Henneman (1972, p. 17) afirma: "alguns dos experimentos se direcionavam para o estudo da maneira pela qual os órgãos do sentido" reagiam quando estimulados. Foram, então, feitos "experimentos sobre a 'sensitividade'", medindo as reações à "estimulação experimental". Foi assim que "se abriu um caminho para estudar a 'mente' no laboratório". Esse fato coloca definitivamente a psicologia fora do campo da especulação filosófica.

Para Wundt, o principal e único objetivo da "psicologia experimental é a descrição exata da consciência". Para chegar aí, o pesquisador construiu situações, ou "testes sensoriais", que permitiam investigar a consciência humana em termos mensuráveis. Wundt serviu-se de dois tipos de observação. No primeiro usou a observação externa, que se ocupa "do relato dos eventos visíveis no meio externo", como, por exemplo, um choque elétrico, que após ser dado o estímulo, vem a resposta: faz os músculos se contraírem; o comportamento automático de retirar a mão de uma superfície quente, que são comportamentos automáticos ou reflexos. O segundo tipo é a "introspecção" ou auto-observação que fazem parte da observação interna, na qual a pessoa estudada relata aquilo que sente.

Embora tenham durado pouco tempo, duas importantes subdivisões marcaram a evolução dos estudos do comportamento no período compreendido entre o final do século XIX e início do século XX. A primeira escola é conhecida como *estruturalista*. Durou entre 1870 e o início do século XX, tendo como principais representantes Wundt e Titchner. Com sua nova forma de pensar, os pesquisadores introduzem a anatomia e a fisiologia no domínio da psicologia, marca fundamental das pesquisas atuais sobre comportamento. Acima de tudo, foi reivindicada uma posição científica para a psicologia: "sob a influência do associacionismo, Wundt reduziu a vida psíquica a uma série de fenômenos. A psicologia experimental pesquisou principalmente sensações, sacrificando assim o estudo dinâmico da personalidade e das sutilezas das diferenças individuais" (DÓRIA, 1960, p. 19). Acreditou-se que as reações psíquicas eram as mesmas para todas as pessoas.

A escola *estruturalista* se contrapõe à orientação da escola de Relações Humanas, que, no seu entender, era ingênua em acreditar na harmonia organizacional, tem como centro os conflitos inevitáveis e, por vezes, até benéficos entre o homem e a organização. Assume posição bastante realista e até certo ponto paradoxal, no sentido de que o homem depende das organizações desde o seu nascimento até a morte e que, para sobreviver, precisa ser dotado de flexibilidade, resistência à frustração, capacidade de adiar recompensas e ter permanente desejo de realização.[2]

A segunda escola é conhecida como *funcionalista*, e sua duração está compreendida entre os anos de 1880 a 1910, tendo na escola de Chicago, com Angell e Dewey, e na escola de Columbia, com Kattell, Thorndike e Woodworth, seus principais representantes. A partir de uma visão mais dinâmica do comportamento humano, o funcionalismo procurou descobrir para que servem as várias atividades mentais, tendo em vista o processo adaptativo – o que mais interessava eram os processos mentais e não mais os elementos constituintes da estrutura da mente. Para Angel (1948, p. 439), "a psicologia funcional deve ser considerada como a psicologia das operações mentais, em oposição à psicologia dos elementos", isto é, o objetivo para esse enfoque é descobrir como se dá o funcionamento psíquico.

Para os funcionalistas, o homem organizacional precisa adotar uma atitude conformista diante da organização à qual pertence. Não só o conflito em nível individual, mas também em grupos constitui-se num processo social fundamental, sendo o grande elemento propulsor do desenvolvimento. Etzioni (1972, p. 47) afirma: "o conflito não é necessariamente um mal, nem coisa a ser ocultada dos superiores". O conflito pode incluir questões do âmbito da organização ou da alta política e, assim sendo, "é preferível levar o conflito tão longe na hierarquia, quanto seja necessário". É possível "conseguir uma modificação ou reafirmação da política em vez de encontrar uma forma de contornar o problema – esse contorno é uma 'solução típica de nível mais baixo'", mantendo um relacionamento que se caracteriza por trocas constantes.

A abordagem classificada como Sistemas Abertos em administração fala do "Homem Funcional", que se posiciona dentro da organização, sendo construída a partir de comportamentos inter-relacionados. Pertencem a essa

---

[2] Cabe notar que entre as escolas que integram a Teoria Geral da Administração está a *estruturalista*, cujos grandes expoentes foram Max Weber, Robert Merton, Phillip Selznick, Alvin Goldener, Amitai Etzioni, Peter Blau e Victor Thompson. Os pressupostos dessa teoria administrativa são bem diferentes das orientações seguidas pelo pensamento estruturalista em psicologia – diríamos mesmo que, num esforço comparativo, ela está mais próxima do pensamento funcionalista no tocante à preocupação com a capacidade adaptativa do homem.

orientação Likert, Katz, Kahn, Maltzer e outros que se deixaram marcar pelas principais ideias da psicologia social. Nessas condições, essa organização é considerada como um sistema aberto que importa energia do ambiente (*inputs*), processando essa energia para atingir sua produtividade, que exporta seus resultados para o meio ambiente (*outputs*). Trata-se de um processo permanente de realimentação, cujos *inputs* e *outputs* estão em constante renovação, daí a denominação de "sistemas abertos".

Wagner III e Hollenbeck (2000, p. 18) citam a proposta de Kahn em quatro itens bem claros: "(1) toda organização importa insumos", que são: "matéria-prima, equipamentos produtivos, recursos humanos e *know-how*"; "(2) tais insumos são utilizados para transformar outros insumos", conhecidos como *transformação*; (3) a seguir, esses "recursos transformados são exportados como *produtos*", que podem ser "bens ou serviços" vendidos no meio ambiente; (4) finalmente, esses "produtos são trocados por novos insumos", recomeçando, assim, novo ciclo. Nota-se o ambiente de trocas em todos esses procedimentos.

3.5 Previsão e controle do comportamento

Com o behaviorismo se pode estimar o indiscutível valor da descoberta do reflexo condicionado por Pavlov (1849-1936), prêmio Nobel de Psicofisiologia em 1904. Antes dele, acreditava-se que todos os reflexos eram inatos e hereditários. Pavlov comprovou experimentalmente que eles podem ser aprendidos como o cão do seu experimento, que aprendeu que o som de uma campainha anunciava comida próxima.

Para os behavioristas, o *comportamento* aparente mereceu destaque sem precedente, podendo ser observado nas reações externas, tornando-se, assim, passível de controle. Segundo Milhollan, Forisha e Skinner (1972, p. 62), "o comportamento humano deveria ser estudado objetivamente", uma vez que "a consciência não era objetiva, não era cientificamente válida e não poderia ser estudada". O comportamento (*behavior*) proposto por Watson era representado pelos "movimentos dos músculos e atividades glandulares". No tocante a "sentimentos e emoções", esse estudo era feito a partir dos "movimentos das vísceras". Não existe alternativa para os behavioristas a não ser deixar "de lado todo o mentalismo em favor de uma ciência de comportamento puramente objetiva". O exagero desse enfoque criou problemas, especialmente porque contemplou apenas um aspecto do ser humano, fazendo-se acreditar na possibilidade de mudar esse comportamento, o que não é totalmente válido para o ser humano. Os behavioristas são conhecidos como pertencentes à corrente que defende a ligação necessária entre estímulo-resposta, na qual "dado o *estímulo*, a psicologia pode prever a *resposta* e vice-versa" (WATSON, 1919, p. 10).

Keller, psicólogo reconhecido pelas teorias da aprendizagem, descreve bem como se dá a mútua dependência dos elementos estímulo-resposta (S-R). Para ele, o desafio da psicologia é "a predição e controle do comportamento". Como propôs, é seu objetivo "predizer as situações ou estímulos causais prováveis de uma resposta; e em outro, dada a situação, predizer a resposta" (KELLER, 1970, p. 86). Portanto, o comportamento é passível de previsão, podendo assim ser controlado, o que significa não se ter responsabilidade pelas próprias ações.

O livro da psicologia (2011, p. 68-71) aponta que "Watson acreditava que as pessoas tinham três emoções fundamentais – medo, raiva e amor". Embora estivesse mais preocupado em "descobrir se uma pessoa poderia ser condicionada a ter esses sentimentos em resposta a um estímulo", seu erro foi misturar a predisposição emocional com o recurso intelectual. O comportamento humano é explicado como se cada uma das pessoas tivesse armazenado dentro de si um estoque de respostas comportamentais, que estariam prontas a tornar-se realidade tão logo um estímulo as despertasse. Cada um é considerado como possuidor de um feixe de respostas a serem necessariamente disparadas pelos seus estímulos correspondentes. Praticamente não há emoções nesse processo para o fundador dessa teoria.

Para Weiten (2002, p. 7), Watson considera que: "o behaviorismo é uma orientação teórica baseada na premissa de que a psicologia científica deveria estudar apenas o comportamento observável". Para ele, os processos mentais não eram assunto apropriado para o estudo científico por serem eventos privados. Dessa forma, Weiten propõe que: "o termo comportamento refere-se a qualquer resposta ou atividade observável, realizada por um ser vivo", até certo ponto, independentemente de sua vontade.

Huffman, Vernoy e Vernoy (2003, p. 207) consideram um fator importante no condicionamento operante: o *feedback*,[3] a informação que faz o aprendiz ter consciência dos resultados do seu comportamento, ou seja, "quando um

---

[3] Retroalimentação.

animal ou uma pessoa emite uma resposta comportamental, o *feedback* que ocorre depois da resposta determina se o comportamento será repetido ou extinguido". A premiação (estímulo) por uma determinada ação (resposta) aumenta a sua frequência. Toda vez que é oferecido esse estímulo, necessariamente, elevará a produtividade. O ser humano agirá em função desses estímulos oriundos do meio. Todos responderão da mesma forma e por isso passam a ser considerados iguais entre si.

Do ponto de vista da teoria geral da administração, os pressupostos básicos da orientação behaviorista anunciam um enfoque bastante diferente daquele dado originalmente pelos primeiros psicólogos fundadores dessa escola comportamental. Motta (1977, p. 36) propõe que: "não se pode confundir o behaviorismo na teoria das organizações com a corrente homônima na psicologia, que teve como origem os trabalhos de Watson". Nesse sentido, "ele não é adequado para o tratamento de problemas organizacionais e estruturais". Para o autor, essa "natureza constante, atribuída à relação estímulo-resposta [...] é frequentemente ignorada", principalmente a "definição de estímulo torna difícil a aplicação à realidade social". Entende-se que "estímulo é uma forma de energia física que pode ser manipulada e controlada no laboratório". Portanto, numa "circunstância social, as dimensões do estímulo não podem ser especificadas de um modo comparável". Para concluir, Motta propõe de maneira assertiva que "no laboratório controlamos o reforço administrado para certos tipos de respostas. Isso não é possível na situação social". Nessa circunstância, "não podemos predizer, porque não se pode identificar previamente a resposta, a natureza do reforço para um indivíduo". Embora levem o mesmo nome, representam enfoques teóricos diferentes.[4]

As escolas psicológicas são o testemunho do esforço da ciência rumo a uma forma mais confiável de explicar o comportamento humano, em que pese o fato de que muitos dos seus conceitos tenham hoje se transformado em estudos mais complexos; a continuidade do trabalho científico veio mostrar que se havia chegado a uma saída não totalmente esgotada. Essas esco-

---

[4]   As figuras mais expressivas do behaviorismo em administração são Herbert Simon e Chester Barnard, praticamente considerados como seus fundadores. Outros nomes famosos, tais como Chris Argyris, Rensis Likert e Douglas McGregor também fazem parte desse grupo. Como uma corrente de pensamento dentro da administração, a escola behaviorista representa uma reação ao modelo simplista do *homo economicus*, concebido pela Escola de Administração Científica. Para os behavioristas da administração, é fundamental o estudo dos aspectos ligados ao processo de tomada de decisões e o exame das diferentes formas de autoridade.

las com suas formas de estudar o ser humano contribuíram decisivamente para o atual avanço da ciência do comportamento. Não se teria chegado onde se chegou até hoje se essas diferentes teorias não tivessem feito reconhecidas contribuições.

3.6   O todo, não a soma das partes

Como reação às escolas estruturalistas, funcionalistas e behavioristas, surge a psicologia da *gestalt*, que significa, em alemão, "todo organizado" ou "padrão". Para Huffman, Vernoy, e Vernoy (2003, p. 46), "os gestaltistas rejeitam a noção de que as experiências podem ser desintegradas em elementos". É proposto que "a experiência só poderia ser estudada como um todo", ela "é qualitativamente diferente da soma dos seus diferentes elementos". O todo é mais importante do que a soma das partes. A escola *gestaltista*, fundada em Berlim, por Wertheimer, Koeler e Kofka, por volta de 1910, mostra um claro antagonismo à escola behaviorista.

Para os gestaltistas, não existem respostas ou estímulos isolados; as pessoas se comportam a partir de determinada organização, configuração ou *gestalt* desses estímulos. Trata-se de um processo holístico; de uma visão global de comportamento do ser humano.

Considerada como a teoria do todo, a teoria da *gestalt* parte do pressuposto de que "como a percepção, a aprendizagem e cognição devem ser pensadas como uma totalidade e não investigadas como partes isoladas" (O LIVRO DA PSICOLOGIA, 2012, p. 160-161). A solução completa com relação à situação toda é o *insight*. Usando a tentativa e erro, o problema é resolvido na sua totalidade, testando a solução que ocorreu. Isso se deu com os macacos de Kohler quando descobriram que emendando duas varetas poderiam atingir as bananas, penduradas no teto da gaiola.

Esse enfoque do comportamento sobressaiu-se a partir das suas pesquisas sobre percepção, que procuravam provar que essa função é um processo organizado, e estende esse conceito ao processo nervoso correlato. Alterando-se apenas uma nota de uma sinfonia, aquilo que é percebido já é outra sinfonia. Semelhantemente, se em um desenho for alterada uma de suas linhas, aquilo que se percebe já é outro desenho. São muito conhecidos os desenhos que ilustram, através dos jogos de figura e fundo, os diferentes "todos" percebidos. Por exemplo, como ilustração, as duas linhas a seguir são exatamente do mesmo tamanho, mas a introdução das linhas nas suas extremidades muda a *gestalt* que está sendo percebida, sendo consideradas de tamanhos diferentes. A linha da direita parece maior que a linha da esquerda:

Muitos conceitos dessa escola dentro da administração são utilizados quando se trata de projetar um novo produto, tanto quanto à sua melhor apresentação, como também em propaganda, principalmente no tocante ao campo visual.

3.7 Estudo do comportamento na prática

Desligada da filosofia, a ciência comportamental foi orientada na direção de poder ajudar as pessoas no seu dia a dia, abrindo, assim, vários campos de sua aplicação concreta. Surgem os diferentes campos de aplicação da ciência comportamental, que são cada dia mais numerosos, sendo passíveis de um rápido exame.

Na Pedagogia: os experimentos são desenvolvidos a respeito do processo de aprendizagem humana e sua metodologia pedagógica, que têm sofrido modificações. Por exemplo, foi-se deixando a árdua memorização, a disciplina rígida e demais imposições contrárias ao comportamento natural de quem aprende.

Na Medicina: os estudos feitos sobre os desajustamentos psicológicos sobre o físico e das doenças físicas sobre o psíquico abriram o campo de estudo das doenças psicossomáticas.

No Direito: a partir do estudo das variáveis individuais e sociais que afetam o criminoso, a legislação penal muda sua maneira de atribuir penalidades.

No Esporte: ninguém mais se espanta quando é apresentado ao psicólogo responsável por tal equipe que arrebatou a taça Jules Rimet das mãos de esportistas do mundo todo.

Nas Organizações: muitas escolas de administração foram calcadas nas pesquisas e nas teorias psicológicas, para o entendimento da interação pessoa/organização.

Para se ter uma ideia dos diferentes campos de trabalho, podemos citar: Psicologia Social, Psicologia Clínica, Psicologia Experimental, Psicologia Educacional, Psicologia do Desenvolvimento, Psicologia Fisiológica ou Comparada, Engenharia Psicológica, Psicologia da Maturidade e Velhice, Psicologia do Consumidor, Psicologia das Artes, Psicologia Filosófica, Psicologia do Lazer, Psicologia Econômica e assim por diante.

Existem três especializações nos cursos de pós-graduação em psicologia: Clínica, Educacional e Organizacional. Os psicólogos clínicos são preparados para diagnosticar e tratar pessoas com distúrbios comportamentais. Os psicólogos educacionais possuem vasto conhecimento dos processos de aprendizagem, tanto de alunos normais como daqueles que apresentam dificuldades. Os psicólogos organizacionais buscam prevenir o desajustamento do indivíduo à empresa, utilizando-se de técnicas de seleção de pessoal, treinamento, desenvolvimentos de competências. Uma especialidade recente desse campo de trabalho do psicólogo organizacional diz respeito à psicopatologia do comportamento humano no trabalho. O INSEAD, na França, é a primeira e mais importante instituição que trabalha as patologias organizacionais. A partir das concepções de Manfred Kets de Vries a respeito das empresas depressivas, paranoicas, obsessivas e histéricas.

Spector (2002, p. 356) atribui ao campo da psicologia aplicada às organizações o nome de Desenvolvimento Organizacional: "as organizações no mundo industrializado moderno encontram-se em um ambiente de rápida evolução, que exige mudanças apropriadas em sua estrutura e função". A globalização acelerou o ritmo das mudanças organizacionais, o que determinou uma reorientação organizacional frequentemente forçada pelas circunstâncias e crises, que estão além do controle das pessoas que estão no comando, o que determina mudanças apressadas, feitas em resposta a uma emergência. Forçosamente, "essas mudanças precipitadas podem ser prejudiciais para a organização". Tal campo de aplicação da psicologia está em pleno desenvolvimento, principalmente dentro de grandes empresas e nos países mais desenvolvidos. Alguns autores como Huffman et al. (2003, p. 23) apontam a base das ações dos psicólogos que "usam métodos científicos estritos em seus estudos sobre psicologia. Eles seguem procedimentos padronizados ao coletar informações, analisá-las e interpretá-las". Esses psicólogos "podem estar razoavelmente certos de que os resultados de seus estudos não serão contaminados por suas atitudes pessoais", o que poderia distorcer a realidade terapêutica.

Kahhale e Andriani (2002) apontam que "através dos conhecimentos recentes e das metodologias utilizadas mantém a concepção do homem como um ser dotado de características, habilidades e tendências inatas que irão desenvolver-se e atualizar-se ao longo da vida". Essa tendência amplia e enriquece cada dia mais com novas descobertas (KAHHALE e ANDRIANI, 2002, p. 95).

Referências

ANGEL, L. *The province of junctional psychology*: reading in the history of psychology. New York, 1948.

DÓRIA, C. S. *Psicologia científica geral*: um estudo analítico do adulto normal. São Paulo: Livraria Agir Editora, 1960.

ETZIONI, A. *Organizações modernas*. São Paulo: Pioneira, 1972.

HENNEMAN, R. H. *O que é psicologia*. Rio de Janeiro: José Olympio, 1972.

HRISCHBERGER, J. *História da filosofia moderna*. São Paulo: Herder, 1960.

HUFFMAN, K.; VERNOY, M.; VERNOY. J. *Psicologia*. São Paulo: Atlas, 2003.

KAHHALE, E. M. P.; ADRIANI, A. G. P. *A diversidade da psicologia*: uma construção teórica. São Paulo: Cortez, 2002.

KELLER, F. S. *A definição da psicologia*: uma introdução aos sistemas psicológicos. São Paulo: Editora Herder, 1970.

LARROYO, F. *História geral de la pedagogia*. México: Porrua, 1957.

MILHOLLAN, F.; FORISHA, B. E.; SKINNER, R. *Maneiras constantes de encarar a educação*. São Paulo: Summus, 1972.

MOTTA, P. C. P. *Teoria geral da administração*. 6. ed. São Paulo: Pioneira, 1977.

MUELLER, F. L. *História da psicologia*. São Paulo: Nacional, 1968.

O LIVRO DA FILOSOFIA. Tradução de Douglas Kim. São Paulo: Globo, 2011.

O LIVRO DA PSICOLOGIA. Tradução de Clara M. Hermeto e Ana Luiza Martins. São Paulo: Globo, 2012.

SPECTOR, P. E. *Psicologia nas organizações*. São Paulo: Saraiva, 2002.

WAGNER III, J. A.; HOLLENBECK, J. R. *Comportamento organizacional*: criando a vantagem competitiva. São Paulo: Saraiva, 2000.

WATSON, J. B. *Behaviorism*. New York: Norton, 1924.

WEITEN, W. *Introdução à psicologia*: temas e variações. São Paulo: Pioneira Thomson, 2002.

4

TEORIAS ATUAIS EM USO

"O sofrimento nos ameaça a partir de três direções: do nosso próprio corpo condenado à decadência e à dissolução, e que nem mesmo pode dispensar o sofrimento e a ansiedade como sinais de advertência. Do mundo externo que pode voltar-se contra nós com forças de destruição esmagadoras e impiedosas e, finalmente, dos nossos relacionamentos com os outros homens. O sofrimento que provém dessa última fonte, talvez seja o mais penoso do que qualquer outro."

Freud (1930, p. 33)

Sumário

4.1 A escola psicanalítica de Freud; 4.2 Instintos e necessidades; 4.3 A psicanálise de Freud; 4.4 Sexualidade infantil; 4.5 Teoria do aparelho psíquico; 4.6 A simbologia do sonho; 4.7 A psicanálise e o comportamento no trabalho; 4.8 Defesas pessoais; 4.9 Moreno e a dimensão consciente do comportamento; 4.10 O psicodrama na prática; 4.11 Um passo além das palavras; 4.12 Psicodrama nas organizações; 4.13 Condicionamento da personalidade; 4.14 Condicionamento operante; 4.15 O condicionamento opera mudanças; 4.16 Reforço positivo e negativo; 4.17 Condicionamento e mudanças na organização; 4.18 A teoria na prática; Referências

O campo de estudo da psicologia está sendo ampliado e enriquecido a cada dia com recentes descobertas. Surgiram diferentes hipóteses, que foram pesquisadas no intuito de entender melhor a forma de pensar, sentir e agir das pessoas. Surgiram várias teorias que compuseram diferentes escolas psicológicas representando um grande esforço científico mais sistemático para explicar o comportamento humano. Hoje, muitos dos conceitos se transformaram em um corpo de estudo mais completo. A continuidade do trabalho científico mostra ainda que não se havia chegado a uma conclusão totalmente satisfatória. Essas escolas, com seus diferentes enfoques de estudo do ser humano, contribuíram decisivamente para o atual avanço dessa ciência.

Schultz e Schultz (2011, p. 2) deixaram claro que o comportamento humano é complexo para uma descrição simplista; "os seres humanos são demasiadamente complexos e mudam em situações diferentes, bem como com pessoas diferentes". É necessário "ser mais preciso na linguagem para definir e descrever personalidade". Deve-se examinar o ser humano de todos os ângulos. Para os autores, "surgiu uma grande variedade de abordagens" com relação a esse tipo de estudo, "como a abordagem do curso de vida", isso ocorre "durante toda a trajetória de nossas vidas", a abordagem dos traços que defende a "hereditariedade da personalidade". Outra é "a abordagem humana que enfatiza as forças humanas, virtudes, aspirações e realização do nosso potencial". Surgiu também "a abordagem dos traços, que lida com as atividades mentais conscientes" (p. 5). Com esses diferentes enfoques pretende-se conhecer um pouco mais desse imenso mundo humano.

Seguindo uma direção que vai desde o aspecto mais profundo da personalidade, passando pelo nível de contato consciente com o mundo e atingindo fatores externos que influenciam o indivíduo, será possível conhecer diferentes níveis de consciência da personalidade, com explicações mais completas e significativas. Não existe uma única teoria que consiga explicar todas as solicitações enfrentadas pelos variados tipos de comportamento humano.

Três nomes devem ser lembrados na qualidade de psicólogos mais importantes da atualidade. O primeiro deles é Freud, a quem coube a dimensão do estudo das profundezas do psiquismo; o segundo, Jacob Levy Moreno, que procurou conhecer como se dá a formação dos vínculos entre as pessoas com o mundo exterior; e, finalmente, o terceiro é Skinner, que explorou a importância dos condicionamentos sofridos no meio ambiente, estruturando diferentes comportamentos. Muitos são os seguidores dessas abordagens que continuam aprofundando as ideias iniciais. A partir do rompimento com um passado pouco científico esses três psicólogos ocasionaram uma verdadeira revolução no campo de conhecimento da psicologia.

Há teorias que procuram explicar "no comportamento manifesto o que fazemos e dizemos em resposta a determinados estímulos". Há outros pesquisadores que buscam explicar "sentimentos e experiências conscientes" que são avaliados "pelos testes e questionários". Finalmente há aqueles que tentaram "entender as forças inconscientes que nos motivam". Nem todo comportamento é estudado por uma única metodologia devido à diversidade de enfoques, como afirmam Schultz e Schultz (2011, p. 2).

Segundo Soto (2001, p. 31), "para estudar o comportamento, os administradores reúnem dados obtidos mediante observação direta com questionários, entrevistas, vídeos e documentos escritos". Os pontos de vista históricos e as primeiras escolas do pensamento servem para preparar o cenário "que permitirá entender os fundamentos do comportamento". É indispensável conhecer o conjunto de informações fornecidas pelos estudos já existentes na atualidade que tiveram seu início principalmente após a Segunda Grande Guerra, quando se tornou necessário reorganizar o mundo corporativo recem-saído da indústria bélica.

4.1 A escola psicanalítica de Freud

Sigmund Schlomo Freud nasceu em Freiberg in Mähren, na Áustria, em 1856. Sua vida pessoal parece ter influenciado vários tópicos da sua teoria psicanalítica.

Com quatro anos de idade, Freud mudou-se com sua família para Viena, onde viveu até os 82 anos, quando fugiu a contragosto para Londres devido à perseguição nazista aos judeus.

Conforme Sperber e Hobsbawn (s. d., p. 6-9), "aos 12 anos de idade ele molhava a cama e ouvia de seu pai que 'esse menino nunca vai chegar a ser gente', o que nunca esqueceu. Em compensação era coberto de mimo por sua mãe, que o chamava de 'meu sig de ouro'".

Na escola, foi seguidas vezes apontado como o primeiro da classe. Casou-se com Martha Besnays aos 30 anos e teve seis filhos: três meninas e três meninos.

Inúmeros autores concordam que Freud "mudou para sempre o modo como as pessoas compreendem os outros e a si próprias". Defendeu o poder do inconsciente mostrando que a capacidade de "raciocinar afetava o comportamento". A sociedade médica da época praticamente não aceitou a proposta de Freud "em torno das pulsões sexuais". Acredita-se que não estava preparada para aceitar essa proposta.

Sigmund Freud (1856-1939) fundou a escola psicanalítica tendo como grande mérito a descoberta do conteúdo inconsciente da personalidade. Até então, atribuíam-se as desordens da conduta humana às lesões neurológicas, de onde veio a palavra neurose (*neuron*), célula básica que compõe o sistema nervoso. Viveu a maior parte da sua vida em Viena, onde se formou como médico neurologista, só deixando essa cidade durante a perseguição nazista, aos 82 anos, quando se viu forçado a mudar-se para Londres.

Freud viveu o suficiente para pesquisar grande quantidade de fenômenos psíquicos de forma inusitada até a sua época. Mesmo com a reformulação de alguns aspectos da sua teoria, o mérito de Freud não desaparece, nem pode ser diminuído. Ele abriu a trilha que leva ao inconsciente, caminho este que nunca mais foi fechado. A psicologia profunda, como é conhecida sua teoria, é cada vez mais valorizada.

Durante mais de meio século ele elaborou sua teoria revolucionária no momento em que as doenças mentais eram explicadas apenas em nível neurofisiológico e, às vezes, até de forma anticientífica. A busca pela cura de seus doentes levou Freud a pesquisar, quase exclusivamente, os aspectos anormais da personalidade, o que enriqueceu a compreensão do homem normal. Grande parte dos conceitos exarados por Freud nasceu da análise que ele fez dos acontecimentos vividos por ele. Buscando interpretar os próprios sonhos, analisando a si próprio, ele elaborou a base da psicanálise e descobriu a importância da infância na formação da personalidade. Com uma infância sofrida, usou seus experimentos para caracterizar os sentimentos hostis contra a figura do pai, a quem odiava, o que ilustra o caráter autobiográfico da sua teoria.

Por outro lado, era o filho dileto de sua mãe, que lhe dispensou muitas regalias, fazendo com que ele chegasse a expressar rancor contra seus irmãos, considerados concorrentes do afeto materno. Como explicam Schultz e Schultz (2011, p. 42), sendo seu próprio analista por meio dos estudos dos seus sonhos, "percebeu, pela primeira vez, quanta hostilidade ele sentia em relação ao pai". Grande parte daquilo que transmitiu ao mundo partiu dos "seus próprios conflitos neuróticos e experiências na infância, filtrados através das interpretações dos seus sonhos". Essa autoinvestida demandou de Freud muito esforço e coragem pessoal. O mesmo ocorreu quando se viu na contingência de analisar sua própria filha Ana.

Ao juntar as peças do quebra-cabeça chegou ao vasto acervo que constitui hoje sua teoria psicanalítica; Freud percorreu um longo caminho de descobertas e o primeiro passo foi o abandono do hipnotismo para adotar o método terapêutico da associação de palavras, frases e, por fim, conteúdos, conhecido como *talking cure*.[1]

Como propõe Gay, biógrafo de Freud: "A psicanálise, como Freud a desenvolveu em meados dos anos 1890, foi uma emancipação da hipnose." O biógrafo de Freud confirma que "uma série de artigos e resenhas do início dos anos 1890 revela raízes em experiências hipnóticas; e, de fato, a hipnose continuou por alguns anos no repertório de Freud" (GAY, 1989, p. 63). Discípulo de Charcot em Paris, vive um momento importante para a formulação da sua teoria ao observar o trabalho do mestre.

Freud deixou a hipnose como recurso terapêutico de maneira consciente, devido à sua precariedade como recurso de cura. Em Paris, o médico presenciou o mestre Charcot hipnotizar seus pacientes, provocando durante o sono hipnótico o aparecimento e o desaparecimento dos sintomas corporais histéricos, tais como paralisias, cegueiras e muitos outros. Esse fato assumiu para Freud significado de grande repercussão, uma vez que esses sintomas apareciam e desapareciam conforme sugestões do hipnotizador, o que permitiu levantar a hipótese de que não deveria haver comprometimento físico ou neurológico, como acreditavam os médicos da época.

Como explica Nunes (2011, p. 31), observando os pacientes histéricos hipnotizados por Charcot, Freud propõe as hipóteses básicas da sua teoria: "a existência de uma região psíquica que estaria fora da consciência e do controle do eu". Propõe, também, "a existência de um excesso afetivo presente na experiência do trauma", sendo o primeiro terapeuta a valorizar "a suposição da importância da fala e do discurso do paciente na produção e na cura dos sintomas". Para Freud, "os fenômenos histéricos e as recordações estariam ausentes da memória e não acessíveis ao paciente". Isso fez com

---

[1] Cura pela fala.

que ele valorizasse os relatos verbais da cura pela fala. Essas propostas da escola psicanalítica de Freud causaram perplexidade e estranheza no ambiente médico da época.

No hospital de La Salpêtrière foi praticamente um seguidor de Charcot, que se dedicava em especial ao tratamento da histeria. Segundo Prunor (s. d., p. 44-51), "muitos médicos acreditavam que, na verdade, tratava-se de fingimento por parte das pessoas afetadas, já que não encontravam causa orgânica". De forma pouco científica, acreditou-se até em "fruto de possessões demoníacas". Conforme a autora, "a palavra histeria tem origem no termo médico grego *hysterikos*". Devido à maior frequência dentre as mulheres, esse termo significa "perturbações no útero". O quadro patológico era formado por "paralisias, distúrbios da fala e da motricidade, e desarranjos de humor". O quadro aparecia e desaparecia de forma aleatória.

Foi partindo das experiências do hipnotismo com Charcot que surgiu o primeiro postulado de sua teoria, propondo que a causa dos distúrbios mentais era psíquica. Segundo seu ponto de vista, tratando-se as causas, os sintomas das doenças desapareceriam necessariamente. Isso é confirmado pela análise que fez sobre os sonhos dos seus pacientes. Diz ele: "a pessoa não sonharia se algo perturbador não tivesse ocorrido". Para ele "o sonho é a reação a essa perturbação". O sonho passa a ser considerado como a "via real" que leva ao inconsciente. Como diz Nunes (2011, p. 36), "o sonho seria a realização de um desejo". Isso mostra "a soberania do funcionamento psíquico" – proposta até então inédita no tratamento de pacientes com problemas mentais.

Mais tarde, Freud conheceu em Nancy outro importante mestre, Breuer, que utilizava sugestão pós-hipnótica na cura de seus pacientes. Observando que os pacientes de Breuer, após o sono hipnótico, adotavam condutas que lhes eram sugeridas quando estavam inconscientes, Freud concluiu que a conduta humana poderia ser influenciada não somente pelos conteúdos psíquicos conscientes, mas principalmente pelos inconscientes, escandalizando, assim, a elite médica de Viena, que o criticou pelo método de pesquisa científica do qual se utilizou.

Em fins do século XIX, Freud causou um severo impacto na sociedade, como relatam Rosa, Ribeiro e Markunas: "foi nesse período que viveu Sigmund Freud, um homem que causaria reações adversas ao criar a psicanálise". Essa crítica apontava para a ênfase dada pela psicanálise ao papel da sexualidade na vida humana. Devido à valorização do inconsciente, Freud concebe o homem como um ser em conflito entre forças antagônicas (as pulsões psíquicas e a cultura repressora), valorizando os acontecimentos da infância (ROSA, RIBEIRO e MARKUNAS, 2002, p. 121). Freud lança mão de recursos terapêuticos nunca utilizados até então, os relatos verbais.

Joseph Nuttin, profundo conhecedor da teoria psicanalítica, ressalta a importância das descobertas de Freud e comenta: "a natureza psíquica das neuroses e a possibilidade do inconsciente influenciar a conduta constituem duas contribuições essenciais, originárias do estudo da hipnose", promovendo "um enriquecimento definitivo de nossas ideias sobre o homem" (NUTTIN, 1958, p. 20). Freud mudou o centro de atenção da psicologia, assim como Copérnico mudou a crença a respeito do centro de gravitação do universo.

4.2 Instintos e necessidades

Freud propõe que os instintos e as emoções energizem o comportamento humano. Segundo Schultz e Schultz, para Freud: "os *instintos* são os elementos básicos da personalidade, as forças motivadoras que impulsionam o comportamento e determinam o seu rumo. Para ele, "o instinto não é um estado corporal, mas uma necessidade corporal transformada em estado mental, um desejo" (SCHULTZ e SCHULTZ, 2011, p. 47). Poucos foram aqueles que consideraram a importância dessa descoberta. Freud elege o instinto sexual como aquele de maior importância na formação da personalidade e sua sobrevivência representando a energia psíquica chamada por ele de libido. Essa reserva do instinto é regida pelo princípio do prazer, isto é, pela busca da realização no meio.

Com Breuer, Freud deu mais um passo no seu trabalho, utilizando um recurso que seria o caminho para atingir aqueles conteúdos traumáticos, esquecidos e escondidos no inconsciente. Como o próprio Freud disse em 1909: "uma importante contribuição para o conhecimento da pulsão sexual em pessoas que ao menos se aproximam do normal é extraída de uma fonte acessível apenas por um determinado caminho". Ele passava a valorizar um novo método e "submetê-lo à investigação psicanalítica da qual se serve o procedimento terapêutico induzido por Josef Breuer e eu, em 1893, e então chamado 'catártico'" (FREUD, 1909, p. 41-42). Breuer foi um parceiro que em muito inspirou o trabalho inédito feito por Freud.

As necessidades físicas ou fisiológicas não atendidas, para Freud conhecidas como instintos, representam "a força propulsora que motiva cada pessoa a se comportar de uma forma que satisfaça a necessidade". O desejo representa, assim, a necessidade corporal que se transformou em estado mental. Surge então o conceito de "homeostase" ou equilíbrio, que é determinada pela satisfação da necessidade, reduzindo a sensação de tensão que ela cria por não ser satisfeita. Com isso, os instintos estão sempre influenciando o nosso comportamento, no sentido de levar o homem à satisfação dessas necessidades. Surge para Freud o conceito de personalidade "quando a energia psíquica é deslocada para objetos substitutos de extrema importância". Esses instintos lutam pela preservação da vida de cada um. Para Freud, os instintos colocam as pessoas em ação na busca da satisfação das necessidades. Ele distingue o instinto sexual ou erros que visam à autoconservação e o instinto de morte, que reduz o organismo a um estado inanimado.

Breuer tratava de uma paciente cujos sintomas histéricos se configuravam sob a forma de hidrofobia. Durante o sono hipnótico ao qual fora submetida por Breuer a paciente respondia a perguntas. Freud destacou algumas palavras que lhe pareciam mais significativas e cheias de colorido emocional. Propôs, então, a Breuer que dissesse novamente à paciente essas palavras, solicitando que contasse tudo o que lhe viesse à mente. Para surpresa de Breuer, a paciente começou a colocar para fora histórias ricas de conteúdo sexual e que tinham estreita ligação com fatos ocorridos durante sua infância. Breuer percebeu que, após essas sessões, a paciente apresentava uma melhora surpreendente, o que não ocorria quando era hipnotizada. Falar a respeito dessas lembranças traumáticas, relatando-as ao médico, parecia aliviar os sintomas atuais de ansiedade da paciente. Puxando pelas lembranças traumáticas e reagindo conscientemente a elas a paciente parecia purificar-se do mal que lhe faziam. Por isso Freud chamou esse método de catártico que significa purificação.

Um dos acontecimentos que mais marcaram esse método usado com a paciente hidrofóbica, impossibilitada de beber e comer, contando, sob hipnose, que havia na sua infância presenciado sua governanta dar de beber no seu copo a um cão que lhe causava medo e nojo. Quando a paciente acordou do sono hipnótico pediu um copo de água e o ingeriu com sofreguidão.

Segundo Endo e Souza (2013, p. 9), como médico, Freud estava sempre em busca de curar seus pacientes "que apresentavam paralisia dos membros, mutismo, dores, angústia, convulsões, contraturas, cegueira etc.". Esses sintomas "desafiavam a racionalidade médica, que não encontrava qualquer explicação plausível para tais sintomas e sofrimentos". De acordo com aquilo que o preocupava, Freud "desde o princípio buscava as raízes psíquicas do sofrimento histérico e não a explicação neurofisiológica de tal sintomatologia". Ele suspeitava que as causas desses desajustamentos estavam escondidas na profundeza do psiquismo, ou ainda no inconsciente do doente psíquico.

4.3   A psicanálise de Freud

Freud compara a mente humana a um *iceberg*,[2] no qual aquilo que aparece, sua menor porção, representa o tanto que a pessoa conhece de si mesma. A maior parte submersa representa o inconsciente. Em sua técnica psicoterápica, Freud estava interessado em conhecer esse segundo nível da consciência. Acreditava que, estando em vigília, o paciente poderia lutar contra esses conteúdos; a partir da interpretação feita pelo terapeuta, este foi o principal incidente que o fez abandonar a hipnose.

O comportamento manifesto por si só diz muito pouco em termos psicanalíticos. Freud procurou na história de vida pregressa de cada um por ocorrências que foram guardadas, mas esquecidas. São essas ocorrências que determinariam as diretrizes comportamentais das pessoas nas várias etapas seguidas pela vida. Na terapia analítica de Freud, era necessário conhecer as causas profundas do comportamento patológico para trabalhar conscientemente sobre elas, resolvendo essas dificuldades passadas. Esse é um momento difícil para o paciente, pois demanda coragem para revivê-las com a mesma emoção negativa original, mas só assim os comportamentos impróprios desapareceriam.

Antes de Freud, nenhuma teoria havia atentado para a importância da infância na formação da personalidade. Freud ressalta a importância dessa fase, localizando aí a principal fonte de traumas, responsáveis pelas deformações comportamentais na fase adulta. Para ele, até os três anos de idade a personalidade já haveria sido delineada. Freud dividiu a infância em três fases distintas. A primeira, a mais importante delas, vai desde o nascimento até o quinto ano de vida, formada pelas fases oral, anal e fálica. A segunda, dos cinco aos

---

[2]   Montanha de gelo flutuante.

sete anos, mais ou menos. A terceira, na qual a criança já inicia a fase de sexualidade adulta, que começa aos sete anos, indo até o fim da puberdade.

Essa descoberta de enorme relevância no trabalho de Freud foi ter ressaltado a importância do desenvolvimento da sexualidade infantil e sua posterior formulação *da teoria do aparelho psíquico*.

4.4 Sexualidade infantil

Descobertas foram se confirmando dentro da sua teoria pelo fato de perceber que os relatos dos seus pacientes estavam repletos de conteúdos sexuais e memórias traumáticas infantis deles derivados. Os acontecimentos atuais na vida de seus pacientes não assumiam tão grande importância para suas histórias de vida, mas os fatos que datavam, principalmente, da primeira etapa do desenvolvimento falam muito. Se esses fatos eram tão frequentemente relembrados, é porque deveriam ter sua função na formação da personalidade adulta, bem como na explicação dos desvios de comportamento atual.

Como propõe Nunes (2011, p. 68), Freud aponta que "as vivências, impressões e realizações não desaparecem sem deixar marcas no desenvolvimento da pessoa". Embora encobertas por outras lembranças, "exercem uma influência determinante sobre a vida posterior". Para ele "o esquecimento na infância fornece a chave" para que se possa entender "a formação de todos os sintomas neuróticos" (p. 69). Elas são consideradas importantíssimas, não só em si mesmas, mas como são retratadas pelos pacientes.

Como diz Ernest Jones, um dos biógrafos de Freud (s. d., p. 50), "o esquecimento é muitas vezes intencional e desejado". Interpretando os pressupostos psicanalíticos, "aquilo que é esquecido é algo insuportável para o sujeito". Segundo a teoria de Freud, esses conteúdos traumáticos estão "na origem do fato patológico dos sintomas histéricos", considerados como sua principal causa.

Acompanhando o desenvolvimento da sexualidade infantil, Freud propõe que ela deveria ser dividida em três etapas importantes, de acordo com aquilo que chamou de desenvolvimento da libido, que é a fonte dos instintos sexuais. A libido encontra diferentes formas de se manifestar e essas formas se caracterizam pela zona erógena, determinada pelos pontos do corpo que servem de objeto de consumação do prazer sexual.

"As tempestades e os estresses do estágio oral, anal e fálico do desenvolvimento psicossexual são o amálgama a partir do qual a maior parte da nossa personalidade é formada" como explicam Schultz e Schultz (2011, p. 59). Os principais conteúdos do id, ego e superego já estarão determinados até então, tendo características próprias, como é mostrado a seguir.

Fase Oral: de zero a seis meses: a criança satisfaz sua necessidade sexual ao sugar o seio materno pela boca, considerada, por isso, zona erógena. Qualquer ocorrência traumática nessa idade está ligada ao ato de alimentação, que determinaria uma fixação nessa fase. Passa por uma interrupção no desenvolvimento normal da personalidade, determinando na vida adulta um tipo particular de neurótico, extremamente dependente. Para Schultz e Schultz, são pessoas que "continuam dependendo dos outros para satisfazerem suas necessidades, tornando-se extremamente crédulas, acreditando em tudo que lhes dizem e confiando demasiadamente nos outros" (SCHULTZ e SCHULTZ, 2011, p. 57). Esses traços permanecem pelo resto da vida, caso a pessoa não passe por uma revisão analítica de tais fatos.

Fase Anal: de seis a 18 meses: a zona erógena localiza-se nas mucosas anais. Ao perder as fezes, a criança sente prazer sexual, atendendo a seu instinto libidinoso. Aqui a criança se dá conta da existência de um mundo fora dela. Um fato traumático ocorrido aí determinaria na vida adulta um tipo de desajustamento reconhecido como obsessivo. Schultz e Schultz afirmam que a fixação nessa fase do desenvolvimento leva a um "comportamento que é a base para o desenvolvimento de uma personalidade anal retentora. São pessoas teimosas e mesquinhas [...]. Provavelmente seria rígida, compulsivamente limpa, obstinada e conscienciosa" (SCHULTZ e SCHULTZ, 2011, p. 56). Justificam assim certos tipos de avareza, a pessoa é "teimosa e mesquinha", junta e retém coisas.

Fase Fálica: a zona erógena localiza-se nos próprios órgãos sexuais: a criança, ao descobrir a diferença entre os sexos, libera sua libido ao manipular seus órgãos sexuais. Essa fase deve começar aos 18 meses e continua até os cinco anos de idade. Os traumas ocorridos aí determinam um tipo de conduta paranoide. Schultz e Schultz acrescentam: "a descrição da fixação fálica masculina como vã e autoconfiante; [...] a personalidade fálica feminina, motivada pela inveja do pênis, exagera sua feminilidade e usa seus talentos e charme para subjugar e conquistar os homens" (SCHULTZ e SCHULTZ, 2011, p. 61). Ultrapassando essa fase, a criança já pode ser considerada como sexualmente amadurecida.

Data dessa última fase uma das mais importantes descobertas de Freud: *O Complexo de Édipo*. O mundo da criança é a família, ela, o pai e a mãe. Ao descobrir a diferença sexual entre ela e seu genitor do sexo oposto, a criança passa a desejá-lo sexualmente e passa também a experimentar sentimentos agressivos com relação ao genitor do mesmo sexo, que ameaça competir com ela no amor desse genitor.

Essa fase edipiana é de grande importância no desenvolvimento da personalidade adulta. Como aponta Freud (2011, p. 278), é "como se o menino e a menina vissem, respectivamente, no pai e na mãe seus rivais no amor", por isso o desaparecimento deles "só lhes poderia trazer vantagem". Esclarecendo esse pressuposto, Freud acrescenta: "o pai se torna um concorrente incômodo para o menino", como não poderia deixar de ser "a mãe para a menina" (p. 280). Freud tira essas ideias da lenda do rei Édipo, de Sófocles, na qual recebe do oráculo "o conselho de evitar a pátria, pois se tornaria o assassino do seu pai e marido da sua mãe". Data dessa idade a justificativa do aparecimento da homossexualidade, na qual o menino, não sendo possível possuir a mãe, introjeta a personalidade feminina; a menina, não podendo possuir o pai, introjeta a personalidade masculina.

Souza, tradutor do texto de Freud, propõe que o menino bem cedo desenvolve um investimento objetal na mãe, que tem seu ponto de partida no seio materno e constitui o protótipo de uma escolha objetal "por apoio". Por outro lado, essas outras relações coexistem por algum tempo: o Édipo se determina pela "intensificação dos desejos sexuais pela mãe e a percepção de que o pai é um obstáculo a esses desejos" (2011, p. 39). É dessa forma que se configura esse complexo de forma exagerada e patológica.

Em resumo, "uma atitude ambivalente para com o pai e uma relação objetal de tipo unicamente afetuoso com a mãe, constituem o conteúdo do Complexo de Édipo positivo simples em um menino" (FREUD, 1997, p. 33). Embora chocante para os médicos da época, essa descoberta deve ser considerada como inédita e válida até hoje.

Regredindo no tempo e relembrando acontecimentos infantis considerados traumáticos, o paciente consegue lutar contra fatos que realmente tiveram grande importância na caracterização da sua personalidade adulta. Ao liberá-los por meio do método catártico, falando sobre esses episódios, seria possível lutar conscientemente e como adulto contra eles no momento atual. O paciente, assim, pode ver-se livre dos traumas que o levaram a assumir uma conduta inadequada, o que implica uma atividade consciente, para que esses traumas não fossem mais tão assustadores como o foram na infância. Ao tornar consciente aquilo que estava escondido dentro de si, cada um assume o controle da própria vida.

4.5 Teoria do aparelho psíquico

Como ponto central do trabalho de Freud, estão dois aspectos importantes que são a base da sua teoria do aparelho psíquico:

- Três zonas ou níveis de consciência.

- Três tipos de conteúdos psicológicos.

Quanto às zonas ou níveis de consciência, em primeiro nível está o *consciente*, que armazena fatos presentes devido à facilidade pela qual a pessoa pode evocá-los. O nível *pré-consciente* ou *subconsciente* representa o psiquismo, onde estariam armazenados fatos cuja evocação exigiria um esforço introspectivo por serem pouco nítidos e conter parte do ocorrido. Finalmente, o *inconsciente*, maior parte do psiquismo onde estão escondidas todas as ocorrências traumáticas que a pessoa não consegue recordar porque as esqueceu, como forma de defesa contra o sofrimento que a sua lembrança lhe impõe.

Freud, no intervalo de 1923 a 1925, explica essas instâncias psíquicas: "a divisão do psíquico em o que é o consciente e o que é o inconsciente constitui a premissa fundamental da psicanálise". Permite "compreender os processos patológicos da vida mental". Esses fatos "são tão comuns quanto importantes". Para tanto, "a psicanálise não pode situar a essência do psíquico na consciência". Ela "pode achar-se presente em acréscimo em outras qualidades, ou estar ausente" (SOUZA, 2011, p. 12). Freud sofreu um forte questionamento dos médicos da época pelo fato de fazer ciência daquilo que não se vê e que não pode ser caracterizado através de experiências em laboratórios.

Os conteúdos do **ego** são a maneira de agir no relacionamento com o meio ambiente. Aí estão as defesas. Esses conteúdos são regidos pelo princípio da realidade e determinam o limite entre a personalidade e o mundo. Em segundo lugar, o **superego**: constituído por conteúdos adquiridos na infância, sob a forma de escalas de valores morais, pela introjeção de normas e regras impostas pelos pais. O superego representa uma instância repressora dos desejos inconscientes. Finalmente o **id**, onde estão contidos todos os desejos sexuais reprimidos por terem sido experiências traumáticas. Nessa instância do psiquismo está a libido, que se deixa reger pelo princípio do prazer ou liberação no mundo ou satisfação.

Os conteúdos que formam o psiquismo são fatos que ficam armazenados. Esses conteúdos estão em constante interação, tentando realizarem-se no meio ambiente determinando, assim, formas a esses comportamentos observáveis. Nesse sentido, o ego e o superego são instâncias repressoras em relação aos conteúdos do inconsciente, que foram empurrados para o esquecimento por serem fatos dolorosos. Uma barreira se forma tendo em vista o encontro dessas forças opostas, ou seja, uma barreira contracatética que Freud chamou de censura. O ego e o superego, regidos pelo princípio da realidade, bloqueiam os conteúdos do id regido pelo princípio do prazer ou realização.

Como propõe Freud (2011, p. 15): "A diferenciação do psiquismo em consciente e inconsciente é a premissa básica da psicanálise." Desse modo, "ela permite compreender e inscrever na ciência os processos patológicos da vida psíquica, tão frequentes e importantes". Mais adiante acrescenta: "Adquirimos nosso inconsciente a partir da teoria da repressão. O reprimido é para nós o protótipo do que é inconsciente" (p. 17). Com isso, aponta que todo conteúdo traumático se acha escondido no inconsciente. Voltá-lo ao consciente é tão doloroso como no momento em que ocorreu, como propõe (p. 21): "durante a análise observamos que o doente experimenta dificuldades". É por isso que "suas associações falham quando devem aproximar-se do reprimido". A essa dificuldade Freud chamou de *resistência*.

Freud, entre 1920 e 1922, foi o primeiro a valorizar o conteúdo dos sonhos como mais um recurso de se conhecer quais os traumas sofridos por seus pacientes que os levaram a sofrimentos atuais. Em sua obra denominada *Além do princípio do prazer*, propõe textualmente: "o estudo dos sonhos pode ser considerado como o método mais digno de confiança na investigação dos processos mentais profundos. Ora, os sonhos que ocorrem nas neuroses traumáticas possuem características de, repetidamente, trazer o paciente de volta à situação do seu acidente" (FREUD, 1997, p. 16). Isso comprova a suspeita de Freud de que as experiências traumáticas impõem constantemente ao paciente o mal-estar da sua presença, mesmo que sejam de forma inconsciente ou simbólica.

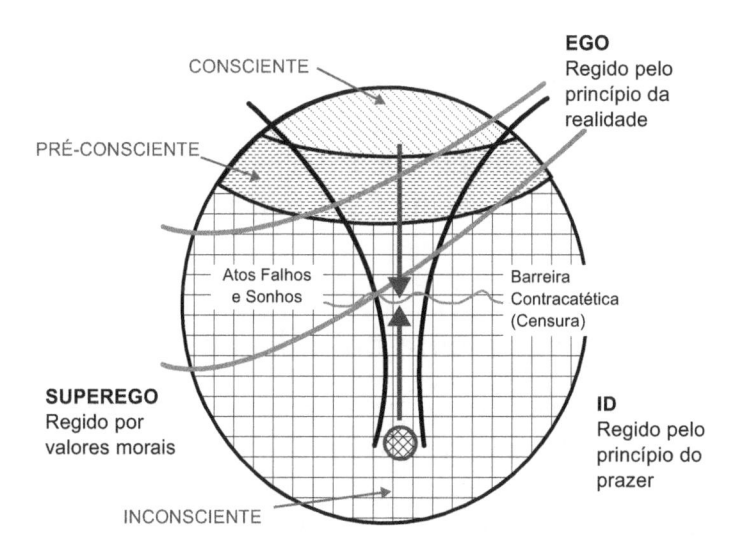

CONSCIENTE

EGO
Regido pelo
princípio da
realidade

PRÉ-CONSCIENTE

Atos Falhos
e Sonhos

Barreira
Contracatética
(Censura)

SUPEREGO
Regido por
valores morais

ID
Regido pelo
princípio do
prazer

INCONSCIENTE

Esquema do aparelho psíquico, conforme concebido por Freud

4.6   A simbologia do sonho

A interpretação do significado dos sonhos representa outro passo decisivo dado pela psicanálise, no sentido de possibilitar que fossem desvendados muitos dos mistérios sobre o comportamento humano. Freud propõe que "pode surgir no conteúdo onírico um material que na vida de vigília não reconhecemos como parte dos nossos conhecimentos e experiências". Mais adiante, acrescenta que uma "pessoa não sonharia se algo perturbador não tivesse ocorrido no sono". Para ele "o sonho é a reação a essa perturbação" (O LIVRO DA PSICOLOGIA, 2012, p. 33). Essa é a razão da importância do sonho. Propõe que a interpretação do sonho guarda um significado que explica os sintomas patológicos, trata-se de "um fenômeno psíquico de plena validade – mais precisamente, a realização de um desejo". Nessa interpretação, "o sonho deve ser incluído como uma cadeia das ações psíquicas compreendidas na vigília" (O LIVRO DA PSICOLOGIA, 2012, p. 143), para que possam ser revistas na realidade atual, isto é, longe do perigo que representaram no momento em que ocorreram.

Tudo aquilo que entorpece o sentido da realidade abranda a censura, fazendo com que os conteúdos reprimidos tenham maior facilidade de aflorar ao consciente. As lembranças reprimidas saem do inconsciente não em sua forma real, mas manifestam-se de forma simbólica por meio dos sonhos. A análise do sonho simboliza aquilo que ficou escondido desde há muito.

Schultz e Schultz apontam que "a pesquisa sobre os sonhos confirma a teoria de Freud". Para eles, os sonhos são "uma forma disfarçada ou simbólica" de refletir as preocupações emocionais traumáticas. O sonho representa mais um caminho na busca do esquecido. Em 1900, seu livro *A interpretação dos sonhos* marca o início de uma teoria analítica dos sonhos chamada por Freud de *A via real para o inconsciente*.

4.7   A psicanálise e o comportamento no trabalho

Durante um bom tempo, estudiosos do comportamento nas organizações não imaginaram que os conteúdos inconscientes valorizados pela psicanálise pudessem ser úteis na compreensão de alguns transtornos comportamentais. Demorou que se acreditasse que uma boa parte das condutas estáveis que caracterizam certos tipos de personalidade desorganizada pudessem ser explicada pela teoria psicanalítica. Inseguranças irracionais diante de obstáculos reais ou imaginários, motivações objetivamente injustificadas e condutas estranhas aparentemente sem razão podem mascarar uma história de experiências desagradáveis que se esconderam atrás do domínio do inconsciente, determinando a maneira de ser de um "funcionário-problema", que se comporta de forma aparentemente inexplicável.

Muitos daqueles que alcançaram posição de comando não têm capacidade para assumir uma atitude adequada ao dirigir seus seguidores. Freud descobre que o sentido da autoridade é introjetado na personalidade entre três e cinco anos, no decorrer da fase edipiana. Pais que dificilmente conseguiram manter sua palavra diante dos filhos não transmitiram exemplo de autoridade, como seria desejável. Dificuldades em assumir papéis de liderança foram introjetadas nesse momento. Programas de treinamento superficiais e de curta duração de nada servem ao portador dessa deficiência. Desconhecendo essa dimensão profunda da personalidade, dirigentes desavisados tentam resolver dificuldades de um relacionamento interpessoal menos produtivo, dando ao funcionário-problema um bom descanso, em forma de férias mais prolongadas ou até mesmo aplicando a ele severas medidas punitivas que só pioram a situação.

Sobre esse assunto, merece especial destaque a obra de Maccoby, um discípulo de Fromm, portanto, indiretamente seguidor das teorias psicanalíticas, que estudou 250 gerentes de 12 importantes empresas nos Estados Unidos. O autor assim caracterizou seu trabalho: "ao contrário dos psicanalistas, que estudam apenas aqueles que sofrem emocionalmente ou que não conseguem adaptar-se, estudamos as pessoas sadias". Para Maccoby, "se descobríssemos sintomas de desenvolvimento emocional tolhido", seria "esclarecedor a respeito do sistema se estivéssemos estudando os indivíduos menos bem-sucedidos em organizações obviamente desumanizantes" (MACCOBY, 1977, p. 10). Como Maccoby, muitos outros autores da atualidade como Harry Levinson, Manfred Kets de Vries, Elliott Jaques, Abraham Zaleznik, têm aprofundado a compreensão psicanalítica das dificuldades comportamentais encontradas nas organizações.

Cada vez mais as organizações estão concordando em serem analisadas. Os executivos dessas empresas estão conscientes de que seus transtornos têm causado sérios problemas quanto às diretrizes adotadas. Tais executivos aceitaram que o trabalho e o valor ocupacional desempenham um papel crítico no sentido de identidade. Esses executivos chegam a passar dias analisando como suas distorções comportamentais criam dificuldades no relacionamento interpessoal dentro das empresas.

Kets de Vries e Miller (1985, p. 6), trabalhando com executivos por meio de extensa e profunda análise, acreditam na influência dos desajustamentos nas definições de estratégias, nos seus estilos de comando, nos processos decisórios que assumem, bem como na própria estrutura da empresa. Para os autores, "existe um paralelo entre a patologia do indivíduo e a patologia organizacional". Para os autores, a configuração de uma organização "reflete a psicodinâmica da neurose dos dirigentes", sentindo sua ameaça.

Em outra obra (2014, p. xx), põem em evidência que "o autoconhecimento é crucial em posições de liderança", por isso, aqueles "que estão no comando precisam reconhecer suas próprias limitações e dificuldades assim como suas habilidades". Mas caso não tenham "todas as qualidades necessárias para o ambiente em que operam", há necessariamente que "encontrar colaboradores que possam complementá-los", evitando assim o sofrimento organizacional.

4.8 Defesas pessoais

Atribui-se a Freud a postulação de comportamentos conhecidos como mecanismos de defesa do ego. Eles são usados para enfrentar a ansiedade, que se caracteriza como sinal de algum perigo iminente. O ego tenta neutralizar a ansiedade criada pelo conflito entre as demandas do id e as repressões oriundas do meio ambiente e do superego, como, por exemplo:

Repressão: negação inconsciente de algo incômodo.

Negação: não ver uma verdade real, como alguma ameaça.

Formação de reação: expressar um impulso oposto ao que se está submetido.

Projeção: atribuir os próprios impulsos a outra pessoa.

Regressão: volta a um período de vida anterior, de menos responsabilidade.

Racionalização: reinterpretação intelectual do comportamento para torná-lo mais aceitável.

Deslocamento: atribuição de um impulso para outro objeto.

Sublimação: energia desviada para um objeto mais aceitável socialmente.

A compreensão desses mecanismos é fundamental no processo terapêutico.

Schultz e Schultz assim descreveram os últimos dias de Freud, que atingiu o auge do seu sucesso durante as décadas de 1920 e 1930, mas "ao mesmo tempo sua saúde começou a decair seriamente". De 1923 até sua morte, 16 anos depois, submeteu-se "a 33 operações para tratar de seu câncer na boca". Assim, em 23 de setembro de 1939 deixou de existir, provavelmente, o maior psicólogo que o mundo já teve.

4.9 Moreno e a dimensão consciente do comportamento

Pesquisando o aspecto consciente da personalidade, Jacob Levy Moreno, nascido em 1889, em Bucareste, e falecido em 1975, aos 85 anos, em Beacon, Nova Iorque, viveu também em Viena, como Freud. Discordando do fundador da psicanálise, conforme aponta Bezerra, "Moreno fez críticas severas a seu antecessor, Sigmund Freud". Segundo seu parecer, "Freud errou ao ignorar as implicações psicoterápicas a que Aristóteles se referiu. Embora reconheça na técnica de livre associação freudiana a atuação espontânea do indivíduo, lamenta que este fique restrito ao verbal". As palavras podem encobrir estados emocionais importantes. Para ele, "na livre associação, o que funciona não é apenas a associação de palavras, mas a espontaneidade que as impele à associação" (BEZERRA, 2002, p. 205). Abre-se com Moreno uma nova perspectiva de conhecimento da vida psíquica e suas doenças.

A técnica psicodramática proposta por Moreno marca historicamente a passagem do tratamento puramente individual para as terapias em grupo, dos métodos puramente verbais para métodos de ação (drama, que quer dizer ação). O objetivo das ações psicoterápicas utilizadas por Moreno visa não só ao terapeuta, mas ao próprio paciente, enxergar como os seus relacionamentos se passam, em lugar de considerá-lo apenas como um indivíduo isolado. Afirma textualmente que "um paciente é um agente terapêutico dos outros. Um grupo é um agente terapêutico para outros grupos" (MORENO, 1974, p. 32). O tratamento psicoterapêutico, nesse caso, usou formas inéditas de abordagem dos pacientes.

Os pacientes eram colocados em um palco, onde, juntamente com outras pessoas, contracenavam ao relatar um episódio geralmente desagradável que lhes ocorrera. Em volta desse palco ficavam os demais pacientes, que assistiam à dramatização podendo analisar e interpretar aquilo que presenciavam no cenário terapêutico da dramatização.

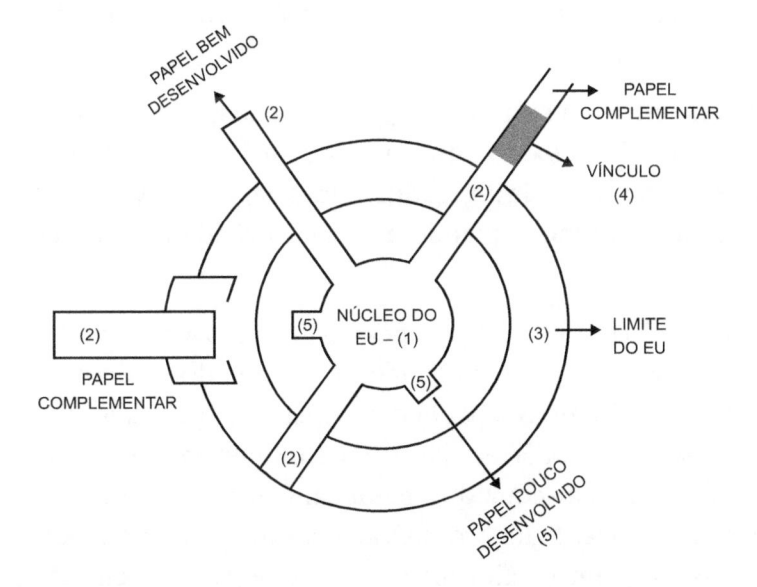

Figura 4.1. O esquema de papéis proposto por Moreno

Na Figura 4.1 está a configuração do esquema de papéis concebido por Moreno (1), que, por sua vez, é formado por estruturas básicas inatas e experiências vividas que foram incorporadas ao psiquismo. Ele representa o ponto central da personalidade e a ele cabe lançar no mundo comportamentos que individualizam cada pessoa, que são os papéis (2).

É justamente em razão dos diferentes núcleos de personalidade, conhecidos como matriz de identidade, que os papéis desempenhados pelas diferentes pessoas em situações idênticas são tão diferentes uns dos outros. O núcleo da personalidade, ou o "eu", é protegido por uma espécie de membrana que o envolve, é o que Moreno chama de "limite do eu" (3). O limite do eu é representado por aquelas ações que exprimem defesas e são um tipo de acobertamento dos verdadeiros sentimentos e motivações mais profundas e reais. O limite do eu entra em ação quando não convém mostrar o que realmente cada um é, especialmente quando esses sentimentos possam suscitar respostas desagradáveis a cada um. O limite do eu encobre também papéis pouco desenvolvidos, dificultando assim a formação do vínculo com o papel complementar do outro.

Jacob Levy Moreno concebe a personalidade de maneira diferente de Freud. Prendendo-se mais às características atuais do comportamento imediato, diz que aquilo que mais importa é o presente, e não o passado. Caso se tenha de lidar com o passado, a preocupação é perceber como ele vive no momento, no aqui e agora.

Quando alguém se encontra em situação de perigo ou de grande tensão, invariavelmente aumenta os limites de si mesmo para sentir-se protegido. Entre amigos, o limite tende a diminuir, reduzindo-o significativamente quando interage com amigos íntimos, quando a situação vivida não representa perigo.

O encontro de um papel com o de outra pessoa forma o vínculo (4). Assim, o papel de vendedor interage com o papel de comprador do outro, dando-se o vínculo comercial. Quando o papel desempenhado pelo líder vai ao encontro do papel do seguidor, ocorre o vínculo de influência mútua entre eles. Caso o papel de líder seja reduzido, maior dificuldade ocorrerá na formação do vínculo de liderança. Mais produtiva será uma pessoa em seu relacionamento interpessoal quanto maior for o número de papéis bem desenvolvidos, o que facilita maior quantidade de vínculos pessoais e que os resultados sejam atingidos por ambos.

Os papéis pouco desenvolvidos (5), na maioria das situações, ficam encobertos pelo limite de si mesmos, impossibilitando a formação do relacionamento produtivo.

Surge um novo conceito dentro da psicologia trazido pela teoria psicodramática de Moreno: é o da espontaneidade. Ao contrário daquilo que se pensa, ser espontâneo, etimologicamente, não significa ser inconveniente. Moreno assume o termo a partir do significado etimológico, que vem do latim *sponte*, "por vontade própria" colaborando para a dimensão consciente da ação.

Em situação de autorrealização, o indivíduo deve ser capaz de desempenhar seus papéis por vontade própria e formar o maior número de interações que puder. Bermudez acrescenta: "espontaneidade, no sentido moreniano, é a capacidade de um organismo adaptar-se adequadamente a novas situações", quando houver coartação da espontaneidade, surgirá "inconformismo do indivíduo consigo mesmo e com a sociedade". Na teoria psicodramática, "a fadiga estaria vinculada ao sobre-esforço adicional necessário para manter a pauta obrigatória de bloquear a espontaneidade". O inverso ou "o pouco cansaço que produzem as atividades que gratificam pela sua própria realização. Nestes últimos casos 'as horas passam voando' e nos outros 'o tempo não passa'" (ROJAS-BERMUDEZ, 1970, p. 44-45). Trata-se da satisfação e da insatisfação no trabalho.

4.10 O psicodrama na prática

O psicodrama de Moreno oferece as bases das atividades voltadas ao desenvolvimento de competências, que dá ao indivíduo a oportunidade de conhecer seu próprio esquema de papéis. Isso ajuda no planejamento da estratégia comportamental que favoreça a melhor utilização dos pontos fortes, dos papéis desenvolvidos de cada um, permitindo maior número de vínculos pessoais. O indivíduo descarta o uso daqueles papéis pouco desenvolvidos, cuja eficácia é sofrível e o desempenho insatisfatório. No caso da não formação de vínculos sociais, leva ao rebaixamento da sua autoestima.

Esse tipo de desenvolvimento de pessoas utiliza-se de instrumentos de diagnóstico de estilos comportamentais, que facilitam o autoconhecimento e a caracterização da diferença individual de cada participante. É importante que cada um esteja convicto de que sua autorrealização depende do melhor aproveitamento dos recursos de cada pessoa, aumentando sua autoestima e autorrealização. O indivíduo pode, espontaneamente, tirar partido dos papéis mais bem desenvolvidos, que são seus pontos fortes, tentando compensar aqueles pouco significativos e não os colocar em xeque.

Conforme Becker, Huselid e Beatty (2009, p. 130), quando se pretende o envolvimento de alguém, a "delimitação de cargo para uma força de trabalho diferenciada é assegurar que os cargos estratégicos sejam estruturados, a fim de maximizar a contribuição para o sucesso do negócio". Para os autores (p. 105), os executivos devem ser preparados levando-se em conta três aspectos: (1) "avaliação dos gerentes de linha sobre a mentalidade da força de trabalho"; (2) "gerenciamento do talento estratégico"; (3) "o comportamento do gerente de linha ao exercer as responsabilidades pela força de trabalho". As competências individual e organizacional estão necessariamente interligadas.

Dramatizar situações já vividas ou que possam vir a acontecer mostra ao envolvido, na dramatização de fantasias, o que se possa ter a respeito. Isso é feito num clima de maior permissividade, isto é, longe das pressões que possam vir a ocorrer em acontecimentos da vida real.

Não parece tão simples atingir esse grau de autoconhecimento e autoidentidade. Moreno propõe seu principal recurso terapêutico em psiquiatria, instrumento por meio do qual psicólogos profissionais e psiquiatras, especialmente treinados, ajudam as pessoas a diagnosticar o próprio esquema de papéis. Essa estratégia permite concluir que durante muito tempo perderam-se nas palavras as reais razões das condutas humanas, gerando uma pobre comunicação terapêutica por causa da simples verbalização. Ele viabiliza enfrentar o problema da comunicação entre pacientes e terapeutas.

4.11   Um passo além das palavras

Na dramatização não foram abolidas as palavras, mas elas acompanham as ações e os gestos corporais que as ilustram. Ela é uma técnica psicoterápica na qual o paciente não somente fala de suas dificuldades, mas também age no "aqui-e-agora", [...] "como se estivesse na realidade". A vida do dia a dia é transportada para o palco no qual o paciente revive momentos importantes da sua vida. A situação psicodramática é bem mais cômoda de ser vivenciada, uma vez que estando longe da realidade do dia a dia elimina as pressões sociais. Todos que fazem parte desse grupo procuram também por ajuda.

Lançando suas raízes no teatro, na psicologia e na sociologia, o psicodrama tenta extrair da observação da conduta que vem junto às palavras os "porquês" dos comportamentos e das dificuldades de ajustamento de cada um. Ao dramatizar uma cena que tenha vivido anteriormente, o protagonista está em cima do palco, longe da realidade da sua vida familiar e de trabalho. Está também fazendo parte de um grupo de pessoas que, como ele, têm problemas. Isso faz com que as tensões que sofrem na realidade sejam aliviadas, baixando assim o limite de suas defesas e, consequentemente, dando a possibilidade de ver por si mesmo, de mostrar ao terapeuta e ao grupo suas verdadeiras características pessoais. Esse é um recurso que permite um clima de maior permissividade, pelo qual é possível agredir, chorar, amar, destruir, sem que lhes sejam infringidas as consequências próprias das leis que regulam o contexto social.

Após a dramatização, na terceira e última etapa da sessão são feitos comentários pelos participantes e pela equipe terapêutica. Esses comentários darão ao protagonista que emergiu do grupo naquela sessão mais uma dimensão representada pelos efeitos que sua maneira de ser afetou o grupo e a equipe terapêutica. Isso é muito importante para o desenvolvimento dos papéis desempenhados nas organizações, como os de liderança, por exemplo. O participante conhece muitas dessas formas, mas somente em uma sessão psicodramática é que lhe será possível vivenciá-las separando a fantasia da realidade.

Essa forma de lidar com o comportamento humano no trabalho só pode ser levada a efeito por profissionais que tenham tido aprovação de utilizá-la depois de um curso especial de formação, que dura aproximadamente três anos. Ao mesmo tempo, o psicoterapeuta psicodramático deve seguir um procedimento psicoterápico, no qual ele é analisado por outros profissionais igualmente habilitados.

4.12   Psicodrama nas organizações

A utilização da técnica de dramatização abre novas perspectivas à psicologia organizacional. O treinamento, durante muito tempo, visou apenas ensinar às pessoas a saberem como executar o seu trabalho. Trata-se de um programa de desenvolvimento que ensina a pessoa a saber "ser" a sua função, assumindo seu papel de forma ativa. Poder protagonizar uma situação considerada como problemática e que deverá ser vivida pelo indivíduo irá desmascarar muitos dos temores que ele possui e que podem representar apenas fantasias de sua imaginação.

O uso psicodramático em um processo de seleção de pessoal enriquece muito as informações necessárias à decisão de contratar ou não um determinado candidato. Por exemplo, na seleção de vendedores, não só quem dirige a sessão de *role playing*, como também o próprio candidato terão condições de experimentar, com antecedência, seu grau de eficácia do vínculo comercial entre vendedor e comprador.

Grupos de trabalho têm resolvido dificuldades utilizando o sociodrama, no qual a situação de jogo permite informações enriquecedoras fora das tensões do campo real. Os participantes desempenham e desenvolvem mais adequadamente vínculos patológicos, que se não forem trabalhados de maneira adequada causarão uma incômoda convivência entre esses participantes de grupo. Nesse caso, o sociodrama pode ser considerado como um recurso pedagógico para um grupo que deseja aprender a conviver de maneira confortável.

4.13 Condicionamento da personalidade

Existem ações que são levadas a efeito de forma automática, não exigindo esforço da atenção, embora algumas vezes exijam certa concentração, como no caso de dirigir veículos, não causando desgaste pessoal.

Observando-se o comportamento condicionado dos animais durante seu adestramento, quando são estimulados por sinais externos para desempenhar algumas atividades, é possível idealizar como se dá o condicionamento.

Durante as décadas de 1970 e 1980, muitos estudos e pesquisas foram feitos para compreender como se poderia conseguir condicionar o comportamento humano. Há autores que afirmam que "os reflexos permitem ao animal responder automaticamente a estímulos específicos que são críticos para sua sobrevivência", o que significa manter-se vivo.

Para Schultz e Schultz: "O estudo de Skinner, sobre o comportamento, é a antítese das abordagens psicanalíticas". Nesse sentido, "diferem delas não apenas quanto ao objeto de estudo, mas também com relação à metodologia e aos objetivos" (SCHULTZ e SCHULTZ, 2011, p. 356). Só seria possível fazer ciência dentro dos laboratórios experimentais, onde todas as variáveis pudessem ser controladas. Esses psicólogos, conhecidos como comportamentalistas, entendem que "a personalidade é meramente um acúmulo de respostas aprendidas por meio de estímulos". Isto é, são "padrões de comportamentos observáveis". Trata-se de um sistema "observado e manipulado de uma maneira objetiva", podendo, assim, ser cientificamente estudado.

No estudo do condicionamento, um dos primeiros trabalhos e, talvez, o mais importante seja a pesquisa de Ivan Pavlov (1849-1936), a respeito da salivação e secreção gástrica em cães. A novidade era que, após apresentar seguidas vezes a comida aos animais dos seus experimentos, os cães salivavam e aumentavam a secreção do suco gástrico antes de ver a comida. Trabalhando em seu laboratório, onde todas as variáveis eram controladas, Pavlov descobriu que o som dos passos do experimentador que levava o alimento anunciava ao animal que a comida estava prestes a aparecer.

Para Pavlov, um **estímulo incondicionado** (como a exposição da comida) pode provocar um **reflexo incondicionado**. Se o estímulo incondicionado é seguido de um **estímulo neutro** (por exemplo, o toque de um sino), um **reflexo condicionado** começa a se desenvolver. Depois de repetidos os episódios, o **estímulo condicionado** (toque de um sino) por si só provocará o **reflexo condicionado** (salivar) (O LIVRO DA PSICOLOGIA, 2012, p. 60-61). Existe todo um linguajar específico quando se fala de condicionamento.

Usando vários tipos de som, Pavlov acabou optando pelo som de um sino no momento em que a comida era apresentada ao animal. Ao final de muitas repetições desses condicionamentos, bastava o som do sino para que o animal salivasse. Ele havia aprendido que esse som era o sinal de comida chegando. O som representava a condição externa que levaria o cão a salivar.

Essa descoberta de Pavlov rendeu-lhe o Prêmio Nobel em Medicina, de 1904. O seu trabalho levou àquilo que em psicologia é chamado de *condicionamento respondente*. "O cão foi condicionado de modo que agora respondia a um estímulo que previamente não evocava resposta" (FADIMAN e FRAGER, 1979, p. 194). Essa teoria serviu de base às teorias posteriores de aprendizagem. Antes de Pavlov considerava-se que todo reflexo era inato. As pesquisas desenvolvidas por ele mostraram que o reflexo poderia ser aprendido.

Quando se fala de condicionamento, não é possível deixar de lado Edward Thorndike (1874-1949). Ele é o responsável por aquilo que se conhece como "lei do efeito", o que significa que "quanto maior a satisfação ou o desconforto, maior o fortalecimento ou o enfraquecimento do vínculo". Os condicionamentos premiados voltam a ser exibidos enquanto aqueles que são punidos acabam por desaparecer (O LIVRO DA PSICOLOGIA, 2012, p. 62-65). Sua teoria representa um passo adiante da descoberta de Pavlov.

Um dos mais importantes pesquisadores behavioristas foi John B. Watson (1878-1959). Para ele, as emoções humanas básicas são **medo, raiva** e **amor**, que não são aprendidos. Esses **sentimentos** podem ser associados a objetos por meio do **condicionamento estímulo-resposta**. As pessoas podem ter uma **resposta emocional a objetos**. Portanto, qualquer pessoa, independentemente de sua natureza, pode ser treinada para desempenhar qualquer atividade.

Watson também considerava que na "visão de um behaviorista a psicologia era um ramo puramente objetivo e experimental das ciências naturais". Com isso, descobre que "o comportamento humano pode ser não apenas previsto". Isso levaria à possibilidade de ser "controlado e modificado". Muitos dos seus experimentos com seres humanos causaram danos às crianças condicionadas, que levaram para o resto de suas vidas medos condicionados por ele. Esse tipo de pesquisa não pode eticamente mais ser levado a efeito na atualidade.

Milhollan e Forisha deixam claro que a orientação comportamentalista considera o homem um organismo passivo, governado por estímulos fornecidos pelo ambiente externo. O homem pode ser manipulado, isto é, seu comportamento pode ser modificado à sua revelia por estímulos ambientais. De maneira ampla, as leis que governam o homem são primordialmente iguais às leis universais que governam todos os fenômenos naturais. Inspirado na metodologia das ciências exatas, o método científico, tal como é desenvolvido pelas ciências físicas, é considerado como apropriado para o estudo do organismo humano (MILHOLLAN e FORISHA, 1972, p. 17). Esse tipo de enfoque sobre o comportamento das pessoas assume também que todos são iguais, isto é, reagem ao mesmo estímulo da mesma maneira, e podem ter sua personalidade modificada por meio de condicionamentos.

4.14 Condicionamento operante

Skinner (1904-1990) faleceu nos Estados Unidos, onde foi professor responsável pelo departamento de psicologia da Universidade de Harvard. Atualmente, representa a escola psicológica que propôs a aprendizagem como fator preponderante na estruturação da personalidade. Sua teoria tem provocado grandes polêmicas e controvérsias, uma vez que tentou compreender o comportamento humano a partir de experimentos com animais. Para Schultz e Schultz (2011, p. 325), Skinner acreditava que "reagir a estímulos é algo que os animais fazem bem, algumas vezes melhor que as pessoas". Fez experimentos em laboratórios, escolhendo ratos e pombos "por ser mais simples que o comportamento humano". Para ele, as diferenças dos comportamentos dos seres humanos e animais não residem no tipo, mas na intensidade. Chegou então à orientação básica para sua teoria, que diz: "as pessoas funcionam como máquinas, que operam de forma previsível". Esse estudo deveria partir da observação concreta do comportamento.

Para Skinner, a personalidade é o resultado da aprendizagem resultante dos condicionamentos. É necessário lembrar, de início, qual o sentido da aprendizagem em termo de estruturação da personalidade. Segundo Keller, "são muitas as situações em que se usa o verbo aprender em algumas de suas formas". Aprende-se "criança a distinguir uma face da outra ou uma voz amiga de uma zangada". Descobre-se que "algumas vezes se consegue coisas com manha – e, mais tarde, que não". Aprende-se "que certos objetos cortam, queimam, picam ou machucam os dedos se não forem manejados corretamente". Pode-se aprender quase tudo. A aprendizagem "é tão ampla quanto a própria psicologia" (KELLER, 1970, p. 7), gerando daí grande número de enfoques teóricos.

Para a teoria behaviorista, estudar psicologia é tão somente compreender a dinâmica de aprendizagem nos seres humanos. Por isso, essa teoria é conhecida como teoria da aprendizagem, que prevê que todo comportamento do ser vivo pode ser aprendido e admite que as pessoas mudam sua personalidade com o uso dela. Para Skinner, só se poderia pesquisar aquilo que "pudesse ser visto, medido e reproduzido em experimentos, bem como controlados com todo rigor" (O LIVRO DA PSICOLOGIA, 2012, p. 80-85). Aquilo que estivesse fora dessas exigências não representaria objeto de estudo.

Os psicólogos da aprendizagem partem da premissa básica de que o comportamento humano é aprendido – não inato. Para Huffman et al., "a aprendizagem é definida como uma mudança relativamente permanente no comportamento ou potencial comportamental como resultado da prática ou da experiência" (HUFFMAN, VERNOY e VERNOY, 2003, p. 197). Este enfoque do ser humano foi principalmente aceito e desenvolvido nos Estados Unidos.

Estímulo e resposta são temas fundamentais, uma vez que estes são as unidades básicas da descrição de como se comporta um organismo, define-se o primeiro como a modificação de um ou vários aspectos do meio; resposta representa a modificação de um ou vários tipos do comportamento como resposta a esse estímulo, um não pode ser definido independente do outro. Por exemplo: um foco de luz em uma sala escura seria um estímulo para que os indivíduos acompanhassem a sua trajetória. A resposta seria a mudança de comportamento do organismo diante do estímulo representado pela maneira como os indivíduos se movimentam para acompanhar a mudança da posição do foco de luz.

O estudo das mudanças ocasionadas pelas consequências do comportamento foi feito por Edward Lee Thorndike, em 1898. Como Watson, ele também utilizou a teoria estímulo-resposta, fundamentada nas descobertas de Pavlov, para quem a conduta seria formada, principalmente, pelos *reflexos condicionados*.

Thorndike considerava o conexionismo a forma mais simples e mais característica de aprendizagem, tanto para os homens como para os animais. A aprendizagem se faz pela seleção e conexão entre estímulos e respostas. Quem aprende se vê diante de uma situação-problema que deve ser resolvida. As tentativas de solução se fazem por meio de "ensaios e erros", que levam "à seleção de resposta mais adequada entre as várias respostas possíveis à solução da situação-problema". Estudando o comportamento dos gatos, que consistia em colocar o animal faminto dentro de uma caixa, cujas inúmeras portas iguais representavam o problema a ser resolvido, uma vez que somente uma dessas portas levaria o animal ao reservatório de alimento. Se o gato manipulasse corretamente o trinco da porta, ela se abriria e o animal teria acesso ao alimento. Todavia, muitos ensaios errados verificavam-se antes que o gato acionasse o trinco da porta correta.

Thorndike verificou também que, quando o gato já havia sido colocado na caixa repetidas vezes, o comportamento que o levava à resposta certa tendia a ocorrer mais rapidamente, até chegar ao ponto em que não errava mais ao ser colocado faminto na caixa do experimento, indo diretamente à porta certa. A cada tentativa o número de erros diminuía, dando lugar aos acertos.

Milhollan e Forisha assim consideram a aprendizagem segundo essas perspectivas: "Thorndike ficou impressionado pela natureza característica de 'estímulo e resposta' no comportamento de seus pacientes experimentais". Para ele, "a aprendizagem era principalmente uma questão de gravar respostas corretas e eliminar respostas incorretas, como resultado de suas consequências agradáveis ou desagradáveis, isto é, recompensas ou punições". Conclui que "esse gravar ou eliminar deu o nome de consequências da Lei do Efeito" (MILHOLLAN e FORISHA, 1972, p. 52). Na Lei do Efeito, Thorndike prevê que as respostas que trazem satisfação ao animal terão maior probabilidade de ocorrer, ao contrário daquelas que trazem desconfortos, as quais enfraquecerão a probabilidade de ocorrência da resposta progressivamente. Trabalhos sobre o assunto caracterizam os seguintes tipos de comportamentos condicionados:

1. *Condicionamento*: é a associação entre um estímulo e uma resposta.

2. *Condicionamento clássico*: abrange respostas reflexas e involuntárias a um estímulo que não determinaria aquela resposta.

3. *Condicionamento operante*: resposta voluntária ao estímulo mediante o conhecimento das consequências de respostas anteriores.

4.15   O condicionamento opera mudanças

A teoria de Skinner é conhecida como a teoria do *condicionamento operante*, indo além das descobertas de Pavlov, aproveitando-se da Lei do Efeito de Thorndike. Segundo Skinner, o homem é resultado de condições específicas, que permitem predizer que reações ele determinará. Esse novo enfoque consiste "em abandonar a 'vontade' interna que torna impossível a predição e controle de comportamento" (MILLHOLLAN e FORISHA, 1972, p. 65). Para comprovar sua tese, Skinner trabalhou com animais, especialmente com ratos e pombos, fazendo experimentos que hoje são repetidos pela Psicologia Experimental.

No seu laboratório, Skinner procurou comprovar sua tese a partir de uma experiência idealizada por ele, que consistia em fazer com que um rato pressionasse uma barra, dentro de uma caixa especialmente construída, que levou o nome de "Caixa de Skinner".

Nos seus experimentos, comprovou como determinado comportamento não previamente relacionado à busca de alimento pôde passar a sê-lo. O comportamento escolhido foi o de abaixar uma pequena alavanca existente no interior da caixa. Esse movimento de pressão provocava o aparecimento de uma bolinha de alimento em uma pequena concha de metal (alimentador). O alimento provinha de um depósito anexo à caixa na sua parede externa.

O procedimento experimental seguido por Skinner incluía três etapas sucessivas, antes que estivesse estruturado um comportamento inédito. São elas:

a) Preparação prévia do animal aprendendo a só receber o alimento na concha metálica.

b) O animal é ensinado a comer uma única bolinha de alimento de cada vez, fornecida pelo experimentador quando se aproxima da concha metálica.

c) O rato é introduzido faminto dentro da caixa, mas desta vez não recebe a comida. O rato percebe que um novo elemento foi introduzido no ambiente: uma barrinha metálica. Procura a bolinha de alimento na concha e, não a encontrando, exibe um comportamento exploratório que termina ao cabo de 10 a 15 minutos, por pressionar para baixo a alavanca, recebendo imediatamente o alimento. Para tanto, ele operou no ambiente abaixando a alavanca para receber a comida.

Finalmente, o rato exibe repetidas vezes o comportamento de abaixar a barra até sentir-se saciado. Nota-se que em nenhum momento lhe havia sido ensinado a pressionar a barra, ele o fez sozinho, exibindo esse comportamento inédito que não existia no seu repertório psíquico. Skinner propõe que o rato emitiu um comportamento que operou uma transformação no meio ambiente. Contrariamente ao cão de Pavlov, que foi treinado a salivar (condicionado), respondeu apenas a um estímulo ambiental que condicionou sua resposta de salivação. O comportamento do cão é chamado de respondente e foi produzido por modificações especiais dos estímulos vindos do meio ambiente: é o comportamento reflexo. São exemplos de tais comportamentos lacrimejar quando se aproxima uma cebola dos olhos; tossir quando o músculo da deglutição é excitado; contrair a pupila quando uma luz forte incide sobre ela. O comportamento do rato é denominado de operante, pois tem efeito sobre o meio ambiente; opera sobre ele modificando alguma coisa. O próprio Skinner afirmou: "o condicionamento operante molda o comportamento como um escultor molda um pedaço de argila" (SKINNER, 1953, p. 91). Nasce aí a crença de que seja possível a mudança comportamental.

4.16 Reforço positivo e negativo

Dois conceitos de Skinner marcam sua obra de forma indelével, que são os dois tipos diferentes de reforços: *positivo* e *negativo*.

O reforço positivo é todo evento posterior e contingente a esse comportamento, cuja repetição serve como estimulador a outras possíveis repetições no futuro. A bolinha de alimento recebida pelo rato é um reforço positivo, uma vez que o rato volta continuamente a exibir o mesmo comportamento de pressionar a barra até estar saciado.

Caso seja introduzida a variável choque elétrico cada vez que o rato encosta sua pata na barra, verifica-se a diminuição desse comportamento que, em vez de aumentar sua frequência, aumenta mais os intervalos desta ação até extinguir completamente tal comportamento, que acaba por ser banido do repertório psíquico. O reforço negativo é representado por todo evento contingente que venha imediatamente após uma ação, diminuindo sua frequência até extingui-la do repertório psíquico.

Skinner propõe a excelência do reforço positivo sobre o negativo, como uma forma de estruturação de comportamentos desejáveis: "a remoção de um reforço positivo é adversa, e, quando se priva alguém de elogios ou admiração, ou da oportunidade de ser admirado" como consequência ele "reage de modo apropriado ou foge daqueles que o submetem a essa privação ou os ataca", atendendo "o objetivo de enfraquecer sua eficácia" (SKINNER, 1973, p. 46). É recomendado que ele deva ser evitado, por que não se sabe o que será feito em seu lugar. O autor também admite que "a eficácia da orientação só ocorre proporcionalmente ao grau de controle exercido". Deve-se "abrir novas oportunidades ou bloquear o crescimento em determinadas direções". Para ele, "fornecer uma oportunidade não constitui um ato muito positivo", trata-se de "uma forma de controle que aumenta a probabilidade da ocorrência de um determinado comportamento" (SKINNER, 1973, p. 72). Para os psicólogos behavioristas é assim que se estrutura um comportamento desejado, ocorrendo a mudança de personalidade.

Quando o reforço é suspenso, o comportamento desaparece. Pode-se, por meio dessas condutas experimentais, levar o ser vivo a exibir comportamentos desejáveis pelo reforço positivo e extinguir os indesejáveis por meio do reforço negativo, que venha após as ações de forma contingente.

Segundo a teoria do condicionamento operante, quando uma pessoa consegue por si só resolver um problema que até então não havia resolvido, utilizando seus pontos fortes contidos no repertório psíquico, recebe uma recompensa ou reforço positivo. O próprio fato de ter vencido a situação difícil representa, para ela, um reforço positivo e futuramente voltará com facilidade a exibir o mesmo comportamento que a levou a esse reforço. É o conceito de "Reforço de Ego" ou realimentação (*feedback*) para os psicólogos da aprendizagem. Quanto mais a pessoa consegue resolver os seus problemas, mais vontade terá de passar a problemas mais difíceis. Quando ela tropeça em muitas dificuldades e comete repetidamente erros, sua vontade é a de abandonar essa atividade. Nisso consiste aquilo que é chamado de "esvaziamento de ego", é a perda da confiança em si.

4.17   Condicionamento e mudanças na organização

O condicionamento operante tem muitas aplicações em programas de treinamento operacional, como, por exemplo, a montagem de determinados equipamentos, como aquilo que foi feito na montagem de máquinas de escrever.

As engrenagens tinham uma ordem sequencial para serem encaixadas no equipamento, garantindo aos montadores que nada faltaria ao futuro equipamento. Foram feitos manuais programáticos com essa sequência para dar a possibilidade de montá-las sem ajuda de qualquer outra pessoa. Bastava seguir os passos descritos no manual que o trabalho chegaria ao fim, sem problemas. Nas décadas de 1960 e 1970, esses manuais receberam grande incremento. Hoje, no entanto, o uso desse tipo de treinamento restringe-se a poucos processos produtivos.

Assim que a teoria de Skinner passou a adotar a Instrução Programada com a crença de que as pessoas poderiam pessoalmente incumbir-se do próprio treinamento, essas organizações contrataram especialistas para organizar todo o material de treinamento que seria entregue às pessoas que deveriam ser treinadas para executar certas tarefas. A linha pedagógica a ser seguida previa que o empregado seria capaz de resolver a primeira questão do manual (R+). A segunda questão seria resolvida a partir daquilo que foi aprendido na primeira questão e do conhecimento prévio do empregado. Por aproximação sucessiva, o aprendiz dava passos curtos até o fim no seu processo de aprendizagem.

Os manuais eram, então, concebidos para que quem os seguisse não cometesse uma quantidade expressiva de erros (R-) e para que não abandonasse o curso do seu treinamento, sentindo-se incapaz de realizar a tarefa que lhe cabia.

A aprendizagem por condicionamento operante seguia os passos apresentados da seguinte forma:

a) Reunir um conjunto de conhecimentos suficientes para familiarizar o aprendiz com suas atividades.

b) Escalonar esses conhecimentos em graus de dificuldades crescentes, de tal forma que conhecimentos anteriores fossem suficientes para a resolução de problemas novos.

c) Elaborar um plano de correção a ser manipulado pelo próprio aprendiz, para que ao verificar suas deficiências ou seus acertos, recebesse imediatamente os reforços correspondentes.

d) Propiciar a maior quantidade possível de acertos, para que se desse a realimentação, que é o desejo de continuar aprendendo sozinho.

Skinner não deixa dúvidas e sugere, de forma assertiva, que o reforço positivo deve ser a principal preocupação em situação de treinamento. A pessoa será capaz de desenvolver hábitos comportamentais desejáveis. Ele propõe que os elogios e as recompensas sejam mais eficazes que as punições. Punindo o indivíduo que trabalha, extinguirá um determinado comportamento, mas em compensação poderá desenvolver qualquer outro que seja também indesejável, até que ocorra novo reforço negativo para que o aprendiz abandone essa forma de agir.

Premiando as condutas adequadas, as pessoas saberão o que devem fazer. É o próprio Skinner, em *O mito da liberdade*[3] (1973), que examina aquilo que muitas organizações utilizam que é o pagamento pelo trabalho

---

[3] Byond Freedon and Dignity.

feito: "No sistema de incentivo conhecido como pagamento por tarefa, o operário recebe uma determinada quantia por unidade de produção cumprida. O sistema parece garantir o equilíbrio entre bens produzidos e o dinheiro recebido". Esse "programa é atraente do ponto de vista da gerência, que pode calcular de antemão o custo do trabalho, bem como do operário, que pode controlar a quantidade dos seus ganhos". Não se deve deixar de levar em conta que "a aplicação deste programa de reforço que é 'razão fixa' geralmente resulta no aumento da atividade em troca da compensação mínima". Isso pode levar "o operário a trabalhar mais depressa, 'aumenta' a razão, isto é, possibilita exigir-se maior quantidade de trabalho por unidade de pagamento, sem correr o risco de parar de trabalhar" (SKINNER, 1973, p. 31-32). Essa metodologia pode comprometer a motivação para o trabalho em si mesmo, bem como deixar de garantir uma qualidade melhor de trabalho feito. O próprio Skinner coloca em dúvida o efeito do reforço positivo sobre os seres humanos. Ele admite que a quantidade total do reforço não seja proporcional ao seu efeito sobre o comportamento. Complementando esta proposta, deve-se registrar que não é fácil quantificar de forma absolutamente exata o esforço humano.

4.18   A teoria na prática

As diferentes escolas psicológicas desenvolveram diferentes teorias a respeito do comportamento humano e suas implicações em situação de trabalho. Essas escolas de pensamento não trouxeram pressupostos contraditórios. Elas são complementares e cada uma delas examina alguns aspectos mais proeminentes da conduta do ser humano.

A premiação do esforço de cada um é um recurso delicado. Envolve o critério de justiça que varia de pessoa para pessoa. Qualquer caracterização desse conceito deve levar em conta se esse prêmio atende às expectativas pessoais, caso contrário, ela pode punir em lugar de premiar.

Conforme *O livro da psicologia* (2012, p. 13): "não tem sido raro psicólogos chocarem e escandalizarem o público com suas descobertas". Na maioria das vezes isso ocorre porque suas propostas "abalam crenças convencionais há muito estabelecidas". Ao mesmo tempo, a "psicologia nos presenteia com ideias que alteram nosso modo de pensar". No entanto, além de nos ajudar a compreender melhor nós mesmos, os outros e o mundo em que vivemos, sua crescente popularidade é sinal não apenas de sua relevância no mundo moderno, mas também do prazer e do estímulo que se pode obter ao explorar a riqueza e a diversidade de uma área que observa o misterioso mundo da mente humana. A psicologia oferece subsídios para que as pessoas se conheçam melhor e isso permite que cada um aproveite todo o seu potencial.

Para Buckingham e Clifton (2008, p. 27), as pessoas de sucesso têm a capacidade de descobrir seus pontos fortes e organizar suas vidas para que esses talentos sejam aplicados.

Não basta apenas isso – ainda falta "administrar os pontos fracos, não há dúvida de que construir uma vida verdadeiramente produtiva será sempre uma tarefa desafiadora". São necessárias algumas variáveis, como autoconsciência, maturidade, oportunidades, e tudo isso só pode ser mobilizado pela própria pessoa – ninguém o fará para ela.

O homem, como um todo, tem sua personalidade constituída de elementos físicos, quer morfológicos, quer fisiológicos, sociais e psicológicos, quer conscientes ou inconscientes, sendo, portanto, complexo demais para que seu conhecimento possa ser esgotado por um único enfoque teórico. A tentativa atual de compreensão do psiquismo humano não se apoia mais em suposições abstratas, mas intelectualizadas. Para que se chegue a conclusões que possam ser seguramente reconhecidas como científicas, é necessário observar detalhadamente o comportamento, para inferir a partir daí as reais características da personalidade em si, bem como compreender sua dinâmica interior.

No entender de Weiten, "nosso estudo sobre o passado da psicologia deve ter tornado claro que ela é marcada pela diversidade teórica". [...] Essa é uma razão pela qual "não há teoria que sozinha possa explicar adequadamente tudo o que é conhecido a respeito do comportamento". [...] Em resumo, "seria uma simplificação exagerada esperar que uma visão estivesse certa, enquanto as outras erradas. A vida raramente é tão simples assim" (WEITEN, 2002, p. 21-22). Muitos aspectos novos estão aparecendo e assim continuará a cada momento revelando quem é o ser humano.

Wagner III e Hollenbeck (2009, p. 2010) propõem que um grupo seja "um conjunto de duas ou mais pessoas que interagem entre si". Isso é feito "de tal forma que cada uma influencia e é influenciada pelas outras". Esse é um processo que pode ser consciente ou não.

Para os autores, o desenvolvimento do grupo é contínuo, "pressupondo um processo dinâmico no qual os entendimentos informais sustentem, ou ocasionalmente", o que pressupõe movimento, ou ocasionalmente deslocam as características formais do grupo e de suas tarefas (p. 215). Dessa forma, pode-se pressupor um crescimento da sua maturidade.

Referências

BEAL, G. M.; BOHLEM, J. M.; RAUDABAUGH, J. N. *Comportamento organizacional*. Rio de Janeiro: Zahar, 1970.

BECKER, B.; HUSELID, M.; BEATTY, R. *Equipes fora de série*: transformando o talento em vantagem competitiva. Rio de Janeiro: Elsevier, 2009.

BEZERRA, D. P. Psicodrama. In: KAHHALE, E. M. P. *Psicodrama*. São Paulo: Cortez, 2002.

BUCKINGHAM, M.; CLIFTON, D. O. *Descubra seus pontos fortes* – um programa revolucionário que mostra como desenvolver seus talentos especiais e os das pessoas que você lidera. Rio de Janeiro: Sextante, 2008.

CIOT, Y. Clínica do trabalho e clínica da atividade. In: BENDASSOLLI, P. T.; SOBOLL, L. A. (Org.). *Clínicas do trabalho*: novas perspectivas para a compreensão do trabalho na atualidade. São Paulo: Atlas, 2011.

ENDO, P.; SOUZA, E. Itinerário para uma leitura de Freud. In: FREUD, S. *Psicologia das massas e análise do eu*. Porto Alegre: Coleção L&PM Pocket, 2013, v. 1.106.

FADIMAN, J. C.; FRAGER, R. *Teorias da personalidade*. São Paulo: Harper & Row do Brasil, 1979.

FERNÁNDEZ-ARÁOZ, C. *Grandes decisões sobre pessoas*: por que são tão importantes, por que são tão difíceis e como você pode dominá-las a fundo. São Paulo: DVS Editora, 2009.

FREUD, S. 1856-1939. *O eu e o id* – "autobiografia" e outros trechos. Tradução de Paulo Cesar de Souza. São Paulo: Companhia das Letras, 2011. v. 16. (Obras Completas.)

_____. *O mal-estar na civilização*. Rio de Janeiro: Imago, 1974.

_____. *Três ensaios sobre a teoria da sexualidade*.

_____. *Além do princípio do prazer*. Rio de Janeiro: Imago, 1997.

_____. *A interpretação dos sonhos*. São Paulo: Coleção L&PM Pocket, 2013 v. 1.

GAY, P. *Freud, uma vida para o nosso tempo*. São Paulo: Schwarcz, 1989.

GREVE, B. *Felicidade*. São Paulo: Editora Unesp, 2013.

HRISCHBERGER, J. *História da filosofia na Antiguidade*. São Paulo: Herter, 1957.

HUFFMAN, K.; VERNOY, M.; VERNOY, J. *Psicologia*. São Paulo: Atlas, 2003.

JONES, E. *A raiz da psicanálise*. Coleção Guia da Psicanálise. São Paulo: Escala, p. 50, s. d., v. 1.

KELLER, F. *A definição de psicologia, uma introdução aos sistemas psicológicos*. São Paulo: Herder, 1970.

KETS DE VRIES, M. F. R.; MILLER, D. *L'enterprise neurosée*. Montreal: McGraw-Hill, 1985.

_____. *Reflexões sobre grupos e organizações*. São Paulo: DVS Editora, 2014.

MACCOBY, M. *Perfil de águia*. Rio de Janeiro: Difel, 1977.

MARTINS, S. R. *Clínica do trabalho*. Coleção Clínica Psicanalítica. Itatiba: Casa do Psicólogo, 2009.

MILHOLLAN, F.; FORISHA, B. E. *Skinner × Rogers*: maneiras constantes de encarar a educação. São Paulo: Summus, 1972.

MORENO, J. L. *La psicoterapia de grupo e psicodrama*. São Paulo: Mestre Jou, 1974.

MUSSAK, E. *Metacompetência* – uma nova visão do trabalho e da realização pessoal. São Paulo: Editora Gente, 2003.

NUNES, S. A. *Psicopatologia da vida cotidiana como Freud explica*. Rio de Janeiro: José Olympio, 2011.

NUTTIN, J. *Psicanálise e personalidade*. Rio de Janeiro: Agir, 1958.

O LIVRO DA PSICOLOGIA. Tradução de Clara M. Hermeto e Ana Luísa Martins. São Paulo: Globo, 2012.

PRUNOR, P. R. *A raiz da psicanálise*. Coleção Guia da Psicanálise. São Paulo: Escala, s. d., v. 1.

ROJAS-BERMUDEZ, J. G. *Introdução ao psicodrama*. São Paulo: Mestre Jou, 1970.

ROSA, E.; RIBEIRO, A. M.; MARKUNAS, M. In: KAHHALE, E. M. P. (Org.). *A diversidade da psicologia*: uma construção teórica. São Paulo: Cortez, 2002.

SCHULTZ, D. P.; SCHULTZ, S. E. *Teorias da personalidade*. São Paulo: Pioneira, 2011.

SKINNER, B. F. *Science and human behavior*. New York: Tree Press, 1953.

_____. *O mito da liberdade*. Rio de Janeiro: Block, 1973.

SOTO, E. *Comportamento organizacional*: o impacto das emoções. São Paulo: Internacional Thomson, 2001.

SOUZA. P. C. Sigmund Freud. *Obras completas*. São Paulo: Companhia das Letras, 2011, v. 16.

SPERBER, M.; HOBSBAWN, E. *A vida de Freud*. Coleção Guia da Psicanálise. São Paulo: Escala, s. d., v. 1.

WAGNER III, J. A.; HOLLENBECK, John R. *Comportamento organizacional*: criando vantagem competitiva. 2. ed. São Paulo: Saraiva, 2009.

WEITEN, W. *Introdução à psicologia*: temas e variações. São Paulo: Pioneira Thomson, 2002.

5

O COMPORTAMENTO NAS ORGANIZAÇÕES: DINÂMICA NOS PEQUENOS GRUPOS

"Dê um passo para trás se quiser encorajar o espírito de liderança em outras pessoas, deixe que elas liderem. Aceite soluções alternativas diferentes das suas e permita que novos erros ocorram sem punição."

Heath (2011, p. 34)

Sumário

Os grupos humanos têm sido analisados e descritos a partir dos mais diferentes enfoques devido ao grande número de tipos de grupos existentes nas mais variadas atividades de cada um deles.

Schermerhorn, Hunt e Osborn (1998, p. 133), referindo-se ao comportamento dentro do grupo de trabalho, apontam que: "Os grupos podem ter um impacto substancial sobre as atitudes e os comportamentos dos seus membros" [...] "sob condições corretas os grupos podem melhorar o desempenho na tarefa e a satisfação no emprego dos seus membros". [...] Talvez a função mais evidente dos grupos seja a capacidade de satisfazer as necessidades dos seus membros. "Os grupos são sistemas pessoais com muitas possibilidades de relacionamento interpessoal." É indispensável para qualquer grupo que almeja atingir seus objetivos ter alguém para orientá-lo na direção desejada. Esse alguém desempenha o papel de líder do grupo.

5.1 Os pequenos grupos

Schutz, psicólogo e pesquisador dos assuntos ligados a pequenos grupos, já no prefácio do seu livro reproduz um incidente que exemplifica sua abordagem sobre o assunto:

Laurie tinha por volta de três anos quando, numa noite, ela pediu minha ajuda para se despir. Eu estava no andar de baixo e ela no superior, e... bem.

– Você já sabe se despir sozinha, eu respondi.

– Sim, ela responde.

Schutz então conclui que "há ocasiões nas quais as pessoas precisam umas das outras, mesmo que saibam como fazer as coisas sozinhas". Ao ouvir a resposta da filha, reconhece que "um forte sentimento ia tomando conta de mim, um misto de prazer, embaraço e orgulho"; isso gerou "pensamentos fortuitos sobre o comportamento interpessoal". Sua filha "verbalizara com tanta facilidade aquilo que eu vinha remoendo há tantos meses". Surge então o primeiro postulado da sua teoria (SCHUTZ, 1966, p. I): "As pessoas necessitam umas das outras." Como não há dúvidas de que a presença de objetos num ambiente chama a atenção, a presença de pessoas não tem como passar despercebida devido ao seu forte impacto. O arranjo dos móveis numa sala pode causar sensação de bem-estar, de amplidão ou confinamento, simbolizando fonte de prazer ou desprazer. O mesmo ocorre com a presença de outras pessoas, só que com intensidade ainda maior.

Os móveis permanecem impassíveis onde quer que sejam colocados, mas as pessoas se movimentam, exprimem opiniões, aprovam, desaprovam, podendo infringir sofrimento ou felicidade. A convivência entre elas representa desafio marcante na vida de cada um. O prazer ou desprazer na formação de vínculos interpessoais é fonte de alegria ou sofrimento, no sentido de que é também um poderoso determinante dos sentimentos de autoestima de cada um. Como propõe Lord, "a Psicologia Social é o estudo científico da maneira pela qual os pensamentos, sentimentos e comportamentos de uma pessoa são influenciados pela presença real ou imaginária de outra pessoa". O autor (LORD, 1997, p. 3) tira esse conceito da teoria do psicólogo Gordon Allport em 1985.

Tão simplesmente formulado, esse conceito inicial de Schutz teve por mérito ser o ponto de partida para reconhecer que ninguém vive isolado, nem pode pretender existir no vácuo. Há em torno de cada pessoa um universo de coisas, mas há também grupos de pessoas de quem se depende. As pessoas precisam interagir de maneira entrosada para que um trabalho seja cumprido. Quando essa interação positiva é atingida, nota-se a existência de *sinergia*, evidenciando que o todo pode ser mais que a simples soma das partes, ampliando assim o potencial das forças individuais.

De acordo com Schermerhorn, Hunt e Osborn, as vantagens do trabalho em grupo ficam evidentes em três situações: "em primeiro lugar, quando a presença de um especialista é incerta, os grupos parecem fazer melhor julgamento do que o faz um indivíduo médio isoladamente". Assim, para os autores, especialmente quando uma "divisão tem a possibilidade de solucionar um problema e compartilhar informações". Conforme concluem, "grupos são mais bem-sucedidos que os indivíduos". Finalmente, como resultado, "os grupos são mais criativos do que os indivíduos" (SCHERMERHORN, HUNT e OSBORN, 1999, p. 132). Conseguir trabalhar em grupo de maneira produtiva tem sido o grande diferencial que leva a organização a posições de maior destaque. Um grupo eficaz oferece um ambiente de aprendizagem colaborativa, que faculta aos membros a oportunidade de melhorar suas competências individuais. Já foi comprovado por muitas pesquisas que os grupos têm importante impacto sobre a maneira como seus membros se comportam.

Bowditch e Buono confirmam a importância da ação e interação grupal no sucesso das organizações: "de fato, o sucesso de uma organização complexa é substancialmente influenciado pelo desempenho de diversos grupos que interagem entre si por toda a hierarquia da empresa" (BOWDITCH e BUONO, 1992, p. 95). Isso pode ter consequências adversas ou produtivas sobre as pessoas no interior das organizações.

Dubrin assume uma posição assertiva quando afirma: "os grupos são vitais para o entendimento do comportamento organizacional, porque eles são a base da organização maior" (DUBRIN, 2003, p. 234). Tem ficado cada vez mais proeminente a importância de pesquisas que levam ao estudo de pequenos grupos. O comportamento produtivo neste contexto só poderá ser atingido quando se conhece como funcionam.

Como dizem Wagner III e Hollenbeck (2009, p. 219): "a motivação dos membros é outro fator importante e que afeta a produtividade". É por isso que "os membros devem suficientemente estar motivados para alcançar o mais alto nível de produtividade". Nesse sentido, "a motivação dos indivíduos também pode aumentar a motivação nos grupos". No contexto de trabalho, essa dependência é facilmente observada.

Kets de Vries (2014, p. 37) considera que seja qual for o "estudo sobre organizações necessariamente engloba a **psicologia dos grupos**", no sentido que elas podem preservar ou prejudicar a saúde física e psicológica dos membros que fazem parte do efetivo organizacional.

O autor, especialista em programas de desenvolvimento de executivos, não aprova o fato de que "as empresas têm se concentrado em contratar pessoas com base em suas habilidades e experiência". No processo de recrutamento é necessário procurar a "**compatibilidade cultural**" escolhendo os **funcionários corretos**, que são aqueles "indivíduos que tenham a mentalidade certa" e, portanto, "trabalhem exatamente como a empresa espera" sendo assim "culturalmente compatível" que "se sairão melhor e permanecerão por mais tempo" na empresa. A **pouca compatibilidade** levará a resultados sofríveis como o "**baixo moral, produtividade reduzida, conflitos, clientes insatisfeitos e altos custos de rotatividade**". Esses comportamentos negativos diagnosticam parâmetros de escolha incorreta de novos funcionários.

Para de Vries, caracteriza a empresa neurótica aquela que não valoriza "habilidades e talentos" dos seus funcionários, que acabam "sobrecarregados com trabalhos, prazos e expectativas nebulosas", condições estas que contribuem para o desajustamento de cada um, que como resposta a essa maneira de serem tratados, reagem com **"absenteísmo** e a **baixa produtividade"**, exibindo um comportamento **extremamente agressivo**, como o **roubo** e até a **violência**. Nesse momento, deve-se "fazer um curso de gerenciamento de estresse" buscando "mudança de comportamento dos líderes". Se a melhora não ocorrer, o recurso final é **simplesmente sair da empresa**. Não há milagres no dia a dia das organizações

Muchinsky distingue três tipos básicos de grupos: *"Equipes de solução de problemas*: requerem que cada um dos seus membros acredite que as interações entre eles serão confiáveis e incorporem um alto grau de integridade. [...] *Equipes de criação*: responsáveis por explorar possibilidades e alternativas, com o objetivo amplo de desenvolver um novo produto ou serviço. [...] *Equipes táticas*: responsáveis pela execução de um plano bem definido. Precisa haver muita clareza da tarefa definição de papéis inequívoca" (MUCHINSKY, 2004, p. 279-280). Antes de mais nada, é necessário reconhecer o tipo de grupo ao qual se pertence para entendê-lo melhor.

As pessoas unem-se por laços fortes entre elas ligados aos objetivos de cada uma. Isso representa um sistema de trocas que são reconhecidamente interpessoais. O termo "interpessoal" acaba tendo o mesmo destino de muitos outros termos que são objeto de uso abusivo. Algumas vezes ele passa a abranger um conjunto incompreensível de fenômenos. Refere-se a tudo, mas não explica nada, como diz Schutz: "O termo 'interpessoal' refere-se a relações que ocorrem entre duas pessoas. Dessa forma, a presença psicológica de outra pessoa" é reconhecida. Essas situações "levam a um comportamento individual que difere do comportamento do indivíduo quando ele não está na presença de outras pessoas". Essa perspectiva "interpessoal" diz respeito a situações que classificadas como tal "têm importantes propriedades em comum". As pessoas precisam ter "a consciência da presença do outro, o que altera a predisposição comportamental de forma significativa" (SCHUTZ, 1966, p. 14). Isso ajuda a complementar os próprios pontos fortes com os pontos fortes dos demais.

É da interação entre os membros do grupo que surge aquilo que é conhecido como *atmosfera* grupal. Segundo Beal, Bohlen e Raudabaugh: "a atmosfera do grupo é o estado de espírito, um modo de sentir e agir, que permeia no grupo como um todo" (BEAL, BOHLEN e RAUDABAUGH, 1970, p. 61). Não é tão simples ter um grupo entrosado, uma vez que os indivíduos que o formam possuem personalidades diferentes e, por conseguinte, trazem para o grupo aspectos peculiares em termos de interesses, aptidões, intenções, desejos, inibições e frustrações, bem como todo um desenrolar de experiências ímpares ao longo de suas vidas.

Todas as vezes que as pessoas se deparam umas com as outras na formação de vínculo social, há uma intenção particular de cada uma delas em conseguir lograr êxito nesse relacionamento. O cumprimento da missão do grupo depende de um relacionamento saudável. Embora as pessoas estejam empenhadas em conseguir uma interação produtiva, pode ocorrer que o êxito almejado não seja atingido. Cada um percebe o outro através das suas lentes de percepção social. Caso elas estejam embaçadas, a realidade percebida é distorcida, dificultando e até mesmo comprometendo o intercâmbio entre elas. Não é tão simples iniciar e manter uma interação realmente produtiva.

Dubrin reforça a posição de Schutz quando propõe que: "um grupo é uma reunião de pessoas que interagem umas com as outras trabalhando em um propósito comum, e percebendo que são um grupo" (DUBRIN, 2003, p. 234). As pessoas que sobem juntas em um elevador não formam um grupo por não estarem engajadas em um esforço coletivo, nem possuírem os mesmos propósitos. Elas não precisam uma das outras para atingirem andares superiores.

Para Griffin e Moorhead (2014, p. 235), a existência de um grupo pressupõe que "ambas as partes se conhecem, têm respeito mútuo e afeto". É necessário que ambos "apreciem interagir um com o outro". Não havendo essa perspectiva positiva, a convivência se torna penosa.

Para os autores, passa a existir um grupo quando "duas ou mais pessoas" interagem uma com a outra de tal forma que cada pessoa influencia e é influenciada pela outra. Há casos em que colegas de trabalho "trabalham lado a lado, mas não interagem", isto é, não formam um grupo.

Griffin e Moorhead (p. 243) fazem uma interessante diferenciação entre as fases de evolução do grupo propondo:

– "Na fase de comunicação e tomada de decisão do desenvolvimento do grupo", quando os membros do grupo começam a acertar-se uns aos outros, "os membros discutem sentimentos de maneira mais aberta concordando com objetivos e papéis a serem desempenhados".

– "Na fase da motivação e estágio de produtividade percebe-se" que os membros cooperam, ajudam uns aos outros, trabalhando para cumprir tarefas."

– "No estágio de controlar e organizar, o grupo está maduro; os membros trabalham junto, sendo flexíveis, ajustados e corrigindo a si."

Como se conclui, trata-se de uma atitude construtiva de cada membro e de todos ao mesmo tempo.

Para Schutz, o sucesso da interação liga-se a dois aspectos interdependentes: "a habilidade de trabalhar com outras pessoas depende muito da compatibilidade e da complementaridade. Trata-se "da habilidade das suas personalidades ou estilos de desenvolver um ao outro, suprindo aqueles traços que faltam no outro, bem como de apoio mútuo" (SCHUTZ, 1994, p. 123). A característica do estilo comportamental de cada um dos sujeitos e o sistema de lentes de percepção social que cada um deles utiliza para conhecer o outro. Para o autor, essa predisposição mútua cria uma atmosfera no ambiente de um comportamento compartilhado de crenças e valores.

Kets de Vries (2014, p. 42) acredita que não são muito comuns as ações efetivas de um certo grupo de consultores. Como ressalta, "Infelizmente, muitas pessoas que se propõem a tais transformações", atualmente como "agentes de mudança e consultores", deixam de lado uma abordagem mais eficaz, uma vez que "estão mais inclinados a se concentrar nos sintomas e nas causas subjacentes". Exatamente por isso "esses indivíduos lidam apenas com comportamentos superficiais". Trata-se de programa de desenvolvimento comportamental bastante ingênuo e seus participantes em pouco tempo retomarão seus antigos hábitos já incrustados na sua personalidade. O autor acredita que esse tipo de intervenção, para surtir efeito, deve "atender à complexidade do comportamento humano existente dentro das organizações", precisando ultrapassar a "implementação de fórmulas simplistas e reducionistas típicas dos métodos tradicionais de consultoria". Não há outro caminho para o retorno à normalidade quando se paira em observações superficiais do comportamento humano.

Para garantir uma interação saudável é indispensável conhecer a origem das distorções perceptivas, oriundas das experiências que se teve no passado, com outras pessoas. Um exemplo são os estereótipos utilizados, tais como: não gosto de pessoas de testa curta, não são inteligentes; quem deixa a barba crescer é porque tem algo a esconder, e assim por diante. Isso significa que, devido ao fato de se ter tido, anteriormente, um relacionamento com pessoas pouco inteligentes e que tinham testa curta, ou com barbudos que pregaram uma peça em alguém, as pessoas passam a colocar os qualificativos psicológicos em todos aqueles que mostram a mesma aparência. Com isso, a tentativa de formação de vínculo interpessoal saudável estará possivelmente comprometida.

Argyle, da Universidade de Oxford, aponta a forma como os americanos, no geral, usam pistas físicas para atribuir traços àqueles com quem deveriam interagir. Por exemplo:

> – atribuir a pessoas de pele escura qualidades de indelicadeza, hostilidade e falta de humor;
>
> – atribuir aos loiros várias qualidades favoráveis;
>
> – ver rostos com rugas nos cantos dos olhos como sendo amáveis, bem humorados, desembaraçados;
>
> – ver mulheres mais velhas como maternais;
>
> – perceber as pessoas que usam óculos ou têm testa larga como mais inteligentes, confiantes e laboriosas. [...].

Semelhantes inferências podem ser feitas a partir da fala, das roupas, dos movimentos corporais etc., de uma pessoa (ARGYLE, 1976, p. 160-161).

O tipo e a disposição dos móveis em uma sala de estar podem dar ao seu ocupante sensações de bem-estar, amplidão ou confinamento. O mobiliário de uma sala permanece impassível onde quer que seja colocado, mas as pessoas se movimentam, exprimem opiniões, aprovam, desaprovam, podem infringir sofrimento ou transmitir felicidade. A convivência entre as pessoas é um fato decisivo, em termos do destino e da vida de cada um. O sucesso ou insucesso na formação de vínculos interpessoais é fonte de alegria ou sofrimento. Esse aspecto é estudado principalmente pela Psicologia Social, como propõe Lord: "a Psicologia Social é o estudo científico da maneira pela qual os pensamentos, sentimentos e comportamentos de uma pessoa são influenciados pela presença real ou imaginária de outra pessoa". Lord tira esse conceito de Allport (LORD, 1997, p. 3). Por isso mesmo os grupos são determinantes poderosos da autoestima de cada um.

5.2 Personalidade organizacional

Assim como as pessoas têm personalidade, os grupos também a têm. Essa personalidade pode ser normal e produtiva, ou imatura e patológica. Nesse último caso, esse grupo desorganizado gera ansiedade e sofrimento, sendo desgastante às pessoas. Como no caso das pessoas em particular, os termos desenvolvimento, amadurecimento e produtividade são usados como sinônimos de normalidade. Os grupos também podem evoluir para essa normalidade ou involuir e se deteriorar.

A orientação seguida por Will Schutz tem importantes considerações que explicam aquilo que se pode vislumbrar quando as pessoas se juntam, buscando colimar objetivos comuns. Embora cada grupo tenha características especiais que o torna diferente dos demais, há aspectos comuns entre eles, que justificam a formação e a dinâmica pela qual passam até sua maturidade ou eficácia. Para o autor, são necessidades interpessoais: "(a) todo indivíduo tem três necessidades interpessoais: inclusão, controle e afeição". Esclarecendo os termos, propõe "(b) Inclusão, Controle e Afeição constituem um conjunto de áreas que dizem respeito ao comportamento interpessoal, suficientes para prever e explicar o próprio fenômeno" (SCHUTZ, 1966, p. 13). Posteriormente, em 1994, ele substitui a terceira fase de maturidade, chamando-a de Abertura.

Para o autor, os pequenos grupos, assim como os indivíduos, não nascem maduros e produtivos. Ao associar-se a um grupo, cada pessoa irá passar por diferentes fases de atendimento das suas necessidades interpessoais. É possível reconhecer, assim, as diferentes etapas de amadurecimento tanto do grupo como dos indivíduos. Essas fases são tão marcantes que é possível reconhecer se há problemas de maturidade no interior do grupo e detectar os tipos de comportamento de cada indivíduo.

Nem todos os grupos atravessam todas essas fases de evolução para sua maturidade da mesma maneira e com a mesma velocidade. Há grupos que podem permanecer estagnados em qualquer dessas fases de maturidade, o que pode criar dificuldades para seus membros. Esse é o início de um quadro patológico.

As pessoas desde o início da sua participação buscam fazer parte do grupo; isso as leva a sentir que significam alguma coisa para o outro e que têm algum valor. É natural que os indivíduos, ao procurarem fazer parte de um grupo, deixem-se guiar pelo "estar junto", procurando ser conhecido e adquirir uma identidade. Nesse momento, fica evidente uma atitude de comprometimento em deixar-se envolver. Por isso, "é importante compreender a inclusão, o controle e a abertura" (SCHUTZ, 1994, p. 25).

A fase de inclusão é representada pela necessidade interpessoal de estabelecer e manter relacionamento satisfatório com as pessoas. *"Inclusão, como conceito de relações interpessoais, refere-se às associações entre duas ou mais pessoas."* Surge "o desejo de receber atenção, de interagir e ser único", o que representa "estar interessado o suficiente em si mesmo para descobrir quem se é" (SCHUTZ, 1994, p. 28). Ela permite que cada um se identifique.

A maneira pela qual as pessoas se comportam nessa fase irá configurar três tipos diferentes de participação:

1. **Hipossocial**: introvertido e retraído.

2. **Hipersocial:** extrovertido e empático.

3. **Social:** equilíbrio entre introvertido e extrovertido.

Quanto ao sentimento, a necessidade de inclusão é de estabelecer e manter um sentimento mútuo de interesse e conseguir que as pessoas tenham interesse por si, em um nível satisfatório. Permanecer por muito tempo ou não ultrapassar essa etapa retém o grupo nessa fase, precipitando desajustamento para aqueles que aí se encontram.

A segunda fase é chamada de controle, quando começam os relacionamentos que têm por objetivo estabelecer as "relações de poder, influência e autoridade entre as pessoas" (SCHUTZ, 1994, p. 37). Surgem três tipos de comportamento:

1. **Abdicrata**: baixa necessidade de controlar, isto é, abdica-se do poder, assumindo posição de subordinação.

2. **Autocrata**: possui alta necessidade de controle e dominação.

3. **Democrata**: é o ponto de equilíbrio. Sente-se confiante de que os demais respeitam sua habilidade de tomar decisões. Está à vontade tanto dando como recebendo ordens (SCHUTZ, 1994, p. 39).

Nessa fase passa a existir uma definição mais nítida dos papéis desempenhados no grupo. Cada membro faz o possível para conquistar seu próprio lugar e desenvolve aquele tipo de papel que o identifica. É nesse momento que aparece o líder do grupo e assume sua posição.

O controle é definido como a necessidade de estabelecer e manter um sentimento de competência e responsabilidade pelos outros. Inclui ser capaz de respeitar os outros, bem como merecer o respeito dos outros com relação a si próprio, em nível satisfatório.

O conforto na convivência se dá na medida em que haja participantes que queiram deixar-se controlar. Caso só exista quem queira se deixar controlar, o grupo se fixa nessa fase de maturidade, gerando desconforto. Nesta segunda fase podem aparecer tensões, e ultrapassá-las significa um passo adiante na maturidade no relacionamento das pessoas.

Finalmente, o grupo entra na sua fase mais produtiva, que Schutz chama de Abertura. É representada pelo "tanto que a pessoa sente o desejo de se abrir para outra pessoa" (SCHUTZ, 1994, p. 49). Schutz descreve três estilos nesta fase:

1. **Hipopessoal:** evita revelar-se aos demais, mantém um contato superficial e distante. Sente-se bem quando os demais também o tratam de forma distante.

2. **Hiperpessoal:** leva a pessoa a "borboletear" no seio do grupo "conversando com todos a respeito dos seus sentimentos e emoções mais profundas".

3. **Pessoal:** sente-se à vontade tanto dando como recebendo afeto, sente-se bem estando só ou com outras pessoas (SCHUTZ, 1994, p. 51).

Esta é a necessidade de estabelecer e manter um sentimento de mútua afeição. Inclui ser capaz de amar as outras pessoas e ter amor dos outros a um nível satisfatório. O grupo atinge sua real produtividade, desenvolvendo vínculos eficazes. O conforto se dá quando alguns estão prontos para receber afeto e outros para dá-lo.

Schutz assim resume as três fases de amadurecimento dos pequenos grupos: para ele, "inclusão refere-se a meus sentimentos, quanto a ser importante, ter significado ou mérito". Controle refere-se "aos meus sentimentos de competência, incluindo inteligência, aparência, praticabilidade e habilidade para enfrentar o mundo". A abertura refere-se "a sentir-se amado, ao sentir que se minha essência pessoal for revelada em sua totalidade, será vista como plena de amor" (SCHUTZ, 1978, p. 49). Em cada uma dessas fases observam-se comportamentos típicos utilizados com extrema frequência. Todos os grupos de trabalho passam por estas três fases e reconhecê-las ajuda a diagnosticar o momento em que vivem.

Kets de Vries (2014, p. 108) tem trabalhado com executivos altamente posicionados e analisado com eles o resultado das suas ações administrativas, nem sempre adequadas. É possível caracterizar paralelos "estabelecidos entre estilos comportamentais neuróticos comuns e fracassos organizacionais. Para ele, "Organizações patológicas pareciam espalhar as disfunções comuns dos estilos neuróticos mais amplamente discutidos entre os indivíduos." Esses executivos deveriam retomar seu equilíbrio pessoal para reequilibrar a organização, embora as "organizações saudáveis terão uma mistura de tipos de personalidade que são também disfuncionais". Essa consciência ajuda na retomada de um equilíbrio melhor.

Kets de Vries, Carlock e Fiorent-Treacy (2008, p. 110) admitem que as características comportamentais do principal dirigente se refletem em todos os níveis organizacionais e propõem que a "irracionalidade por parte dos principais tomadores de decisão de uma organização pode afetar seriamente o processo gerencial como um todo". Os autores afirmam que nessas organizações "a tendência é encontrar um alto executivo cujo estilo rígido e neurótico esteja claramente refletido nas inadequadas estratégias", bem como nas "estruturas e cultura da sua empresa". A preocupação do bem-estar dos que trabalham não só é boa para eles, como também para a empresa como um todo.

A intervenção de Kets de Vries nas organizações tem caráter terapêutico, visando formar verdadeiros líderes **"que conseguem obter resultados extraordinários de indivíduos absolutamente comuns"**. Assim, propõe que o autoconhecimento seja absolutamente indispensável, facultando a esses executivos "reconhecer suas próprias limitações e dificuldades, assim como suas habilidades", sendo capazes de reconhecer a necessidade de complementação desses pontos fortes por outros colaboradores capacitados para tanto.

Nem todos os grupos chegam à sua terceira e mais produtiva das fases. Alguns não conseguem ultrapassar a primeira quando as pessoas passam horas trabalhando umas ao lado das outras como ilustres desconhecidos. Os membros dos grupos de trabalho podem também permanecer fixados na fase de controle, criando um clima de tensão no qual os participantes estão interessados apenas em mostrar quem dá as ordens e quem deve cumpri-las. Equipes que chegaram ao amadurecimento afetivo conseguiram trabalhar como um verdadeiro time. A fixação na fase de inclusão precipita uma confusão generalizada. No controle permanece a competição como clima habitual de trabalho; na abertura sente-se que a cooperação personalizada é o principal norteador das ações dos diferentes membros que se complementam.

Em uma obra mais recente, Schutz afirma textualmente: "se aquele que está coordenando um grupo conhece seus ciclos evolutivos, terá maior orientação a respeito daquilo que está acontecendo em um momento de grande confusão". Com isso, esse coordenador terá informações sobre quais "fenômenos do grupo que precisam ser entendidos", como agir "com vistas a ajudar o grupo a ver-se a si de maneira pessoal" (SCHUTZ, 1978, p. 49). Os problemas de interação pessoal fornecem indícios específicos de cada fase que atravessa.

Os pontos abordados por Schutz têm sido intensamente explorados na atualidade organizacional com a utilização de um instrumento de diagnóstico de estilos de participação nos pequenos grupos conhecidos como FIRO-B (Fundamental Interpersonal Relations Orientation – Behavior). Esse questionário permite o mapeamento da compatibilidade entre os membros do grupo. Ele permite também localizar quem está assumindo papel de líder num determinado momento.

5.3 A interação social

Não se pode falar da psicologia social sem mencionar o nome de Kurt Lewin, nascido na Prússia, em 1890, e falecido nos Estados Unidos em 1947, em uma cidade perto da Universidade de Harvard, onde desenvolveu muitos dos seus trabalhos voltados à dinâmica dos pequenos grupos dentro das organizações no famoso Massachusetts Institute of Tecnology, conhecido como MIT.

A expressão *psicologia social* foi aceita pela primeira vez por sociólogos e filósofos sociais franceses que procuraram buscar as primeiras interpretações psicológicas para os fatos sociais. William MacDougall (1871-1929), psicólogo social e sociólogo inglês da Universidade de Oxford, propõe a seguinte subdivisão: *psicologia individual* é o campo de conhecimento que estuda os traços fundamentais do indivíduo como ser humano; *psicologia coletiva* detém-se especialmente no estudo do grupo e suas principais características; e a *psicologia social* volta-se à busca de compreensão da influência do grupo sobre o indivíduo.

Nas primeiras décadas do século XX, Freud, em sua obra *O mal-estar na civilização*, colocou a inevitabilidade do homem viver em sociedade, mas que essa, por sua vez, lhe impõe inúmeras restrições que são a fonte da sua infelicidade. Para ele, o "processo de desenvolvimento do indivíduo, o programa do princípio do prazer que consiste em encontrar satisfação e felicidade, é mantido como objetivo principal". Por isso, "a integração numa comunidade humana, ou adaptação a ela, aparece com condição dificilmente evitável, que tem de ser preenchida antes que esse objeto de felicidade possa ser alcançado" (FREUD, 1974, p. 103). Para fazer parte de qualquer grupo as crenças pessoais são redirecionadas.

5.4 Kurt Lewin e a teoria de campo

O trabalho de Kurt Lewin representa o primeiro esforço centralizador de convocar os psicólogos sociais a mobilizarem seus esforços com o objetivo de pesquisar mais a fundo o estudo do comportamento humano dentro dos microgrupos, onde o relacionamento face a face das pessoas caracteriza-se como principal fator de importância.

Como Mailhiot ressalta, "para que haja comportamento de grupo, é necessário que vários indivíduos experimentem as mesmas emoções", é preciso "que estas emoções sejam suficientemente intensas para integrá-los e deles formar um grupo". Surge assim o conceito de coesão. Essa é a fase em que "se tornam capazes de adotar o mesmo tipo de comportamento"(MAILHIOT, 1970, p. 11), na busca de um objetivo.

Segundo *O livro da psicologia* (2012, p. 220-223), Lewin "criou a teoria de campo que explora as forças e os fatores que influenciam qualquer situação" – diferentemente de alguns pesquisadores que atribuíam esse fato apenas ao indivíduo em si ou apenas aos fatores do meio ambiente, como enfatizaram as teorias behavioristas. O "campo" referido é o meio psicológico no qual o indivíduo ou o grupo coletivo estão inseridos. Segundo as palavras de Lewin, "quando entende que seu destino se perde do destino do grupo inteiro, o sujeito sente vontade de assumir uma parte da responsabilidade pelo bem--estar geral". É dessa forma que o grupo atua sobre cada participante.

A teoria de Lewin contempla também o processo de mudança no qual, para ter êxito, "o líder da organização deve levar em conta as diversas influências em jogo". Isso quer dizer "tanto as que estão na mente dos indivíduos quanto as presentes no ambiente". O indivíduo é considerado um campo de forças inserido que se insere em outro campo de forças, que é o ambiente em que está.

A atitude de um indivíduo é função de sua relação dinâmica com os diferentes aspectos da situação social que assume – é, portanto, o ambiente que coloca o indivíduo em um determinado estado de espírito. As percepções de cada um dos membros desse grupo a respeito da situação social são condicionadas por suas atitudes enquanto membro de uma restrita coletividade.

Existem quatro pressupostos básicos que regem a interação do indivíduo dentro do grupo, que são:

1. O grupo deve ser considerado como o terreno dentro do qual o indivíduo se mantém.

2. O indivíduo, conscientemente ou não, utiliza-se do grupo e das relações sociais que mantém, tendo em vista satisfazer necessidades próprias.

3. Mesmo que o indivíduo se sinta ignorado, isolado ou rejeitado pelo grupo, ele não deixa de ser um dado de realidade da qual faz parte.

4. O grupo é considerado como um dos elementos do espaço vital do indivíduo, é um setor desse espaço vital.

Lewin em suas pesquisas a respeito da dinâmica dos pequenos grupos percebeu a importância desse campo de estudo, e deu os primeiros passos na tentativa de desvendar os modelos da pesquisa científica e sugeriu a outros estudiosos a possibilidade de aprofundamento no assunto. Nesses estudos, fica claro que no caso do líder mais autoritário, o grupo mostra-se mais submisso, enquanto, sob uma liderança mais democrática, consegue aumentar o senso de liberdade do grupo, mostrando também menos tensão e hostilidade.

Embora para algumas pessoas o trabalho em equipe seja energizante e traga vantagens, há também aquelas que não se ajustam muito a esse tipo de trabalho, mostrando desagravo em fazer parte da equipe. Aquilo que acontece em alguns casos não pode ser generalizado para todos. Como afirmam os autores, "as equipes não representam uma solução para todas as situações".

É sabido que os "humanos anseiam por contato com outros seres humanos". Quando produtivas, as equipes podem compartilhar trabalho e informações, além de "examinar um número maior de alternativas", evitando assim "a visão em túnel" (BALDWIN, RUBIN e BOMMER, 2008, p. 221-223).

5.5 Conclusão

Existem ainda muitas outras peculiaridades passíveis de exame no tocante à Formação e Desenvolvimento, Estrutura, Funcionamento, Influência no Comportamento Individual, Processos de Interação, Estruturação e assim por diante; todavia, tais assuntos contam com extensa bibliografia que pode ser encontrada no campo da Psicologia Social.

Em termos práticos, não se pode negar a importância dos estudos e pesquisas feitas sobre o grupo e o indivíduo em si. É principalmente a partir do grupo que cada um estabelece seu próprio autoconceito. Seu relacionamento com os demais se constitui numa importante fonte de informação sobre cada um. Dentro do grupo é que se pode conseguir auxílio e apoio, tendo em vista a consecução não somente dos objetivos individuais, como também organizacionais.

É inegável que se o grupo tem o poder de ajustar e favorecer o desenvolvimento produtivo de personalidade, ele também pode ter uma ação deletéria e nociva ao homem. As pessoas podem experimentar grandes sofrimentos quando rejeitadas pelo grupo ao qual pertencem. O grupo pode ser nocivo à autoestima e autoidentidade daqueles que dele fazem parte. Embora o desejo inicial de todos que formam um pequeno grupo de interação face a face seja o de buscar um convívio saudável, o que nem sempre se consegue, infelizmente. O desgaste na interação pessoal pode precipitar quadros patológicos de comportamento, como neuroses e psicoses.

Trabalhar em grupo de forma produtiva e ética tem sido o grande diferencial que pode levar a organização a posições de destaque. Em meio a um grupo eficaz, estabelece-se um ambiente de aprendizagem colaborativa que facilita seus membros a oportunidade de melhorarem seus pontos fortes ou competências, tendo importante impacto na maneira de se comportarem. Deve-se considerar que seria ótimo que os objetivos do próprio indivíduo, do grupo e da organização fossem coincidentes. Desnecessário se possuir certo grau de conformidade individual para continuar pertencendo e contribuindo com o grupo.

Referências

ARGYLE, M. *A interação social*: relações interpessoais e comportamento social. Rio de Janeiro: Zahar, 1976.

BALDWIN, T.; RUBIN, R.; BOMMER, W. *Desenvolvimento de habilidades gerenciais*. Rio de Janeiro: Elsevier, 2008.

BASS, B. *Handbook of leadership, theory, research and managerial applications*. New York: The Free Press, 1990.

BEAL, G. M.; BOHLEN, J. M.; RAUDABAUGH, J. N. *Liderança e dinâmica de grupo*. Rio de Janeiro: Zahar, 1970.

BOWDITCH, J. L.; BUONO, A. F. *Elementos de comportamento organizacional*. São Paulo: Pioneira Thomson Learning, 1992.

DUBRIN, A. J. *Fundamentos do comportamento organizacional*. São Paulo: Pioneira Thomson Learning, 2003.

FREUD, S. *O mal-estar na civilização*. Rio de Janeiro: Imago, 1974.

GRIFFIN, R. W.; MOORHEAD, G. *Organizational behavior*: managing people and organizations. USA: Cengage Learning, 2014.

HEATH, R. *Transformando erros em lucro* (como aproveitar todas as experiências de gestão e convertê-las em vantagens para a empresa. São Paulo: Editora Gente, 2011.

HILTON, B. L.; REITZ, H. U. *Groups and organizations*: integrated readings in the analysis of social behaviors. California: Wadsworth Publishing Company, 1971.

KETS DE VRIES, M. F. R. *Reflexões sobre grupos e organizações*. São Paulo: DVS, 2014.

_____; CARLOCK, R. S; FIORENT-TREACY, E. *A empresa familiar no divã*: uma perspectiva psicológica. São Paulo: Artmed, 2008.

LORD, C. G. *Social psichology*. New York: Harcourt Brace College, 1997.

MAILHIOT, G. B. *Dinâmica e gênese dos grupos*. São Paulo: Duas Cidades, 1970.

MUCHINSKY, P. M. *Psicologia organizacional*. São Paulo: Pioneira Thomson Learning, 2004.

SCHERMERHORN JR., R. J.; HUNT, J. G.; OSBORN, R. N. *Fundamentos do comportamento organizacional*. Porto Alegre: Bookman, 1998.

SCHUTZ, W. C. *The human element productivity*: self stream and the botton line. San Francisco: Jossey Bass, 1994.

_____. *Psicoterapia pelo encontro*: um guia para a conscientização humana. São Paulo: Atlas, 1978.

_____. *Todos somos uno*: la cultura de los encuentros. Buenos Aires: Amorrortu, 1973.

_____. *The interpersonal underworld*. Califórnia: Science & Behavior Books, 1966.

WAGNER III, J. A.; HOLLENBECK, J. R. *Comportamento organizacional*: criando a vantagem competitiva. 2. ed. São Paulo: Saraiva, 2009.

6

PERSONALIDADE

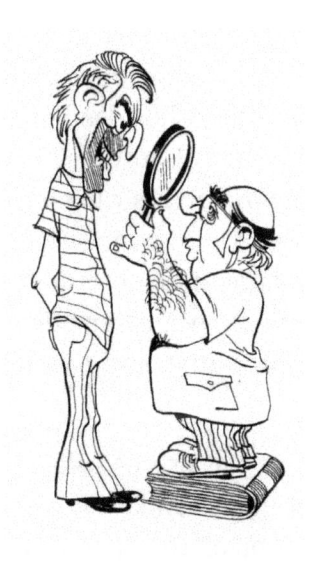

*"Quando falamos sobre desenvolvimento huma-
no, devemos considerar que o autoconhecimento é fundamental, e idealmente é do que primeiro devemos tratar. Acontece muito de termos
toda a determinação e boa vontade de compreender e aceitar a nós mesmos, aos outros e ao
mundo – faz todo sentido."*

Mussak (2010, p. 78)

Uma das maiores responsabilidades que cada um tem para consigo mesmo é "a própria felicidade". Só a própria pessoa pode trabalhar a favor dela, ninguém fará isso por ela. Como explica Greve (2012, p. 76): "felicidade é, portanto, definida como a percepção que cada pessoa tem de sua vida no passado, no presente, bem como suas expectativas para o futuro", através do autoconhecimento, da autoestima e do autogerenciamento. Isso pede um mergulho profundo no interior da vida psíquica, reconhecimento dos pontos fortes e adequação deles ao desenvolvimento das competências pessoais. Mais adiante, o autor acrescenta que aquilo que representa a "felicidade de um pode ser considerada como infortúnio de outros". Cada um precisa se socorrer de um amplo conhecimento da própria personalidade e das características que contribuem para que as pessoas sejam diferentes entre si.

Griffin e Moorhead (2014, p. 63) comparam a personalidade do ser humano como um "quebra-cabeças", jogo no qual as peças encaixam-se umas nas outras de um modo preciso, não existindo dois jogos idênticos quanto ao número de peças. As peças são de tamanhos e desenhos das bordas diferentes, que se encaixam de maneiras diferentes. Para os autores, o "mesmo pode ser dito a respeito do comportamento humano e suas características". Observando o comportamento das pessoas que são como o jogo de quebra-cabeças: "cada pessoa nas organizações é fundamentalmente diferente de todas as outras", devido "às peças que as definem se encaixarem de maneira única". A eficácia em conseguir lidar de forma produtiva leva em conta tais diferenças entre os indivíduos.

Tentar lograr uma conceituação de imediato e em breves palavras sobre personalidade é menosprezar o seu significado e a vastidão da sua abrangência. O conceito de personalidade é um dos tópicos considerados como o recurso básico que orienta grande parte das pesquisas a respeito do comportamento humano há muito tempo.

O termo *personalidade* tem sido empregado poucas vezes no seu sentido científico. Em qualquer ciência, e especialmente em psicologia, certas palavras consideradas como elementos conceituais, muito frequentemente utilizadas, caem no domínio incontrolável da grande divulgação, podendo chegar até ao seu desvirtuamento. Muitas delas perdem o seu significado original, passando a ter uma série de denominações inadequadas e equívocos, ou até mesmo contrárias ao seu significado original. O uso excessivo dessas palavras demanda redimensioná-las para caracterizá-las de forma mais científica.

No linguajar comum, quando se diz que fulano é "um indivíduo de personalidade", pretende-se apontá-lo como "uma pessoa de opinião" e, até certo ponto, teimosa. De forma pejorativa, presume-se que a pessoa com "personalidade forte" seja mal-educada ou intratável. É comum dizer que, se alguém não tem personalidade, retrata o tipo chamado de "Maria-vai-com-as-outras". Com frequência, é dito que fulano perde sua personalidade quando sucumbe a influências de outras pessoas com opiniões mais assertivas que as suas. Tais conotações não espelham o conceito psicológico de personalidade.

Esse sentido psicológico do termo aproxima-se um pouco mais do seu conceito real, quando se usa para designar alguém que ficou na História, como "Napoleão foi uma grande personalidade da Revolução Francesa". Ou, então, literalmente, quando se diz que um romance ficou marcado pela personalidade da sua figura central, do tipo: "A personalidade de D. Quixote comove os leitores de Cervantes." Nesses dois casos, vê-se a intenção de apontar certa maneira peculiar de ser, o que não contradiz nem desvirtua aquilo que é considerado como verdadeira personalidade. Finalmente, há aqueles que, com maior propriedade, usam o termo como sinônimo de vida psíquica: "Foi algo na minha personalidade que me fez agir dessa maneira." O que não representa uma infração grave, tampouco distorção científica.

Allport, reconhecido especialista no assunto, levanta mais de 50 definições diferentes desse termo utilizadas pela filosofia, teologia, direito, sociologia e psicologia. Isso mostra que mesmo dentro do âmbito da ciência, as divergências podem existir sem escapar do caráter idôneo da pesquisa que se refere às diferentes conotações de uso do termo. Para Allport, "personalidade é algo complexo demais para ser amarrado numa camisa-de-força" (O LIVRO DA PSICOLOGIA, 2012, p. 312).

Muitos são os enfoques usados a respeito da personalidade. As principais correntes do pensamento psicológico consideram-na um reduto inato de características básicas, acrescido de experiências vividas, que dá a alguém uma fisionomia comportamental ímpar. "A busca de estrutura da personalidade é uma busca de alguma caracterização ou algum princípio unificador que exprima a unidade essencial da pessoa, bem como sua singularidade" (HILGARD e ATKINSON, 1979, p. 479). Não se pode falar de personalidade sem considerar as diferenças individuais entre os seres humanos.

Como dizem Atkinson, Nolen-Hoeksema, Fredrickson, Loftus e Wagenaar (2012, p. 430), "cada pessoa é diferente de qualquer outra". Por isso, ela "tem um padrão distinto de habilidades, crenças, atitudes, motivações, emoções e traços de personalidade". Essas características fazem cada pessoa diferente de qualquer outra.

Os autores chegam ao conceito de personalidade "como sendo os padrões distintos e características de pensamentos, emoções e comportamentos que formam o estilo pessoal de um indivíduo". São muitas as variáveis que se incluem dentro do termo personalidade, dando origem a inúmeras definições de um mesmo termo.

Como propõem Schultz e Schultz (2011, p. 375), os "psicólogos da personalidade têm concluído que nenhuma teoria pode abranger totalmente a explicação de todos os aspectos da personalidade e do comportamento". Dessa forma, surgiu um grande número de teorias que "concentram-se em um campo ou área de investigação limitados". Consequentemente, "a tentativa de reconhecer e agrupar as diferenças individuais existe há mais de mil anos, quando Hipócrates (460-370 a.C.) acreditou que a constituição física das pessoas determinava seus humores ou fluidos corporais". Outros filósofos dessa época também esboçaram critérios semelhantes, mudando apenas o fluido vital.

Allport publicou em 1937 seu livro *Personality: a psychological interpretation*[1] considerado um sucesso. Seu principal argumento propõe que "a personalidade não é geral ou universal, mas particular e específica a cada indivíduo". Seu nome se liga a esse tema desde 1922, quando obteve seu PhD em Harvard, com a dissertação que levou o título *An experimental study of the traits of personality*.[2]

Depois de relacionar muitas definições de personalidade, propôs o seu conceito sobre o assunto: "a personalidade é a organização dinâmica dentro do indivíduo, dos sistemas psicofísicos que determinam [...] comportamento e pensamentos característicos". Nesse sentido, ele concebe um processo dinâmico na formação da personalidade.

Para o autor, traços de personalidade são aquelas características diferenciadoras que dirigem os comportamentos. Esses "traços são medidos num contínuo e estão sujeitos a influências sociais, ambientais e culturais" – o

---

[1] *Personalidade: uma interpretação psicológica.*

[2] *Um estudo experimental dos traços de personalidade.*

que leva a entender que podem sofrer alterações no decorrer do tempo. A partir daí, a "personalidade pode ser definida como um grupo duradouro e peculiar das características que podem alterar-se em situações diferentes" – o que leva ao reconhecimento de cada ser individualmente.

Em *O livro da psicologia* (2012, p. 310), um dos dicionários "mais abrangentes da língua inglesa disponíveis na época" foram encontradas "18 mil palavras para descrever personalidade", que depois foram reduzidas para 4.500, numa pesquisa feita por Allport e Odbert.

Gordon Allport (1890-1967), considerado como o principal estudioso da personalidade considerava a personalidade como "um complexo amálgama de características, relacionamentos humanos, contexto atual e motivação". O psicólogo alemão propõe que "os traços de personalidade formam o comportamento completo". Eles estão sempre dirigindo o comportamento, "mesmo que não haja ninguém para evocá-los ou observá-los". Criou-se, então, um bom número de testes psicológicos que estimulassem o uso desses traços para que pudessem ser estudados. O conjunto do resultado desses traços delineava o perfil da personalidade daqueles que se submeteram a eles.

O autoconhecimento e dos outros de forma tão próxima da realidade é indispensável. Ele ajuda a tomar grandes e difíceis decisões sobre si e a respeito dos demais. Para Fernández-Aráoz (2012, p. 294), isso torna o indivíduo capaz "de estimular o autodesempenho em sua empresa e promover sua carreira". Um líder eficaz consegue fazer com que "as grandes decisões sobre pessoas" ajudem a "contribuir significativamente para a felicidade delas". Isso só será possível caso esse líder se conheça e saiba diferenciar aquilo que busca daquilo que faz.

6.1 Personalidade

Etimologicamente, o termo *personalidade* origina-se no teatro romano, quando os atores representavam usando máscaras. Nessa máscara havia um buraco no lugar da boca, por onde passava o som, chamado *per sonare*. Com o uso, a máscara toda passou a se chamar *persona* e, por extensão, como o ator se identifica com o papel representado pela máscara, passou, ele mesmo, a ser chamado *persona*. O termo *persona*, que simbolizava a máscara, passa a ser atribuído ao próprio ator. Surge assim a palavra "personalidade" em português. Ela é usada para determinar características extrínsecas e intrínsecas de cada pessoa. Trata-se daquilo que cada um mostra ser e pode ser observado.

Em 1966, Ingmar Bergman produziu um filme especialmente para Liv Ullmann, sua esposa, no qual a atriz emudece, sendo por isso internada. Ela passa a ser cuidada por uma enfermeira numa ilha isolada na Suécia, Ilha de Faro. As duas personagens estabelecem uma relação de intimidade, o que leva a enfermeira a se desajustar pela ausência de sintomas verbais na convivência das duas quando foi perdido o referencial de conhecimento pessoal.

São bastante numerosas as explicações a respeito de personalidade quando se usa apenas o senso comum. Chega-se mesmo a afirmar que, na maioria das vezes, a vida é uma "representação", em que cada um representa com frequência aquilo que não é. O problema aqui não é da pessoa que se está sendo observada, mas, sim, do observador que se serviu de informações insuficientes. O observador pode projetar também no outro suas próprias características, deixando de observá-lo de maneira mais organizada e por um tempo suficiente, para chegar ao verdadeiro retrato daquele que está sendo observado. Assim, é comum errar ao se fazer julgamentos sobre outras pessoas, usando conclusões apressadas, em virtude de distorções das lentes de percepção social utilizadas na análise do seu comportamento. Capta-se apenas parte da personalidade de alguém que está sendo observado. É necessário adotar uma sistemática mais precisa para que seja possível distinguir "quem é quem" dentro de um processo de interação de pessoas.

Como diz Fernández-Aráoz (2012, p. 17) "faz parte da nossa natureza julgar e classificar as pessoas, mesmo no caso que não temos preparo para tanto". Com isso, "'corremos o risco de fazer julgamentos precipitados'". Ninguém se arvora em tomar decisões incorretas quando se trata do aspecto financeiro ou tecnológico, mas "quando se trata de pessoas somos menos humildes". O autor finaliza sua reflexão, acrescentando que tirar conclusões "sobre pessoas é uma habilidade indispensável na vida". Isso equivale a considerar essa habilidade como um recurso que qualquer um precisa ter, e saber usá-la.

Freedman, Carlsmith e Sears (1975, p. 41) procuraram explicar a razão da imperfeição perceptiva: "Uma tendência importante e aparentemente universal é que as pessoas formam extensas impressões dos outros com base em informações muito limitadas". Embora os indivíduos "não se mostrem francamente confiantes nas opiniões formadas dessa maneira", eles estão prontos para "avaliar a inteligência, raça, religião, nível de educação, honestidade, afetividade e muitas outras características de uma pessoa através das suas impressões" e confiam que alguns segundos de observação bastam para conhecer alguém. Trata-se de uma simples opinião, e não de um critério científico.

Kets de Vries, Carlock e Florent-Treacy (2009, p. XV) ressaltam que, na análise das organizações, infelizmente, muitas pessoas adotam a abordagem típica de "ator racional". Nessa perspectiva, "concentram-se em estruturas e sistemas, em vez de atentar para a dinâmica humana". Supõe que todos aqueles que trabalham numa mesma empresa tenham uma só personalidade. "Diferenças de personalidade costumam ser ignoradas." Não se pensa nos "aspectos singulares que distinguem cada personalidade" que são os "motivos, necessidades, defesas, fantasias, sintomas, medo e ansiedades específicos". O principal desafio na gestão de pessoas é conhecer mais profundamente as diferenças individuais.

As pessoas podem ser parecidas, mas isso não significa que sejam cópias fiéis uma da outra. Sempre haverá alguma diferença, o que permite não fazer confusão entre elas. Nem no caso de gêmeos idênticos, vindos de um mesmo óvulo, a semelhança é perfeita, embora até parentes próximos possam confundi-los. Essas diferenças são as marcas digitais da personalidade de cada um.

Para Wagner III e Hollenbeck (2000, p. 28), como "não é possível que as diferenças individuais desapareçam" aquelas empresas que buscam sobreviver "devem tentar capitalizar as diferenças de modo a aumentar sua competitividade". Para tanto, é necessária uma análise precisa dos requisitos do cargo e das diferenças individuais.

A personalidade não representa um elemento vago, conceituado apenas nos livros. É mais que isso: ela distingue cada pessoa dos seus hábitos motores, das motivações psíquicas e, consequentemente, dos tipos de relacionamento interpessoal. A observação atenta do comportamento visível de cada um, que é a máscara acessível ao contato diário, mostra que a pessoa se comporta de determinada maneira de forma coerente ao longo dos anos. A personalidade se mostra por meio de tudo aquilo que a pessoa é capaz de produzir ou ser. Ela difere dos demais da mesma forma como a assinatura e a impressão digital de cada um diferem de indivíduo para indivíduo.

A dificuldade de encontrar uma única abordagem no estudo da personalidade é razão da amplidão e abrangência do mundo interior. Os psicólogos behavioristas propõem que a personalidade seja o resultado dos condicionamentos ambientais. Eles analisam a ligação entre os estímulos que cada um recebe e as respostas que cada um dá a eles; para os behavioristas, todos reagem de forma praticamente igual.

Gazzaniga e Heatherton (2005, p. 471) reconhecem a dificuldade de encontrar uma única definição para personalidade, mas mesmo assim propõem que ela "se refere às características, respostas emocionais, pensamentos e comportamentos do indivíduo". Tais aspectos "são relativamente estáveis ao longo do tempo e em diferentes circunstâncias", o que fala a favor de uma certa estabilidade dos traços da personalidade. Como observam os autores: "a classificação dos indivíduos em qualquer traço de personalidade foi muito estável durante longos períodos de tempo e em todos os intervalos de idade" (p. 491). Pesquisas que observaram esse aspecto concluem que "a estabilidade foi mais alta para a criança pequena e mais baixa para as pessoas com mais de 50 anos". Para concluir seu pensamento: "para a maioria de nós, aos 30 anos de idade, o caráter endureceu como o gesso e nunca mais amolecerá". Se a situação em que a pessoa se encontra for estável, a personalidade também o será, como, por exemplo, o introvertido que continuará introvertido durante a vida caso nada de especial aconteça.

6.2 Diferentes enfoques sobre personalidade

Existe um grupo de teóricos que valoriza especialmente aspectos conscientes da personalidade. Eles propõem que ela se forme a partir do aprendizado auferido pelas experiências. Esse tipo de estudo dá grande importância a diferenças individuais de personalidade, como se forma e quais as causas dessas diferenças. Já a corrente liderada por Freud (1885-1939) explora os aspectos mais profundos e inconscientes da personalidade. Estudam-se as necessidades pessoais inconscientes que energizam o comportamento, que são chamadas de pulsões psíquicas. Myers (2012, p. 421) propõe que a personalidade seja um padrão característico individual de "pensar, sentir e agir". Caso se possa conhecer tais características em todos os seus mais diferentes aspectos, será possível caracterizar a personalidade humana em suas múltiplas facetas.

A Escola de Administração Científica de Taylor (1856-1915) considerou que todas as pessoas fossem iguais. Essa é a razão pela qual foram divulgados os princípios genéricos pelos quais todos deveriam reagir da mesma forma e com o mesmo ritmo de trabalho. Taylor, engenheiro por formação, não levou em conta o aspecto primordial da conduta humana que propõe as diferenças individuais de personalidade e isso levou a vários problemas posteriores.

De acordo com *O livro dos negócios* (2014, p. 158), é atribuído a Taylor o "custeio baseado em atividades", assim proposto: "A contabilidade baseada em atividades calcula os *custos indiretos reais* dos produtos e serviços." Assim sendo, "como são exatos", a empresa consegue calcular os *custos unitários precisos*, permitindo assim "à empresa tomar *boas decisões* quanto aos melhores recursos a ser usados". Será permitido à organização alocar *custos de acordo com os recursos consumidos*.

A busca de compreender o ser humano dentro das organizações variou muito ao longo do tempo, segundo Wagner III e Hollenbeck (2009, p. 9). Para Taylor, "assegurar apenas pela descoberta da 'melhor maneira' de executar um trabalho" daria à empresa maior lucratividade. Já Fayol, contemporâneo de Taylor, propunha *planejamento das atividades*, bem como *organização de recursos* e por fim o *controle dos esforços* garantiria o que deveriam ser "as funções essenciais da administração". Taylor desconsiderou a diferença das personalidades envolvidas nos processos de produção.

Já nas abordagens de Elton Mayo (1880-1949), fundador da escola das relações humanas, "não existe tanta preocupação com a produção, mas principalmente com o aumento, crescimento, desenvolvimento e satisfação do funcionário". As pessoas são diferentes entre si, e merecem um tratamento especial, bem como oportunidade de ter um relacionamento produtivo.

Para ele (2014, p. 337), "a *performance* dos empregados é influenciada tanto pelo meio ao redor quanto por suas habilidades".

Fundador do enfoque das Relações Humanas que pretendia descobrir o efeito da luminosidade na produção, acaba por descobrir que (2014, p. 91) não é o salário recebido que influencia a produtividade, mas sim "o desenvolvimento da carreira, a satisfação com o trabalho e a atitude da gerência". No trabalho, as relações pessoais são fatores "que mais motivam as pessoas a trabalhar melhor". Esses são os grandes trunfos desse enfoque.

A valorização das pessoas aparece em outros autores, como Griffin e Moorhead (2014, p. 4), evidenciando grande aceitação da escola de relações humanas, propõem que "os indivíduos não trabalham isoladamente – estão em contato com outras pessoas e com a própria organização de diferentes formas". As pessoas dentro desse enfoque "têm toda a razão de estarem preocupadas sobre como e por que essas organizações funcionam". Essa predisposição as leva a assumirem a identidade das empresas nas quais se encontram.

6.3 Traços de personalidade

Como consta em *O livro da psicologia* (2012, p. 302), o "primeiro psicólogo a abordar a fundo o tema foi Gordon Allport". Seu trabalho é conhecido como "Teoria do traço", que transformou o estudo da personalidade humana e fez o autor assumir um papel "central na psicologia da personalidade", tornando-se "uma nova e importante área de estudo". Para Allport, "as diferenças individuais relevam a complexidade e diversidade da psicologia humana". As pessoas apresentam diferenças individuais de desempenho em qualquer atividade, por dois motivos principais: nasceram diferentes umas das outras e seu DNA já contém a programação daquilo que as caracterizará pelo resto de suas vidas. Essa diferença é causada também pelas experiências nas diferentes fases da vida, que estão também submetidas a variáveis que influenciam essa personalidade de maneira ímpar.

Conforme aponta Robbins (1979, p. 34), a definição de personalidade usada mais frequentemente foi produzida por Gordon Allport há mais de 60 anos. Segundo ele, a personalidade é "a organização dinâmica dentro do indivíduo daqueles sistemas psicofísicos que determinam seu ajustamento ao ambiente". Os termos personalidade e individualidade estão necessariamente ligados. Assim sendo, tratar as pessoas como se fossem absolutamente iguais agride a sua autoimagem e autoestima.

Hilgard e Atkinson (1979, p. 462) fala da dificuldade de conhecer as pessoas como realmente são: "Cada indivíduo é único, a descrição científica de uma personalidade é inevitavelmente difícil." É indispensável "encontrar alguma forma de compreender as características duradouras do comportamento de uma pessoa". Essa maneira individual de ser "decorre naturalmente da sua história de desenvolvimento, de seus objetivos e dos problemas da vida real por ela enfrentados". Uma das importantes missões da psicologia é desvendar e descrever cada estrutura singular de cada personalidade. Na opinião dos au tores, "aquilo que cada um faz está coerente com sua estrutura total de personalidade, embora suas ações possam parecer contraditórias para aqueles que não a compreendem". As "peculiaridades e os maneirismos pessoais (idiossincrasias) podem ser vistos como expressões significativas da unidade mais profunda que é sua personalidade total". Essa colocação espelha a riqueza de facetas humanas que são pesquisadas no estudo da personalidade.

Referências

ATKINSON, H.; NOLEN-HOEKSEMA, S.; FREDRICKSON, B.; LOFTUS; G. I.; WAGENAAR, W. A. *Introdução à psicologia*. São Paulo: Cengage Learning, 2012.

FERNÁNDEZ-ARÁOZ, C. *Grandes decisões sobre pessoas*. 3. ed. São Paulo: DVS, 2012.

FREEDMAN, J. L.; CARLSMITH, J. M.; SEARS, D. O. *Psicologia social*. São Paulo: Cultrix, 1975.

GAZZANIGA, M. S.; HEATHERTON, T. F. *Ciência psicológica*: mente, cérebro e comportamento. Porto Alegre: Artmed, 2005.

GREVE, B. *Felicidade*. São Paulo: Editora Unesp, 2013.

GRIFFIN, R. W.; MOORHEAD, G. *Organizational behavior*: managing people and organizations. USA: Cengage Learning, 2014.

HILGARD, E.; ATKINSON, R. *Introdução à psicologia*. São Paulo: Nacional, 1979.

KETS DE VRIES, M.; CARLOCK, R. S.; FLORENT-TREACY, E. *A empresa familiar no divã*: uma perspectiva psicológica. São Paulo: Artmed, 2009.

MUSSAK, E. *Metacompetência*: uma nova visão do trabalho e da realização pessoal. São Paulo: Editora Gente, 2010.

MYERS, D. G. *Psicologia*. Rio de Janeiro: Livros Técnicos e Científicos, 2012.

O LIVRO DA PSICOLOGIA. Tradução de Clara M. Hermeto e Ana Luiza Martins. São Paulo: Globo, 2012.

O LIVRO DOS NEGÓCIOS. Tradução de R. Longo. São Paulo: Globo, 2014.

ROBBINS, P. S. *Comportamento organizacional*. São Paulo: Livros Técnicos e Científicos, 1979.

SCHULTZ, D. P.; SCHULTZ, S. E. *Teorias da personalidade*. São Paulo: Cengage Learning, 2011.

WAGNER III, J. A.; HOLLENBECK, J. R. *Comportamento organizacional*: criando vantagem competitiva. São Paulo: Saraiva, 2000.

7

DIFERENÇAS INDIVIDUAIS

> *"Os indivíduos na sua área, no seu meio são como mundos em si – suas histórias e visões expandirão seus horizontes e desenvolverão suas habilidades sociais. Interaja com a maior variedade possível de pessoas [...] seja implacável na busca de expansão."*
>
> Greene (2013, p. 87)

Myers (2012, p. 101) propõe: "A natureza, a cultura e a diversidade humana", a respeito das diferenças individuais: "sob vários aspectos importantes, cada um de nós é único". Isso é visível, uma vez que: "Temos aparência diferente, falamos de maneira diferente." Para Myers, "nossas personalidades são variáveis, assim como nossos interesses, histórias familiares e culturais". Como ressalta Myers, "cultura são comportamentos, ideias, atitudes, valores e tradições duradouros compartilhados por um grupo de pessoas e transmitidos de uma geração para outra" (p. 16). Além disso, "também compartilhamos de tendências comuns de comportamento", uma vez que a forma como o cérebro se organiza "nos predispõe a sentir o mundo, desenvolver a linguagem e sentir fome através de mecanismos idênticos", embora isso não garanta eliminar a identidade entre elas.

Elas são ímpares em selecionar aquilo que se conhece como "conteúdos psíquicos".

Por mais que duas pessoas se pareçam, elas guardam diferenças que representam ao mesmo tempo um benefício, mas também um grande desafio à estratégia organizacional, podendo transformar-se no mais eficaz gerador de problemas para todos. Griffin e Moorhead (2006, p. 69), quando citam Benjamin Hunnicutt, afirmam: "O trabalho se tornou um modo de sabermos quem somos. Não se trata de responder a questões filosóficas tradicionais." Trata-se de um importante diferencial que ajuda a retratar como as pessoas se complementam. Por isso, elas não podem nem devem ser tratadas da mesma forma, o que vale dizer que não se sentem bem quando são tratadas de maneira despersonalizada. Cada pessoa merece um tratamento especial para se sentir diferenciada das demais. Isso lhe assegura consolidar sua verdadeira autoimagem e autoestima, bem como sentir-se mais segura em sua individualidade.

Para Huffman, Vernoy e Vernoy (2003, p. 91), "sua personalidade o define como uma pessoa; como você é diferente de outra pessoa". Ela qualifica "quais padrões de comportamentos são caracteristicamente seus". O estudo das diferenças individuais é crucial para entender por que as pessoas atuam da forma como o fazem. Os autores apontam que é possível "medir a personalidade cientificamente", e "explicar como essas diferenças surgiram" tendo assim condições de "predizer o comportamento individual baseado no comportamento da personalidade do outro". Isso promove o conforto na interação social das pessoas.

Garcia (2012, p. 98) chama de existência de identidade quando se atende a três aspectos diferentes:

- O que eu penso que eu sou.

- O que o outro pensa que eu sou.

- O que eu penso que o outro pensa que eu sou.

É necessário que haja harmonia entre esses três ângulos da autopercepção, para que as pessoas precisem estar em "contato com a própria psique". O autor propõe que "quase nunca é um caminho fácil", uma vez que é necessário "vencer as próprias resistências", tornando conscientes "traumas do passado e lidar com os fantasmas internos", o que pode ser algumas vezes doloroso, sendo que não se sabe ao certo aquilo que se pode encontrar no seu interior. Promover a eficácia da sua diferença individual depende do conhecimento tão fiel quanto possível dos pontos fortes que caracterizam essa diferença individual.

Buckingham e Clifton (2008, p. 50) estão convictos de que com a passagem do tempo na vida de cada um, "cada um de nós se torna mais e mais consciente de quem realmente é". Tirar partido dos recursos individuais quando se tem "consciência crescente vital dos seus pontos fortes". Tal clarevidência "permite que cada um de nós identifique mais claramente talentos naturais e os cultive transformando-os em força". Por outro lado, é necessário também conhecer os pontos fracos existentes nessa diferença individual com o objetivo de não colocá-los em xeque. Os autores propõem que a partir desse conhecimento não mudamos como possa parecer, mas tão somente "aceitamos nossos talentos e reordenamos nossas vidas em torno deles" (p. 51), viabilizando assim a maior consciência da própria diferença individual.

Talvez a grande dificuldade que apresenta o estudo do ser humano seja a possibilidade de só fazê-lo de forma indireta. Apenas mediante a observação do comportamento exteriorizado é possível interferir sobre aquilo que ocorre no interior das pessoas. Só se pode avaliar o potencial intelectual de alguém, fazendo-o comportar-se diante de uma situação que solicite o uso desse potencial específico, como no caso dos testes de inteligência. Só é possível reconhecer características afetivo-emocionais, caso a pessoa mostre sua reação diante de um qualquer estímulo.

Em seu livro *Autenticidade*, George (2012, p. 107) reconhece que qualquer recomendação "para que uma pessoa se conheça de verdade tem milhares de anos de idade". O autor também admite que "não é fácil para ninguém atingir um nível mais profundo de autoconhecimento", uma vez que trata-se de seres "humanos complexos e multifacetados", mas também é preciso chegar lá, pois "tudo, no fundo, de uma forma ou de outra, é uma tentativa de encontrar nosso lugar no mundo", para continuarmos vivos física e psicologicamente. George (p. 108) reconhece que "descobrir seu 'eu' autêntico fica cada vez mais complicado à medida que você é obrigado a fazer uma profusão de escolhas" ao longo da própria existência.

Como forma de proteção, as pessoas podem desenvolver um falso "eu" construído como camadas de defesa. O texto faz analogia com as películas de uma cebola que protegem o "eu" interior. Por isso, "poucos de nós vemos o mundo como ele nos vê". Não há dúvida de que "encarar a realidade e reconhecer que você pode fracassar" e mesmo assim "se sentir bem consigo mesmo é um ponto decisivo para o autoconhecimento" (p. 121). É assim que nos tornamos gente.

7.1 Autopercepção abriga competência

A sensação ou estimulação dos órgãos sensoriais não existem sozinhas, mas estão ligadas diretamente à percepção. Myers (2012, p. 174) propõe que: "Em nossas experiências cotidianas **sensação e percepção** fundem-se em um processo contínuo". O autor conceitua a sensação como "o processo pelo qual os nossos receptores sensoriais e o sistema nervoso recebem e representam energias de estímulos do ambiente". Complementa esses conceitos afirmando que "percepção é o processo de organização e interpretação dessas informações" (p. 218), o que determina que consciência e sensação trabalhem juntas.

George e Sims (2012, p. 23) recuperam a expressão "perder o norte" para designar quem está desorientado: "O seu verdadeiro norte se baseia no que mais importa para você." Segundo os autores, nessa orientação pessoal estão "seus valores mais caros, suas paixões e motivações, as fontes de satisfação em sua vida". Isso é importante porque "enquanto respeitar quem você é pode lidar com as circunstâncias mais difíceis que a vida lhe apresenta". Essa predisposição requer aprendizagem, e não desaparece. É por isso que se pode afirmar a partir de um enfoque vivencial que ninguém muda por completo sua verdadeira personalidade. As pessoas respeitam e seguem aquele que é "genuíno e autêntico". Parece que o autoconhecimento e o respeito por si próprio são peças fundamentais na construção de si mesmo.

A sensação oferece informações sobre o mundo exterior, que utiliza os órgãos sensoriais e posiciona cada um em seu lugar no mundo. Bernstein et al. (2000, p. 138) caracterizam a percepção como "o processo por meio do qual as sensações são interpretadas, usando-se o conhecimento e a compreensão do mundo, de tal forma que o transforme numa experiência significativa". Essa "percepção não é um processo passivo, de simplesmente absorver e decodificar as sensações que aparecem" [...]. Dessa forma é que se "cria um mundo coerente, frequentemente percebendo a informação que falta e usando a experiência passada para dar sentido àquilo que se vê, se ouve ou se toca". Trata-se do filtro perceptivo que é formado pela predisposição interior de cada um.

Argyle (1976, p. 185) fala da percepção unindo-a ao aspecto das diferenças individuais: "Tais diferenças individuais provavelmente estão estreitamente relacionadas à estrutura de personalidade e motivações do observador" – um mesmo acontecimento tem duas interpretações diferentes, dependendo dos padrões mais importantes para ela no momento. Escolhe ângulos inéditos para observar o mundo das coisas e das pessoas, destacando aquilo que interessa ver.

A maioria de nós "confia em nossos sentidos", mas, às vezes, "essa fé cega pode nos fazer acreditar que nossas percepções são um reflexo perfeito da realidade". O autor enfatiza que "as pessoas reagem àquilo que percebem e suas percepções nem sempre refletem a realidade objetiva". Isso atinge a interação social, uma vez que "a diferença entre a realidade percebida e a objetiva aumenta proporcionalmente a possibilidade de incompreensão, frustração e conflito". A competência pessoal recomenda recolocar essas percepções no lugar adequado.

O autoconhecimento é um recurso indispensável quando se pretende clarificar as lentes de percepção do mundo, como diz Vergara (1999, p. 67): "conhecer a si próprio não é tarefa trivial nem um produto acabado; é um processo que não termina nunca". Sempre surge um aspecto novo que ainda não foi percebido. Uma das razões é que essa "busca de autoconhecimento certamente conduz ao autodesenvolvimento" e, portanto, há sempre novas competências a serem desenvolvidas.

7.2 Distorções perceptivas

Para Bowditch e Buono (1992, p. 62-63): "as pessoas tendem a interpretar suas informações de um modo congruente, com seus conjuntos de crenças, valores e atitudes". O percebedor seleciona e organiza os objetos, acontecimentos e sons de maneira particular, de acordo com sua intensidade, tamanho, proximidade, semelhança, diferença, movimento e assim por diante, que são as diretrizes que orientam as percepções.

Cada pessoa conta com cinco tipos de diferentes de percepções: visão, audição, olfato, paladar e tato. A maior parte dos conteúdos perceptivos permanece inconsciente – uma vez que a todo momento cada um é submetido a uma grande quantidade de estímulos.

Morin e Aube (2009, p. 79) salientam que, estando "ligada ao campo sensorial e limitada pelas condições espaço-temporal", a ação perceptiva "comporta vários limites" [...]. "Além de limitada, a percepção envolve várias armadilhas que de fato são armadas pelas estruturas." Por isso, "algumas vezes também nos coloca em apuros, particularmente quando nos defrontamos com a incerteza, a ambiguidade ou a complexidade". Aquilo que passa a ser guardado na vida psíquica fica também desfigurado.

Esse aspecto há muito chamou a atenção, como no caso de Aristóteles (384-322 a.C.), famoso por sua teoria do conhecimento, que afirmou: "nada está no intelecto sem antes ter passado pelos sentidos". Ela é a única via pela qual o intelecto se enriquece de informações, armazenando e organizando os conteúdos percebidos.

A psicologia social diferencia sensação e percepção, termos esses que muito frequentemente são utilizados como se fossem sinônimos. A sensação é a estimulação dos órgãos dos sentidos. Como dizem Morin et al. (2008, p. 362), trata-se de "uma função psicológica que permite ao indivíduo sentir o que se passa nele e ao redor dele. A percepção (2008, p. 359) representa "um processo essencial à aquisição de conhecimento". É por esse processo, no qual cada um toma "consciência de suas necessidades e das oportunidades que o ambiente oferece de atendê-las". Sendo um processo consciente "permite à pessoa adquirir conhecimentos sobre si mesma e sobre o ambiente", oferecendo recursos para que as vivências atuais ganhem o significado particular a cada um.

Para Gazzaniga e Heatherton (2005, p. 143): "O estudo da sensação focaliza como nossos órgãos do sentido respondem a estímulos internos e como essas respostas são transmitidas ao cérebro." Mais adiante propõe que: "a percepção se refere ao processo adicional dos sinais sensoriais no cérebro, que resulta em uma representação interna de estímulos", passando a existir a conscientização daquilo que foi adquirido pelos sentidos.

7.3 Percepção de pessoas

Muito mais que no caso da percepção das coisas, a percepção das pessoas está sujeita a uma série de distorções e ilusões. Isso pode levar a vê-las de forma diferente daquela que realmente são. Essas distorções se dão por meio dos enganos cometidos a partir de:

Estereótipos: impressão padronizada de um grupo de pessoas. Por exemplo: como todo adolescente de sua idade, ele é irresponsável.

Preconceitos: predisposição positiva ou negativa em relação a um grupo. Por exemplo: pessoas de testa curta são menos inteligentes.

Efeito de halo: característica positiva ou negativa de um indivíduo que contamina todas as demais. Por exemplo: fulano é inteligentíssimo, resolve qualquer tipo de problema.

Percepção seletiva: característica que faz um objeto ou pessoa se sobressair. Por exemplo: só gosto de quem olha de frente, com os outros não me importo.

Efeito contraste: percepção influenciada por outras pessoas percebidas anteriormente. Por exemplo: como os demais indivíduos, este não merece confiança.

Projeção: o percebedor atribui à pessoa percebida suas próprias características pessoais. Por exemplo: como eu, ele é tímido, portanto, sei como se sente.

Viés egocêntrico: atribuição de insucessos a fatores externos. Por exemplo: não uso tal cor porque me dá azar.

Para Hastorf et al. (1973, p. 11-12), a percepção de uma pessoa é uma experiência estruturada no sentido de que: "criamos ordem no mundo das pessoas ao classificar seu comportamento", como: fulano é um intelectual, beltrano é um artista, e assim por diante, isso ajuda a situar a pessoa frente ao percebedor. Os autores ressaltam que a percepção de outras pessoas é uma experiência *estável*, no sentido de que nos preocupamos em perceber as propriedades invariáveis das outras pessoas. Por exemplo, certos traços, tais como: hostilidade e agressividade. O comportamento futuro que nasce de uma predisposição interior do ser percebido como fulano sempre foi uma pessoa hostil e agressiva, cuidado com ele.

Grande parte da dificuldade que as pessoas experimentam em seu processo de interação humana, especialmente na situação de trabalho, pode ser atribuída ao processo da percepção dos outros. Quando se fala do meticuloso, por exemplo, a ele será atribuído um comportamento mais lento do que o da maioria e, com frequência, lhe é atribuído um quadro comportamental sintomático de alguém que seja *empatador de serviço*. Daí para diante, se a percepção do percebedor estiver errada, muito pouco poderá ser feito em termos de se conseguir gerar outra percepção mais produtiva entre essas duas pessoas. Uma barreira se levanta, impedindo a comunicação e o entendimento mútuo. Não será de estranhar que alguém mais rápido no agir atribua ao tipo metódico uma intenção de sabotagem de suas ações do tipo: "ele fica pensando num assunto a vida toda e quando se decide é tarde demais, fazendo-me perder boas oportunidades". Ver alguém de forma distorcida estabelece um viés no processo de interação, comprometendo o conforto do vínculo, conhecido como antipatia.

O relacionamento entre as pessoas depende de como elas se percebem mutuamente. "A pesquisa de percepção de pessoa passou do interesse pelos estímulos e pela exatidão com que são registrados." Isso diz respeito às "formas através das quais os percebedores ativamente processam tais estímulos", criando o sentido interpessoal (HASTORF, SCHNEIDER e POLEFKA, 1973, p. 90). A produtividade dos laços interpessoais ou seu comprometimento raramente ocorre ao acaso.

Quelch e Jocz (2014, p. 31) procuram entender as diferenças individuais de autopercepção, propondo que ela "desenvolve-se em parte através do relacionamento com os lugares onde crescemos, onde vivemos e onde presenciamos momentos especiais". Os autores denominam esse contexto de "lugar psicológico" – e que representa "o lugar em que queremos estar, é aquele onde almejamos estar". Trata-se de "um forte desejo de saber quem somos, de nos orientarmos"; essa predisposição ajuda a determinar onde esta a segurança e onde se encontra o perigo. É uma forma constante e ininterrupta de defesa pessoal.

Há uma distorção natural do mundo percebido como forma de busca de reafirmação da identidade do próprio percebedor. Para cada pessoa, depois de si mesma, nada mais é tão importante como os demais indivíduos. Há uma preocupação constante de cada um em conhecer os outros e formar, o mais rápido possível, convicções razoavelmente confiáveis a respeito de quem são essas pessoas. Trata-se da premonição dos sentimentos agradáveis ou desagradáveis que poderá gerar.

Will Schutz, autor do questionário FIRO-B, um dos primeiros instrumentos de avaliação do relacionamento interpessoal inicia seu trabalho afirmando que: "As pessoas necessitam umas das outras" (1989, p. 1). Elas necessitam que o outro perceba como realmente são. Assinalando a importância do tema, o autor propõe: "À medida que aumenta a minha autopercepção, cresce o meu controle de mim mesmo." A autopercepção é importante para que cada um perceba que "se sou ignorante sobre mim mesmo", não me permito saber como "harmonizar-me com as leis da natureza". Essa autopercepção implica desvendar "meu próprio poder", o que leva a "dizer a verdade". Para ele: "A verdade liberta." Dentro de uma dimensão mais profunda, essa "verdade faz-me compreender como conduzir minha própria vida" (SCHUTZ, 1989, p. 10). Em situação de trabalho, a complementaridade repousa na dependência do outro.

Ninguém consegue manter um falso papel por muito tempo. Basta que as circunstâncias exteriores não ajudem ou não sejam aquelas esperadas pelo protagonista, o falso papel desaparecerá. É só no teatro ou no cinema que alguém consegue viver um papel que não seja o seu. Mesmo assim, o personagem interpretado pelo ator levará marcas próprias da personalidade do seu intérprete. As interpretações do mesmo papel, feitas por atores diferentes, serão diferentes, como se pode constatar no cinema, no teatro. Isso fica muito evidente com a interpretação da música; duas pessoas interpretarão diferentemente a mesma peça musical. A maior expressão das diferenças individuais é encontrada nas obras de arte, como a pintura, por exemplo. A personalidade do pintor é reconhecida pelos traços que ele coloca sobre a tela.

Existe um teste psicológico que avalia as características emocionais da personalidade, no qual se solicita que a pessoa escolha as cores que achar mais bonitas e monte uma pirâmide colorida. Esse teste é chamado Teste das Pirâmides Coloridas de Max Pfister (1889-1958). Pfister procurava descobrir por que são tão diferentes as obras de Van Gogh e Gauguin, sendo que os dois eram contemporâneos, amigos e tinham cursado a mesma escola. Segundo Amaral (1966, p. 1-2), a importância da descoberta de Pfister "refere-se, sobretudo, ao valor sintomático das cores e das relações com estados ou reações emocionais". Ao compreender essas obras, é possível deduzir as principais características da personalidade do seu autor.

Hastorf et al. (1973, p. 44), no livro *The psichology of personal constructs*, publicado em 1955 pelo terapeuta George Kelly, propõem que "podemos saber muito a respeito de uma pessoa se soubermos como ela classifica os outros ou se soubermos quais são os conceitos que usa para descrever seu mundo pessoal". É correto propor que, quando se perceber o outro, as características típicas do percebedor são reveladas.

Os resultados de pesquisa de campo da psicologia social, especialmente sobre os processos perceptivos humanos, justificam a grande dificuldade que as empresas têm com relação aos procedimentos que visam avaliar o desempenho humano no trabalho. As maiores preocupações dos responsáveis por esse processo se voltam para a construção do questionário, a ser preenchido pelos avaliadores. Esse enfoque é ingênuo, pois por melhor que seja um instrumento, as informações obtidas por ele de nada servem se o avaliador não estiver preparado para neutralizar seus vieses perceptíveis.

O treinamento do futuro avaliador inicia-se pelo diagnóstico do seu próprio estilo comportamental. Esse perfil dará a ele um referencial sobre aquilo que realmente importa na situação de trabalho, evitando, ao máximo, simpatias ou antipatias pessoais. Nenhum instrumento, por mais perfeito que seja, conseguirá neutralizar esse viés. O ser humano é, por natureza, subjetivo. A prova dessa subjetividade é que a avaliação de uma mesma pessoa feita por dois avaliadores diferentes não parece retratar o mesmo avaliado.

Como se todas essas distorções perceptivas não bastassem, um processo subjetivo de simpatias e antipatias também influencia nos resultados da avaliação do outro, como diz Levinson (2005, p. 81): "Toda organização é um sistema social, uma rede de relacionamentos interpessoais. [...] Já não espanta saber que mais gente deixa de ser promovida por motivos pessoais do que por incompetência técnica." Alguém pode ser excelente em algumas atividades, mas ser um fracasso em outras. Para ser realmente produtiva, a avaliação do desempenho de uma pessoa deve levar em conta os pontos fortes e a indicação de como tirar partido deles. As deficiências pessoais devem ser apenas administradas, o que requer escolher situações nas quais não devem entrar em ação.

7.4 Personalidade e competência pessoal

Cada situação diferente que se enfrenta exige uma resposta apropriada para ser ultrapassada. Todas elas solicitam diferentes recursos interiores. Como diz Sanborn (2009, p. 28), "poucos de nós vivemos todo nosso potencial". Caso seja possível conhecer esses recursos que cada um possui, será possível tirar maior proveito deles. A vida psíquica tem um número incontável de facetas que devem ser examinadas com maior profundidade para que permitam ao ser humano resolver muitos dos seus problemas. Uma delas reside nos recursos intelectuais que se possui. A competência pessoal leva cada um a tirar maior partido possível desse reduto de competências que embora não de forma totalmente consciente pode ser aproveitado.

7.5 Inteligência

A inteligência representa um tema bastante explorado por diferentes teóricos. O ponto comum entre essas diferentes perspectivas é que a inteligência se caracteriza como função psíquica responsável pela aquisição de conhecimento e, consequentemente, habilita o ser humano a se adaptar ao mundo em que está. Trata-se da capacidade que cada um tem para lidar de maneira consciente com as situações mais diversas. Devido a essa diversidade, torna-se praticamente impossível chegar a um único conceito capaz de caracterizá-la.

O potencial intelectual de cada um é inato. Sua hereditariedade ainda é um mistério. Ele pode ser subutilizado e caso isso perdure por um período muito longo, poderá atrofiar-se. A prova disso é que pessoas portadoras de deficiência mental, como os retardados, não conseguirão ultrapassar certos limites de aprendizagem por mais que sejam utilizados métodos pedagógicos especiais.

Charles Spearmen (1863-1945) considera dois tipos diferentes de inteligência. Um deles refere-se ao aspecto total que chamou de fator geral (fator

G),[1] responsável pelo sucesso na maioria das atividades desempenhadas. O segundo é chamado fator "S",[2] responsável pelo sucesso na resolução de problemas específicos, como inteligência numérica, verbal, espacial, filosófica, artística, social e assim por diante. A American Psychological Association já tem elencado mais de 13 mil tipos de diferentes habilidades intelectuais.

São também encontrados casos de pessoas com baixos níveis de inteligência na maioria dos tipos, mas que se sobressaem com uma habilidade apenas, por exemplo, decorar uma lista telefônica de uma grande cidade.

Como acontece no filme *Rayman*, um retardado que consegue decorar a lista telefônica de Nova York é levado para Las Vegas. Quando o personagem é colocado diante de uma bancada de jogo não consegue adivinhar qual será o número que surgirá. Isso porque ele tinha apenas memória numérica, mas não potencial para desenvolver a lógica numérica.

Perceber, pensar, intuir, introspectar, julgar, imaginar, reter, concentrar-se, exprimir-se são funções da inteligência normal que estará capacitada para usá-las atingindo seu maior grau de amadurecimento intelectual. Como diz Dória (1962, p. 96), "a inteligência que conhece alarga as coordenadas do psiquismo capaz de incluir experiência multiforme". Trata-se de uma característica daquilo de que a inteligência é capaz.

Muito do que se sabe sobre a função inteligência foi baseado no estudo de lesões cerebrais. As lesões determinavam o desaparecimento de certas condutas, como a fala, movimentos dos membros, cegueira, perda de audição e muitas outras. Isso sugere que o sistema nervoso central, cérebro e medula sejam responsáveis por tais tipos de atividades mentais.

O estudo da inteligência atraiu muitos dos pesquisadores em comportamento. O primeiro deles foi Alfred Binet, a quem se deve o termo "quociente de inteligência (QI)". Charles Spearman propôs o "fator G" para caracterizar uma predisposição geral desse potencial – inteligência. Outro especialista, Edward Thorndike, propõe outros tipos de fatores intelectuais, conhecidos como "fatores S". Este último inspirou Guilford, que propôs nada menos do que 150 tipos diferentes de aptidões intelectuais (O LIVRO DA PSICOLOGIA, 2012, p. 304-315). O assunto inteligência atraiu muitos estudiosos

---

[1] *General intelligence.*

[2] *Specific intelligence.*

e ainda hoje se descobrem aspectos inéditos, mas não se tem certeza sobre aquilo que seja realmente a inteligência humana.

Considerando a aquisição de conhecimento como a principal predisposição intelectual, Hockenbury e Hockenbury (2001, p. 241) propõem que: "o conhecimento é um termo genérico que se refere às atividades mentais e que envolve a aquisição, a retenção e o uso da informação". As informações adquiridas pela percepção passando a ser armazenadas e trabalhadas pela inteligência por meio de um processo mental ativo.

As pessoas diferem quanto ao seu potencial geral (QI) e específico de inteligência (Fatores S). Diz-se que alguém é muito inteligente quando tem grande facilidade de resolver problemas típicos de grande número de atividades. Não se sabe ao certo ainda quantas sejam todas as habilidades intelectuais que as pessoas podem ter. Não se sabe também até que nível de inteligência será possível atingir. Isso equivale a dizer que não se conhece a pessoa mais inteligente sobre a Terra.

À medida que foram sendo utilizados os testes psicológicos, se foi conhecendo como a inteligência poderia ser entendida, conforme afirmam Huffman, Vernoy e Vernoy (2003, p. 292): "Nos primeiros anos de testagem da inteligência, os psicólogos viam a inteligência como uma ampla habilidade mental que incluía todas as funções cognitivas." Aos poucos, foram sendo descobertos novos recursos de trabalho intelectual. A inteligência é um dos fatores que determinam diferentes maneiras de abordar problemas e resolvê-los. Com ela, é possível compreender como o mundo das pessoas as diferencia umas das outras.

Sabe-se que o QI (Quociente Intelectual), legado por Alfred Binet, normal vai de 90 a 120. De 75 a 90 são constatados os casos de retardo mental. De 50 a 75 é chamado debilidade; de 25 a 50, idiotia; e de 0 a 25, imbecilidade. O retardado consegue alfabetizar-se pelo uso de métodos psicopedagógicos especiais. O débil não consegue alfabetizar-se, mas é capaz de coordenar seus movimentos de maneira satisfatória. Nos casos de idiotia e de imbecilidade, muitas vezes o indivíduo não consegue nem andar. O QI de 120 a 130 é considerado normal superior, de 130 a 140 superior e de 140 em diante caracteriza aqueles que são reconhecidos como gênios.

Com relação à maturidade intelectual: na infância, ela é avaliada a partir do adestramento motor. Por exemplo, sabe-se que uma criança deve dar os seus primeiros passos de 9 a 13 meses. Se ela andar antes dos 9 meses, supõe-se que ela esteja acima do normal. Se ela tiver 2 anos e não conseguir andar, é possível suspeitar-se de um provável retardo mental, depois de afastadas as hipóteses de traumas físicos e neurológicos. O índice de QI é conseguido dividindo-se a idade mental (aquilo que a criança consegue fazer) pela idade cronológica, multiplicando por 100.

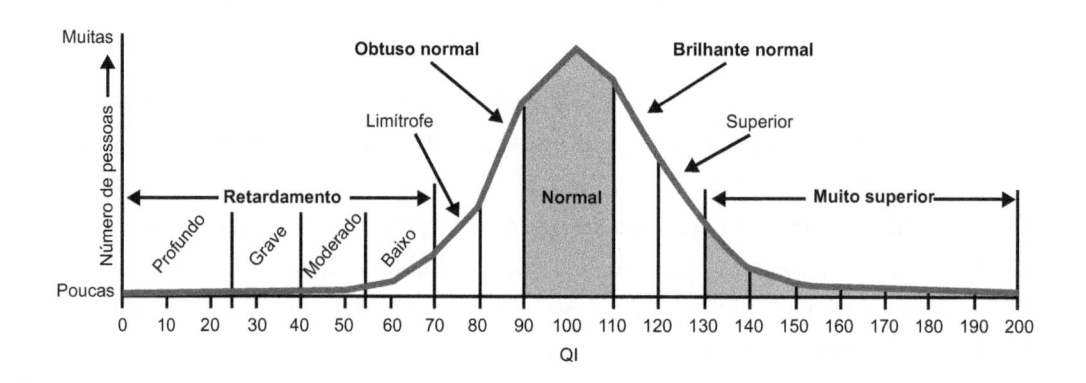

Distribuição dos resultados de testes de QI em uma amostra grande

Fonte: *Livro "A Psicologia e a Vida", Gerrig e Zimbardo.*

No caso do adulto, o QI é calculado usando a distribuição da curva normal de Gauss. Sabe-se, então, que a população se distribui em: 50% de pessoas com nível mental normal; 20% abaixo e acima do normal e 5% muito abaixo ou muito acima do normal.

Há autores que afirmam: "Do ponto de vista da psicologia cognitiva, conhecemos as coisas buscando, processando e armazenando informações." As pessoas conseguem isso através da "sensação, percepção, aprendizado, memória e pensamento". Deve-se considerar que "pensamento envolve ações mentais, sobre a informação que sentimos, percebemos e armazenamos" (HUFFMAN, VERNOY e VERNOY, 2003, p. 271). O pensamento constitui parte integrante e inseparável da função intelectual. São praticamente incontáveis os tipos diferentes de trabalho intelectual. Alguns dos mais conhecidos são:

- *Inteligência verbal*: usada quando as pessoas precisam falar, ler, escrever ou narrar uma história.

- *Inteligência numérica*: uso de símbolos matemáticos, de maneira lógica.

- *Inteligência espacial*: resolução de problemas concretos no espaço.

- *Inteligência interpessoal*: quando se interage socialmente.

- *Inteligência mecânica*: entender como funcionam as engrenagens.

Nos processos de seleção de pessoal para as empresas, são avaliados o nível geral de inteligência e o conjunto de habilidades especiais para cada cargo. Os candidatos a esses cargos se submetem a uma bateria de testes de inteligência para que sejam conhecidos seu potencial geral e suas habilidades, o que favorece dar a eles a atividade que melhor se coadune com esse potencial, sendo afastados aqueles que não conseguiram atender aos requisitos do cargo em questão.

7.6 Emoções e sentimentos

Grande parte da riqueza da vida psíquica é causada pelas emoções, que variam praticamente ao infinito, podendo ser simples quando envolvem um só sentimento, como também compostas ou mistas, quando tornam realidade muitos tipos diferentes de estados emocionais com intensidades também diferentes. As emoções diferem também quanto à sua intensidade, podendo variar de grau muito fraco, quase imperceptível, a uma violenta intensidade que muitas vezes a própria pessoa não consegue controlar.

Para Dória (1962, p. 210), há diferentes tipos de emoções próprias do ser humano sob o título de afetividade: "A afetividade é estudada a partir de seis manifestações diversas: inclinações, prazer, dor, emoções, sentimentos e paixões." Esses diferentes tipos de emoções precisam ser caracterizados, uma vez que "inclinações – diríamos nós, instintos, necessidades – são incluídas na afetividade e não consideradas como um dinamismo". É a partir daí que "a vida afetiva começa pela problemática do prazer e da dor, forças autênticas, irredutíveis uma a outra e irreversíveis a qualquer outra função". [...] "A emoção não se confunde com os sentimentos, estados afetivos de fraca intensidade, mais estáveis e provocados por estímulos de ordem representativa". No caso, a emoção é imoderada e brusca; o sentimento é suave e duradouro. Os estados afetivos podem ainda apresentar-se sob a forma de paixão. Neste último caso, "paixão é a inclinação que se tornou dominante e fixou-se como um hábito. Como a emoção, a paixão é também fonte de desorganização psicofisiológica". A difícil consciência dos estados emocionais pode levar a dificuldades quanto ao controle dessa pulsão.

Tratando-se de um aspecto subjetivo da personalidade de cada um, as emoções caracterizam-se como uma função psíquica de difícil acesso, uma vez que não é possível estudá-la de maneira direta, tampouco repeti-la quando necessário. Dessa forma, a emoção não pode ser estudada pela experimentação em laboratórios. Não se pode conseguir que a pessoa experimente um tipo de estado emocional como, por exemplo, a alegria ou a tristeza para poder estudá-las. O simples fato de se pedir a alguém que descreva a emoção que experimenta a faz sair desse estado emocional. Muito daquilo que se conhece sobre as emoções foi obtido a partir de conclusões tiradas dos estudos feitos sobre obras de arte, que são expressões emocionais daqueles que as produziram.

Como propõe Weiten (2002, p. 294), que analisa o aspecto emocional da seguinte maneira: "todo mundo tem inúmeras experiências pessoais com emoção; todavia, esse é um conceito vago, difícil de se definir [...]", uma vez que a variabilidade desses estados é imensa. Alguns estudos sobre estados emocionais normais foram feitos a partir de quadros emocionais patológicos.

Gardenswartz, Cherbosque e Rowe (2012, p. 116) consideram que a "capacidade de administrar suas emoções não estará completa enquanto não assumir a responsabilidade pelo diálogo interior". Isso pressupõe lutar contra emoções destrutivas, uma vez que só a própria pessoa pode fazê-lo. Os autores complementam sua abordagem a respeito do assunto propondo que as emoções "são a essência da energia, do compromisso e da motivação". Não se consegue livrar-se delas, uma vez que "vão para o trabalho junto com seus pensamentos" (p. 13). Apesar disso, "reconhecer os sentimentos, contudo, pode ser desafiador". As pessoas não aprenderam a "desarmar esse sistema de alarme" (p. 22). Não há dúvida que não se pode deixar de lidar produtivamente com as emoções e fazer com que elas trabalhem a favor das próprias pessoas.

Emoções muito intensas e de longa duração desgastam qualquer um, que pode chegar a um desequilíbrio da vida emocional. Assumir papéis comportamentais que não são da própria pessoa, como no caso do teatro, cinema e outras artes representativas, chega a ser perigoso. Haja vista como os atores chegam facilmente ao desequilíbrio emocional. Peças carregadas de emoção, como, por exemplo, "Quem tem medo de Virgínia Woolf?" obrigaram a uma das mais aplaudidas atrizes de teatro francês[3] a representar durante algum tempo, mas também a descansar por um longo período até as próximas representações, tal o desgaste emocional exigido pela peça.

Lidar com as próprias emoções não é fácil – como diz Heath (2011, p. 75). Muitas vezes, isso pressupõe também aprender com os próprios erros, o que exige "certo grau de compreensão e autoconfiança". Na organização, isso significa "aprender com os próprios infortúnios". Isso torna os funcionários "mais valiosos" para ela. Aquelas pessoas que têm confiança nas suas habilidades "não temem admitir seus insucessos". Para tanto, a pessoa precisa ter chegado à maturidade emocional. Dificilmente as pessoas conseguem controlar suas emoções, isto é, não são capazes de senti-las ou deixar de senti-las quando quiserem. Por exemplo, é difícil que uma pessoa por vontade própria abandone suas tristezas e angústias. De forma praticamente inconsciente, a pessoa luta para não evocá-las, temendo estados afetivos negativos ao revivê-las.

As emoções são consideradas como responsáveis pelos sentimentos humanos. Trata-se de um fator fundamental na constituição do comportamento de cada um. Como propõe Weiten, "as experiências mais profundas e importantes da vida são repletas de emoções". Para o autor, "as emoções situam-se no âmago da saúde mental". São as duas queixas mais comuns, segundo o autor, que levam as pessoas a buscar psicoterapia: estados de "*depressão* e *ansiedade*" de forma persistente. Esses sintomas deverão se perpetuar nos próximos séculos, sendo que pouco se poderá fazer para revertê-los.

As emoções são muito importantes para a sobrevivência dos seres humanos. Elas ativam os processos de luta ou fuga contra situações perigosas. Sem elas, as vivências e a própria vida de uma pessoa seriam radicalmente alteradas.

São muitos os conceitos que definem a "emoção" como um complexo modelo de alterações dos estímulos fisiológicos, dos sentimentos, das cognições e do comportamento na sua totalidade. As emoções surgem como reação a situações individualmente significativas, sejam elas positivas ou negativas.

---

[3] Madeleine Robinson.

São as emoções que permitem avaliar a pressão daquilo que acontece com cada um. Elas podem ser agradáveis, desagradáveis, ou mesmo mistas. Quando muito intensas, as emoções são acompanhadas por reações viscerais, comandadas pelo sistema nervoso autônomo, que determina reações de luta e fuga. O cérebro, em certa medida, é o responsável pelo controle dessas reações, que são expressas por uma linguagem corporal ou comportamento não verbal, como o riso, o choro e o enrubescer, por exemplo.

Um aspecto importante da vida emocional é aquele que diz respeito à sua evolução para a maturidade. Na infância, as emoções têm, sobretudo, um caráter captativo, isto é, a criança quer atenção e, de certa forma, reclama pela afeição dos demais.

Na adolescência, a emoção é representada principalmente pelo seu caráter oblativo, isto é, o adolescente dá afeto e identifica-se com os heróis que elegeu para seguir. As emoções são extremamente fortes nessa etapa da vida, levando o adolescente a seguir seu herói até as últimas consequências.

Na idade adulta, a maturidade emocional caracteriza-se pela capacidade de trocar afeto, isto é, dar e receber afeição. O adulto deverá ser menos cíclico, tendo menos picos e depressões emotivas, portanto, ser mais homogêneo. O adulto emocionalmente maduro conseguirá mobilizar emoções consentâneas com a realidade que vive, dosando o sentimento que a situação reclama. O sentimento poderá ser intenso quando o estímulo da dor for muito forte. A alegria será também muito forte quando a situação for extremamente prazerosa.

A maturidade emocional acompanha necessariamente a idade cronológica. Há adultos que se fixaram na fase infantil do desenvolvimento da maturidade. Sentem extrema necessidade de ser o centro de atenção dos demais. Outros adultos podem também ter fixado sua maturidade emocional na fase adolescente. Seus estados emocionais são bipolares, levando à alternância de grande entusiasmo e prazer e de grande depressão e dor.

O amadurecimento emocional não é fácil de ser atingido, uma vez que ele pressupõe que a pessoa consiga aprender com suas vivências anteriores e evolua à medida que os anos passam. No caso daqueles que não conseguem aprender com suas experiências anteriores, transformam-se em adultos infantis ou adolescentes.

Guillaume (1974, p. 73) diz que: "a alegria, a tristeza, a cólera, a raiva, o medo, a inquietude, a angústia, a surpresa, a vergonha, a decepção são emoções". Considerando-as como "episódios evidentes da vida afetiva, que se apresentam embutidos em meio a situações subjetivamente importantes ou inclinações que entram em atividade". Muitas vezes, são "caracterizadas por perturbações psicológicas e fisiológicas genéricas, das quais o aspecto aparente constitui a expressão da emoção". Uma forma de conhecer mais sobre as emoções é a observação do comportamento aparente e seu significado. O autor aponta a complexidade do estudo das emoções pelo fato de ser uma predisposição subjetiva interna.

Nico Frijda, psicólogo ainda vivo, faz uma clara distinção entre emoções e sentimentos, afirmando que as emoções são forças motivadoras que preparam o ser humano para agir. Já os sentimentos representam a forma com a qual se experimentam as emoções. As emoções não são controláveis e podem ser captadas pelos outros. Os sentimentos são conscientes, difíceis de serem captados socialmente. O pesquisador da emoção afirma que: "os lados emocional e racional não vivem separadamente", havendo entre eles forte convicção (O LIVRO DA PSICOLOGIA, 2012, p. 324-325). Eles podem ajudar ou dificultar um ao outro.

Lorenz (1986, p. 81), etologista mundialmente conhecido por sua teoria que lhe deu o Nobel de 1973, propõe que: "o poeta só pode reproduzir o que é vivido por seus personagens através de imagens". Ao transmiti-las usa "a descrição de uma situação humana" para que seja possível defini-las, uma vez que "correspondem às emoções por elas estimuladas e disparadas", por aquilo que chama de "mecanismo de disparo para essas emoções" – sua maneira de caracterizar esse conceito está na afirmação de que "compartilhar sentimentos de outra pessoa só existe, com absoluta certeza, quando um indivíduo se sente ligado a outro por laços de amor" (p. 200). Ao contrário daquilo que se ouve frequentemente, o ser humano é antes de tudo um ser emocional ante de ser racional. A emoção pode ajudar ou dificultar a atividade intelectual.

A obra-prima de Alain Resnais consegue transmitir a inelutividade ao tentar fugir do emocional em seu filme *Meu tio da América*. São três personagens que devem lidar com mudanças súbitas nas suas vidas sem poder se livrar das pressões que daí decorrem. Para tanto, são abordados assuntos comportamentais, como motivação, ansiedade e modelos de conduta.

Betz (2014, p. 82) refere-se às emoções afirmando que "poucas coisas causam mais sofrimento às pessoas normais do que as próprias emoções: medo, tristeza, raiva, inveja, ciúme, vergonha, culpa e impotência". Amplia sua compreensão sobre as emoções propondo que somos sistematicamente desafiados a confrontar de modo consciente nossas emoções: "para tanto, é necessário parar de varrer nossos sentimentos para debaixo do tapete", isso fará "deixar de descontar nosso mau humor nos outros". Assim, será possível "usar de forma equivocada as pessoas como lixeira para nossas emoções rejeitadas". As pessoas só têm a ganhar se souberem desfrutar das emoções que possuem.

Como afirma esse psicólogo alemão, é indispensável "que cada um se preocupe e cuide dos próprios interesses" (p. 10). Há pessoas que desperdiçam "sua existência" caso não queiram tomar a decisão "de declarar que você é a pessoa mais importante". É indispensável, segundo Betz, dar "a si mesmo prioridade absoluta" (p. 113). Essa predisposição perante si mesmo é chave na busca da felicidade pessoal, uma vez que "se você não se ama, não se honra, não se respeita e não se apoia por completo, está em guerra contra si mesmo" (BETZ, 2014, p. 134). Dizer que não se preocupa consigo é um péssimo hábito de falsa modéstia.

Referências

AMARAL, F. V. *Pirâmides coloridas de Pfister*. Rio de Janeiro: SEPA, 1966.

ARGYLE, M. *A interação social*: relações interpessoais e comportamento social. Rio de Janeiro: Zahar, 1976.

BERGAMINI, C. W. *Motivação nas organizações*. São Paulo: Atlas, 1997.

BERNSTEIN, D. A. et al. *Psichology*. New York: Houghton, Miffin Company, 2000.

BETZ, R. *É melhor ser feliz do que ser normal* – liberte-se de velhos padrões e descubra uma nova forma de amar e viver. Rio de Janeiro: Sextante, 2014.

BOWDITCH, J. L.; BUONO, A. F. *Elementos de comportamento organizacional*. São Paulo: Pioneira Thomson, 1992.

BUCKINGHAM, M.; CLIFTON, D. *Descubra seus pontos fortes*. Rio de Janeiro: GMT, 2008.

DÓRIA, C. S. *Psicologia científica geral*: um estudo analítico do adulto normal. Rio de Janeiro: Agir, 1962.

GARCIA, L. F. *Empresários no divã*: como Freud, Jung e Lacan podem ajudar sua empresas a deslanchar. São Paulo: Editora Gente, 2012.

GARDENSWARTZ; CHERBOSQUE; ROWE. *Inteligência emocional e gestão de resultados*: controle da força das emoções de modo a poder equilibar as diferenças, formar equipes mais engajadas e criar organizações mais saudáveis. São Paulo: Clio, 2012.

GAZZANIGA, M. S.; HEATHERTON, T. F. *Cérebro e comportamento*. Porto Alegre: Artmed, 2005.

_____. *Ciência psicológica*: mente, cérebro e comportamento. Porto Alegre: Artmed, 2015.

GEORGE, B.; SIMS, P. *Autenticidade*: o segredo do bom líder é ser fiel a seus princípios. São Paulo: Saraiva, 2012.

GERRIG, R. J.; ZIMBARDO, P. G. *A psicologia e a vida, distribuição dos resultados de testes de QI em uma amostra grande*. 16. ed. São Paulo: Artmed, 2005, p. 343.

GREENE, R. *Maestria*. Rio de Janeiro: Sextante, 2013.

GRIFFIN, R. W.; MOORHEAD, G. *Fundamentos do comportamento organizacional*. São Paulo: Ática, 2006.

GUILLAUME, P. *Manuel de psychologie*. Paris: Press Universitaires de France, 1974.

HASTORF, A.; SHNIDER, D.; POLEFKA, U. *Percepção da pessoa*. São Paulo: Edgard Blücher, 1973.

HEATH, R. *Transformando erros em lucro*: como aproveitar todas as experiências de gestão e convertê-las em vantagens para a empresa. São Paulo: Editora Gente, 2011.

HERMETO, C. M.; MARTINS, A. L (Trad.). *O livro da psicologia*. São Paulo: Globo, 2012.

HOCKENBURY, D. H.; HOCKENBURY, S. E. *Discovering psychology*. New York: Worth Publishers, 2001.

HUFFMAN, B.; VERNOY M. C.; VERNOY, J. *Psicologia*. São Paulo: Atlas, 2003.

KONRAD, L. *Os oito pecados mortais do homem civilizado*. São Paulo: Brasiliense, 1988.

KOUZMIN-KOROVAEFF, C. *Uma breve história da psicologia* – histórias – campos – métodos – mestres. (Trad.). São Paulo: Escala, 2012.

LEVINSON, H. Administração pelos objetivos de quem? In: RODRIGUEZ, M. V. *Liderança e motivação*. Rio de Janeiro: Campus, 2005.

LEVY-LEBOYER, C. *Psycologie des organisations*. Paris: Press Universitaires de France, 1974.

LORENZ, K. *A demolição do homem*: crítica à falsa religião do progresso. São Paulo: Brasiliense, 1986.

MORIN, E. M.; AUBÉ, C. *Psicologia e gestão*. São Paulo: Atlas, 2009.

MUSSAK, E. Metacompetência (uma nova visão do trabalho de realização pessoal). Rio de Janeiro: Elsevier, 2010.

MYERS, D. G. *Psicologia*. Rio de Janeiro: LTC, 2012.

O LIVRO DA PSICOLOGIA. Tradução de Clara M. Hermeto e Ana Luiza Martins. São Paulo: Globo, 2012.

O LIVRO DOS NEGÓCIOS. Tradução de R. Longo. São Paulo: Globo, 2014.

QUELCH, T. S.; JOCZ, K. *Todos os negócios são locais*. Por que em um mundo global é ainda mais importante ser local. São Paulo: Portfolio-Penguin, 2014.

SANBORN, M. *Você não precisa ser chefe para ser líder*. Rio de Janeiro: Livros Técnicos e Científicos, 2009.

SCHUTZ, W. *Profunda simplicidade*: uma nova consciência do eu interior. São Paulo: Agora, 1989.

SPECTOR, P. E. *Psicologia nas organizações*. São Paulo: Saraiva, 2002.

VERGARA, S. C. *Gestão de pessoas*. São Paulo: Atlas, 1999.

WEITEN, W. *Introdução à psicologia, temas e variações*. São Paulo: Pioneira Thomson, 2002.

_____. *FIRO*: the interpersonal underworld science & behavior. USA: Books, 1966.

8

MOTIVAÇÃO E LIDERANÇA: UMA QUESTÃO DE ESTILO

"Pensar o pensamento sistematicamente nos leva a romper o cárcere de nossas verdades e abre um universo de possibilidade para compreender quem somos."

Cury (2014, p. 33)

O dinheiro não motiva

Sumário

8.1 A liderança verdadeira; **8.2** Diferentes estilos de liderança; **8.3** Fábrica de líderes; **8.4** Carisma, transação e transformação; **8.5** A dinâmica que conduz à ação; **8.6** Escolha e busca de objetivos; **8.7** O dinheiro não motiva; **8.8** O perigo da recompensa; **8.9** Teorias motivacionais, hedonistas e do instinto; **8.10** Satisfação e insatisfação; **8.11** Pontos fortes e motivação; **8.12** A desmotivação; Referências

Os dois termos, motivação e liderança, são cruciais à vida dentro das organizações e a maioria dos atos diretivos leva a concluir que o constante desafio é tirar o maior proveito delas. Mesmo que as pessoas estejam desejosas de se desenvolverem, se a organização não lhes oferecer condições, elas estagnarão e continuarão trabalhando com as mãos, mas o coração ficará dependurado no relógio de ponto.

8.1 A liderança verdadeira

Nenhum outro assunto como o da liderança é tão especial e tem despertado o interesse de tantos. É elevado o número de trabalhos publicados sobre o assunto e a cada dia surgem novas pesquisas que desvendam as diferentes facetas desse tema. A riqueza de informações mostra que um só trabalho não esgota a abrangência do assunto nem satisfaz por completo todas as interrogações que possa ter e que continuam pairando no ar.

As empresas são formadas por grupos de pessoas que devem ser coordenadas, já que precisam alcançar metas e objetivos. Valoriza-se cada vez mais aqueles que usam com eficácia sua competência como líderes capazes de tornar realidade os pontos fortes e desenvolver o potencial interior daqueles pelos quais são responsáveis. Como as máquinas resolvem atividades simples e rotineiras, liderar especialistas adquire importância fora do comum.

A maioria das pessoas em cargos de chefia, muitas vezes, acaba por aprender a conduzir pessoas de maneira aleatória e desordenada, por meio de ensaios e erros no decorrer da sua aprendizagem. Muitas delas galgaram essa posição pelo fato de possuírem certas qualificações que nada tinham a ver com a competência de líder, tais como tempo de casa, conhecimento do trabalho, nível salarial alto e assim por diante. Muitos dos traços comportamentais que qualificam a liderança eficaz ficaram de lado nesse tipo de estratégia seletiva.

Heifetz (1999, p. 62), um dos autores em liderança mais lidos da atualidade, afirma: "frequentemente, liderança e autoridade são dois conceitos conflitantes. Muitas pessoas em cargos de autoridade não sabem exercer a liderança". Há, também, aqueles que exercem sua autoridade apenas quando identificam um determinado problema e procuram solucioná-lo. Um líder verdadeiro consegue que seu pessoal chegue a minimizar até mesmo seus interesses pessoais para comprometer-se com os objetivos da organização. Esse tipo de liderança é exercido de maneira suave, de tal forma que o líder recebe do seguidor a autorização para exercer sua influência sobre ele. O seguidor só segue o líder que valoriza.

Kole (1999, p. 9) aponta: "um líder simplesmente tem um grupo de seguidores". Essa proposta simples retrata aquilo que se faz para conseguir com que as pessoas estejam dispostas a seguir alguém por vontade própria, sem sofrer qualquer tipo de pressão. É necessário estabelecer uma sistemática de trocas praticamente contínua entre líderes e seguidores. Sem ser favoravelmente percebido pelo seguidor, líder algum conseguirá organizar, dirigir e coordenar esforços humanos, sem desrespeitar as diferentes expectativas daqueles que se lidera.

Douglas McGregor propõe as características dos líderes afirmando: "é pouco provável que exista um único quadro básico de conhecimentos e características peculiares à personalidade de todos os líderes". Ou seja, como seu estilo de personalidade tem grande importância, não se pode retratar o líder ideal para qualquer tipo de situação. "Os líderes transferidos de uma instituição social para outra tanto estão sujeitos ao malogro quanto ao sucesso" (MCGREGOR, 1973, p. 64). Dirigir certo grupo com eficácia não garante necessariamente eficácia em outro. Isso depende, e muito, não só do estilo do líder, mas também do tipo de grupo que ele dirige, bem como da situação que está passando.

George e Sims (2012, p. 31) propõem que "a essência da liderança" não reside em conseguir "que subordinados fiéis os sigam". Esses líderes "inspiram as pessoas ao seu redor", além disso, lhes "dão autonomia para assumir responsabilidades e liderar". Os autores propõem que: *o líder autêntico une as pessoas ao redor de um propósito compartilhado e lhes dá autonomia para assumir responsabilidades*". Esses líderes são "pessoas sinceras que são fiéis a si mesmas e às suas crenças". Tudo indica que "inspiram confiança e desenvolvem relações sinceras com os outros". Os autores acrescentam que "isso não quer dizer que os líderes autênticos sejam perfeitos". É preciso lembrar que, como todos, eles "têm suas fraquezas e todos estão sujeitos às fragilidades e aos erros humanos". Há líderes que permanecem desconhecidos, por não terem oportunidade de comprovar sua competência.

Dizer que os líderes nascem como tal ou que se pode formá-los independentemente das suas características pessoais não tem apoio nas pesquisas científicas. Na verdade, não há regras dentro desse campo; e, portanto, cada caso é particular. Muitas variáveis individuais, assim como sociais e ambientais, cruzam-se para que se concretize essa eficácia.

Os líderes, para conseguir que as pessoas os sigam, precisam não confundir suas características pessoais com aquelas dos seguidores para não projetar-se neles. Como diz Vergara (1999, p. 67), "conhecer-se a si próprio não é tarefa trivial, nem produto acabado; é um processo que não termina nunca". Essa predisposição deve prevalecer uma vez que essa busca do autoconhecimento certamente conduz ao autodesenvolvimento. Como propõe a autora, tanto um como o outro "lhe permitirão entender suas motivações e as dos outros". Com esse tipo de predisposição, o próprio líder participa da construção de sua própria eficácia.

A pesquisa moderna pode ter destruído o mito do *"líder nato"*, mas também não se pode concluir que se consiga fazer de qualquer indivíduo um líder eficaz por meio de cursos, treinamentos e programas de desenvolvimento de competências. Preparar alguém para liderar representa um processo nitidamente individualizado preso ao estilo de cada um praticamente interminável, sempre passível de aperfeiçoamento.

8.2 Diferentes estilos de liderança

A diferença entre esses estilos é tão numerosa quanto as teorias que foram criadas em torno do assunto. Logo de início, as empresas não abriram suas portas ao estudo desse fenômeno. As primeiras observações foram feitas com grupos de crianças que brincavam no recreio. Daí surgiu um número grande de traços comportamentais típicos daqueles que se desempenhavam como bons líderes, surgindo daí diferentes teorias:

A **Teoria dos Traços** é o primeiro esforço sistemático para descrever a liderança feita entre 1904 e 1944, que tentou delinear o retrato do líder ideal. Stogdill[1] (1974) encontrou mais de uma centena de traços comuns das crianças observadas por ele. O próprio autor confessa ter encontrado esses mesmos traços em pessoas não reconhecidas como líderes. Por outro lado, aqueles com perfil de líderes eficazes podiam não possuir necessariamente todos esses traços. Cai por terra, assim, a crença do líder nato.

---

[1] Professor Emérito da Universidade de Ohio, USA.

Já em 1950, contava-se com uma centena de estudos pouco conclusivos. Foi necessário que a pesquisa sobre liderança abrisse novos horizontes. De acordo com Handy (1978, p. 103): "qualquer pessoa pode ser um líder eficiente, desde que se comporte de maneira correta ou pelo menos de maneira apropriada à situação". Nessa teoria, assim como na dos Traços, o seguidor é considerado como passivo.

A proposta sobre **estilos típicos de liderança** deixa claro que não é somente o comportamento do líder que determina a direção que o grupo irá empreender. A eficácia em liderança será determinada pela habilidade de perceber e trabalhar a favor das necessidades de autorrealização e de autoestima das pessoas, propondo que uma consideração individualizada a cada membro é indispensável em qualquer situação para o aproveitamento dos pontos fortes dos seguidores.

O abandono da Teoria dos Traços ocorreu na Universidade de Ohio, que propõe dois estilos: o líder centrado na estrutura *versus* aquele centrado na consideração. Outro teórico da Universidade de Michigan descreve o comportamento de liderança preocupado com a produção *versus* aquele centrado no empregado. Finalmente, a Universidade de Harvard propõe o líder tarefa frente ao líder socioemotivo. Embora com terminologias diferentes, esses três centros de estudos em liderança parecem descrever comportamentos iguais.

Cabe aqui mencionar o trabalho de Robert Blake e Jane Mouton, que, através da formulação do Grid Gerencial, propõem cinco tipos diferentes de líderes, usando os parâmetros tarefa e relacionamento. Os cinco estilos são assim conhecidos: Gerência Empobrecida (1.1), quando há fraca ênfase tanto numa direção como em outra; Gerência Tarefa (9.1), na qual a preocupação com a produção sobrepuja a preocupação com as pessoas; Gerência de Equipe (9.9), cujas duas preocupações com tarefas e pessoas se acham enfatizadas e altamente desenvolvidas; Gerência de Clube Campestre (1.9), altamente preocupada com as pessoas, em detrimento da produção; e, finalmente, o estilo chamado Pêndulo Amortecido (5.5), que não deixa claro o caminho a ser seguido. Cada um desses estilos será eficaz em diferentes situações. É necessário analisar essas diferenças para escolher o estilo mais adequado a elas.

Figura 8.1

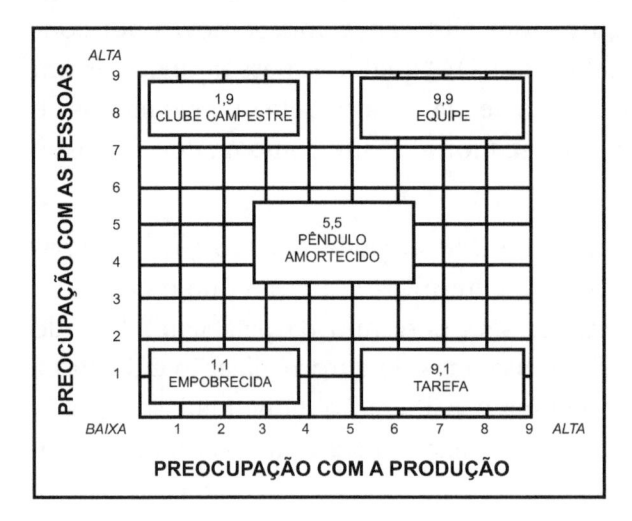

Grid Gerencial de Robert Blake e Jane Mouton

No trabalho de Hersey e Blanchard, conhecido como Liderança Situacional, os líderes são classificados igualmente dentro de dois parâmetros que privilegiam o comportamento no trabalho e no relacionamento. Posicionados a partir daquilo que é denominado de quadrante 1, a ênfase típica do comportamento de trabalho, os diferentes estilos de liderança atingem até o quadrante 4, no qual o comportamento é visivelmente relacionamento. O posicionamento do estilo de liderança nesses quatro quadrantes deve acompanhar o estado de maturidade do grupo, sendo o estilo 1 usado no caso de imaturidade e o estilo 4 no caso de total maturidade. Praticamente neste último quadrante, as pessoas são capazes de se dirigirem de forma autônoma.

Figura 8.2

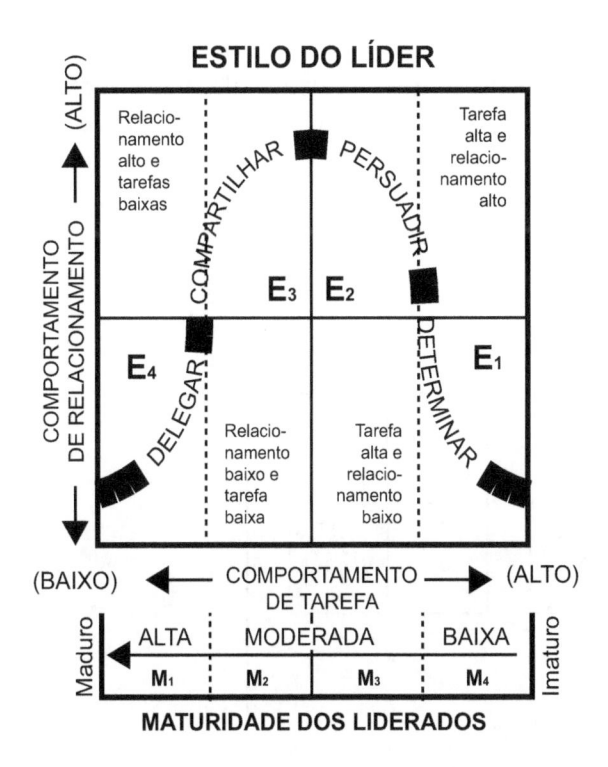

Liderança Situacional de Hersey

O Grid Gerencial de Blake e Mouton, assim como a Liderança Situacional de Hersey e Blanchard, são passíveis de críticas por carecerem de fundamentação na pesquisa empírica, conforme Smith e Petterson (1989, p. 23) afirmam em seu livro *Leadership, organizations and culture.*[2] Embora esses programas tenham sido usados com grande frequência no passado, deixaram insatisfeitos aqueles que participaram deles por não considerarem que seu estilo de liderança estivesse sendo retratado com precisão.

O trabalho de Reddin, com sua teoria conhecida como 3D, procura descrever os líderes seguindo também a orientação para o relacionamento e a orientação para a tarefa. O autor configura quatro estilos fundamentais, que são: o relacionado, o separado, o dedicado e o integrado. Cada um desses estilos pode ser considerado como adequado para a situação em que o líder está vivendo, representando a dimensão produtiva do uso do estilo. Caso o

---

[2]   *Liderança, Organizações e Cultura.*

líder se utilize desses quatro estilos básicos em situação inadequada, a dimensão improdutiva é estabelecida.

Reddin introduz conceitos importantes tendo em vista a almejada eficácia no exercício da liderança. Para o autor, o líder necessita ter sensibilidade situacional para perceber o que se passa à sua volta e utilizar a dimensão apropriada do seu estilo básico, o que é considerado como flexibilidade do estilo.

Figura 8.3 – Os estilos gerenciais

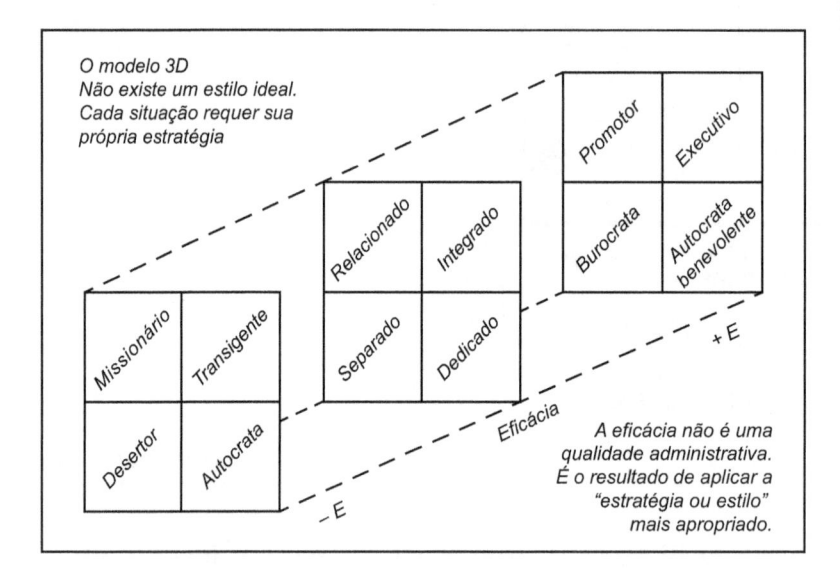

Teoria 3D de Reddin

Atckins e Katcher desenvolveram um programa chamado LIFO (*Life Orientation*), cuja filosofia básica é de que não existem estilos ideais e que a eficácia da liderança depende da habilidade de tirar maior partido possível dos pontos fortes do estilo de líder frente ao grupo de pessoas e a situação que se atravessa. O grande empenho nesse trabalho foi utilizar os pressupostos básicos apontados por Erich Fromm, tendo em vista a situação concreta de trabalho nas organizações. A partir desse enfoque, o liderado deixa de ser uma figura passiva.

O estudo da liderança enriqueceu-se com as pesquisas de Fiedler, com sua Teoria de Liderança Contingencial. O autor não descreve estilos de liderança, mas sua contribuição resulta na compreensão de que a eficácia envolve dois aspectos que precisam ocorrer necessariamente: "o desempenho da liderança depende então tanto da organização quanto dos atributos do próprio líder". Não tem sentido para o autor falar "de um líder eficaz ou de líder ineficaz; pode-se simplesmente falar de um líder que tende à eficácia numa situação particular e à ineficácia em outra". Nesse caso, "temos que aprender não apenas a desenvolver líderes mais eficazmente, como também a construir um ambiente organizacional no qual o líder possa desempenhar--se bem" (FIEDLER, 1967, p. 261). O sucesso das organizações, ao enfrentarem crises e conseguirem sua eficácia através dos tempos, repousa fortemente na competência daqueles que dirigem seus seguidores.

Buckingham e Clifton (2008, p. 129) admitem que "para muitos de nós o medo das fraquezas parece ofuscar nossa confiança e nossos pontos fortes". No desempenho, é possível descobrir-se que cada pessoa tem fraquezas e caso "essas fraquezas prejudiquem nossos pontos fortes precisamos desenvolver estratégias para contorná-las" (p. 131). Com essa predisposição, é possível administrar os pontos fracos de modo a dar maior realce aos pontos fortes.

8.3 Fábrica de líderes

Após a Segunda Grande Guerra Mundial, as pesquisas sobre líderes eficazes buscaram determinar comportamentos típicos dos líderes ideais. Caso isso fosse possível, qualquer pessoa poderia ser treinada como líder eficaz, bastando que exibisse aquele estilo, de preferência mais do tipo participativo. Estudos mais aprofundados mostraram que essa premissa adotada não era verdadeira. Os comportamentos aprendidos em sala de aula não conseguiam manter-se em circunstâncias práticas. Em curto espaço de tempo, aquele que havia sido treinado voltava a exibir seu próprio estilo pessoal, deixando de lado modelos de trabalho aprendidos. Fica ultrapassada, também, a hipótese de que qualquer pessoa possa ser treinada como líder eficaz.

Para Wagner III e Hollembeck (2000, p. 264), as características mais importantes do comportamento do líder envolvem alguns aspectos bem específicos, como "consideração das necessidades dos funcionários". Há casos em que esse traço é chamado de "orientação para a relação ou preocupação com as pessoas". Outro traço importante é a "estrutura iniciadora", também chamada de "orientação para a tarefa" ou "preocupação com a produção". Finalmente, surgem "comportamentos de intercâmbio entre líderes e membros". Essas características são comuns em quase todas as teorias sobre liderança, sendo concebidas como um importante elemento de frente à vantagem competitiva.

Outro fator que contribuiu para expandir o processo de formação de líderes foi a necessidade de reformulação do parque industrial voltado à indústria bélica, para levar à frente projetos de outros insumos industriais com urgência para atender ao mercado carente de produto de bens e serviços, não mais de produtos bélicos. Devido à grande contratação de novos empregados, tornou necessário preparar novos líderes com urgência.

A postura teórica atual no estudo da liderança propõe que a eficácia do líder depende de uma contingência especial, na qual o estilo do líder atende às expectativas do seguidor e aos requisitos da situação enfrentada. Um líder poderia ser considerado como eficaz dirigindo certo grupo de pessoas numa determinada situação, mas não teria o mesmo sucesso com outro grupo de pessoas vivendo outro tipo de situação. Dentro dessa abordagem, fica abandonada a perspectiva de retratar a figura do líder ideal. Bass e Stogdill (1990, p. 78) assinalam que "uma pessoa não se torna um líder pelo fato de possuir uma determinada combinação de traços, mas o padrão de características pessoais que deve manter um relacionamento que seja relevante às características, atividades e objetivos dos seguidores". O líder também precisa estar motivado para tanto e querer liderar quando passa a ser visto favoravelmente pelo seu seguidor. O eficaz líder escolhido pelo grupo precisa ser sensível a ponto de manter o grupo coeso, de interpretar aquilo que está ocorrendo fixando a direção a seguir. Trata-se de um esforço consciente, contínuo e interminável, aprendendo com seus fracassos e sucessos.

Armstrong (2011, p. 26) caracteriza a eficácia em liderança quando o líder é capaz de:

- *"entender o que está envolvido no processo"* – nisso reside a prática da liderança;

- *"estar consciente dos diferentes estilos"* e adotar o mais adequado para o momento;

- *"valorizar as qualidades que contribuem para a boa liderança"*, dando preferência ao assumi-las;

- *"saber como desenvolver da melhor maneira possível suas capacidades de liderança"*, procurando desenvolvê-las pelo treinamento.

Motivação e liderança são dois temas que estão ligados e mutuamente dependentes. O líder não motiva seus seguidores, mas representa peça-chave em não permitir que a motivação deles vá definhando até desaparecer definitivamente. Quando o seguidor sente que seu líder assume a figura de um parceiro, que junto com ele empreende o caminho até sua autorrealização, o vínculo entre ambos se estabelece de maneira firme e duradoura. Por mais paradoxal que possa parecer, o líder eficaz não motiva, mas é o principal ator da desmotivação dos seguidores.

Gardner (1990, p. 30) propõe a ligação entre liderança e motivação: "os líderes não criam motivação do nada. Qualquer grupo tem um grande emaranhado de motivos". Só "os líderes eficazes estimulam aqueles que servem aos propósitos da ação coletiva na busca dos objetivos individuais e grupais". A pulsão motivacional já existe no interior do subordinado. O líder terá apenas que desbloqueá-la favorecendo o uso mais frequente dos pontos fortes no trabalho concreto.

Num rápido levantamento, Fiedler e Chemers (1981, p. 3) apontam, em uma de suas obras, uma série de diferentes definições de liderança:

DUBRIN, 1951:	Liderança é o exercício da autoridade e da tomada de decisões.
HEMPHILL, 1954:	Liderança é dar início a atos que resultam em um padrão consistente de interação global voltada à solução de problemas que são mútuos.
HOMANS, 1950:	O líder é a pessoa que mais de perto atende às normas e aos valores do grupo; essa conformidade dá a ele a mais alta posição, que atrai as pessoas e implica no direito de assumir controle do grupo.
REUTER, 1941:	Liderança é uma habilidade de persuadir ou dirigir as pessoas sem o uso do prestígio ou da força de uma autoridade formal, ou de circunstâncias externas.
CATTELL, 1953:	O líder é a pessoa que consegue as mudanças mais efetivas no desempenho do grupo.
COWLEY, 1954:	O líder é uma pessoa que tem sucesso em conseguir com que as pessoas o sigam.

BALES e STRODBECK, 1951:	O líder é aquele que inicia e facilita a interação entre os membros do grupo.
BASS, 1949:	A liderança, numa discussão em grupo, diz respeito às atividades de iniciar, organizar, clarificar, questionar, motivar, resumir e formular conclusões; dessa forma, o líder é a pessoa que passa mais tempo falando ao grupo, desde que caiba a ele cumprir a maior parte dessas tarefas verbais.
STOGDILL, 1948:	Liderança é um processo de influir nas atividades do grupo com vistas ao estabelecimento e ao alcance de suas metas.
SANFORD, 1949:	O líder é aquela pessoa identificada e aceita como tal pelos seus seguidores.

8.4 Carisma, transação e transformação

Identifica-se algo em comum nas várias definições de liderança. Todas admitem como indispensável a habilidade de conduzir pessoas de forma natural, em conformidade com as características próprias dos diferentes grupos. Trata-se da constatação do fenômeno e da sua descrição usando dados objetivos. Wagner III e Hollenbeck (2000, p. 244) citam Arthur Yago, para quem a liderança é "o uso de influência simbólica não coercitiva para dirigir e coordenar as atividades dos membros de um grupo organizado para realização dos objetivos do grupo". É o líder que atende às demandas dos seguidores, redesenhando os cargos e suas atividades. Para ser eficaz o líder reorganiza as atividades de trabalho para atender às expectativas dos seguidores em lugar de obrigá-los a abrir mão das suas crenças e valores.

Fiedler (1967, p. 8) concebe "o líder como um indivíduo no grupo, a quem é dada a tarefa de dirigir e coordenar atividades relevantes dentro das iniciativas grupais, ou quem, na ausência do líder designado, assume a principal responsabilidade de desempenhar tais funções no grupo". Isso não quer dizer que o líder assuma esse papel o tempo todo. Há momentos nos quais ele o faz de maneira explícita, outras em que exibe uma abordagem de menor interferência pessoal. É, geralmente, em momentos de crise que um líder requisitado se vê na contingência de entrar em ação, quando sua presença se torna mais evidente.

Como menciona Ritter (1994, p. 394-399), o líder eficaz combina quatro talentos, que são:

- Cognitivo: capacidade de interpretar o mundo para compreender os objetivos visados pela organização.

- Social e Político: capacidade de compreender o sistema social que diz respeito às estruturas e regras.

- Intrapsíquico: capacidade de pensar no seu próprio poder e perceber os perigos das suas próprias paixões.

- Ético: capacidade de compreender que o poder organizacional deposita nele a responsabilidade frente ao outro.

Acreditou-se, por algum tempo, que a chave da liderança estivesse ligada ao poder hierárquico na organização. O chefe era obedecido e, muitas vezes, os subordinados se deixavam até manipular porque desse chefe dependia o futuro de suas vidas na organização, o que representa um fator meramente imposto, não naturalmente aceito. Como diz Burns (1979, p. 4): "vou me referir à liderança como distinta do simples detentor de poder e como oposta à força bruta". Com o passar do tempo, os problemas humanos foram se avolumando de tal forma que se chegou a conceber que as linhas do organograma que prendiam o chefe colocando-o acima da cabeça dos subordinados não eram suficientes para que se chegasse a uma atividade harmonicamente produtiva. A falta de habilidade em liderar de maneira apropriada e natural chegou a determinar sérios problemas, tais como sabotagens quantitativas e qualitativas de produção, dificuldade de comunicação, boatos nocivos, resistências passivas, falta de iniciativa e assim por diante.

Acompanhando o histórico de diferentes líderes, saltam aos olhos aqueles que conseguiram impor-se pelo seu magnetismo pessoal, sendo reconhecidos como líderes carismáticos, como é o caso de líderes políticos e religiosos. No caso do carisma, que significa *dom divino*, não se conta com maiores explicações sobre que traços psicológicos explicam o poder incontestável exercidos por eles. Sabe-se que seu magnetismo pessoal foi incontestável, mas nunca foi possível encontrar as leis que regiam esse fenômeno.

As primeiras tentativas de classificar os diferentes tipos de desempenho no exercício da liderança já levam no seu bojo a noção de que existem diferentes estilos de comportamento em liderança. Existem ações que os caracterizam quanto à decisão que cada um toma, às formas de enfrentar problemas do dia a dia, assim como às abordagens do relacionamento interpessoal.

Burns (1979, p. 17) abriu novo caminho no estudo de liderança, propondo três tipos diferentes de estilos comportamentais: "a primeira chamarei de liderança *Transacional*. Esse tipo de liderança ocorre quando uma pessoa toma iniciativa de estabelecer contato com outros com o objetivo de troca ou aquisição de bens de valor", que podem ser de ordem econômica, política ou psicológica – nesse caso, os seguidores perseguem a troca de alguma coisa por outra. Enquanto o líder puder trocar com o seguidor algo que ele valorize, esse seguidor manter-se-á ligado a seu superior. Não se trata de uma verdadeira liderança, mas, sim, de uma forma de controle extrínseco. O líder personifica alguém que possui inegável poder sobre o seguidor, que concorda em cumprir suas obrigações em troca de seu emprego remunerado. O líder transacional toma a iniciativa de delinear para cada seguidor padrões de desempenho e objetivos a serem atingidos. Este é um relacionamento tipicamente condicionante, uma vez que é facultado ao líder recompensar ou punir as ações do seguidor.

O segundo estilo de liderança é chamado por Burns (1979, p. 7) de *Transformacional*, assim caracterizado: "um líder Transformacional difere do Transacional não apenas por reconhecer as necessidades dos associados, mas pelo fato de procurar desenvolver aquelas necessidades que vão desde um nível mais baixo para um nível mais alto de maturidade". O líder influencia ou transforma o seguidor, mas também se deixa influenciar por ele, conseguindo maior eficácia pelo uso das informações fornecidas pelo seguidor. O nome desse estilo aponta que o líder transforma o seguidor, mas também é transformado por ele. O próprio Burns propõe: "nunca deveríamos fingir sobre aquilo que não sabemos, não deveríamos ter medo de perguntar e aprender com as pessoas que estão em posições inferiores". Mais que isso, "deveríamos ouvir cuidadosamente os pontos de vista dos quadros de pessoal nos mais baixos níveis". É recomendável "ser um aluno antes de tornar-se um professor; aprender com os quadros de níveis inferiores antes de expedir ordens" (BURNS, 1978, p. 169). A influência e posterior transformação ocorrerão nos dois sentidos.

Pesquisas empíricas confirmam que os líderes transformacionais conseguem liberar o potencial motivacional dos colaboradores mais do que os próprios líderes esperavam, e mais do que tais seguidores acreditavam possível. Esses líderes propõem padrões desafiantes de desempenho e conseguem que aqueles que os seguem atinjam desempenhos mais elevados. Os seguidores sentem-se mais comprometidos com o esforço que deverão mobilizar, uma vez que a recompensa por eles almejada é a da elevação dos níveis da própria autoestima. O estilo transformacional consegue melhores resultados a médio e longo prazos.

Na liderança transformacional, o líder consegue aumentar o conhecimento do seguidor sobre aquilo que é considerado como certo e importante. Ele está apto a aumentar a maturidade motivacional desses seguidores, bem como levá-los a ultrapassar seus próprios interesses em favor do grupo, da organização e da coletividade. Esses líderes são proativos e otimizam o desenvolvimento dos seguidores e da organização.

O líder transformacional pauta-se pela intuição e não pela racionalidade no processo de suas relações interpessoais – sendo dotado de sensibilidade especial. Essa predisposição fundamenta-se na aceitação de cada seguidor como uma pessoa única e integral. Cabe ao líder orquestrar as diferenças individuais dos pontos fortes dos seguidores para que a melodia seja compreendida por todos. O conforto do relacionamento propicia um clima agradável e tranquilo. Esse estilo não segue normas prefixadas, também não adota receitas preestabelecidas, uma vez que preza a abertura e disponibilidade, oferecendo soluções inovadoras e disponibilizando novos e variados recursos para maior desenvolvimento das pessoas que lidera. Nisso reside sua superioridade com relação aos líderes transacionais, cuja liderança só tem algum efeito a curto prazo.

Laissez-faire é um tipo de liderança que não exprime atividade alguma, caracterizando-se como uma "negação" da liderança. Ocorre quando o líder evita assumir posições e resolver conflitos, mostrando-se pouco envolvido com a responsabilidade que lhe cabe. Esse estilo de liderança possui um impacto negativo com relação à satisfação de desenvolvimento dos seguidores.

A preparação de líderes eficazes tem se mostrado como uma iniciativa permanente nas maiores e mais bem-sucedidas organizações. Como dizem Goldsmith, Fulmer e Gibbs (2001, p. 80-86), ao publicarem uma entrevista com Welch da GE, "líderes não surgem da noite para o dia. Há muitos anos a empresa vem trabalhando para criar fontes permanentes de profissionais com talento para liderar, a fim de enriquecer todos os níveis da organização com líderes preparados". Organizações onde impera esse estilo são como que incubadoras de tais profissionais no futuro, conforme pesquisas apontam.

No entender de Osório e Garcia (2013, p. 17) existe um "fator que aproxima todas as áreas e iniciativas que é o ser humano". É por isso que liderar as "pessoas é um exercício que não se pauta pelo escalão ou pela hierarquia". É "pela vontade (e também pela necessidade) de conduzir, de orientar, de abrir caminhos", fazendo com isso "que os outros cresçam, avancem, prosperem". As características desse estilo aproximam-no mais do verdadeiro sentido da liderança tradicional.

Os autores apontam (p. 18) que a eficácia da interação só se comprova quando se consegue fazer as pessoas que "estejam dispostas a aprender, a comprometer-se, tenham paixão por aquilo que fazem, estejam satisfeitas". É indispensável que o líder compreenda muito bem aquilo que o comportamento humano representa.

Os autores são de opinião que analisar mais de perto o comportamento humano ajuda os líderes "não só a compreenderem melhor o mundo em que estão atuando". Permite também "orientar de forma estratégica e eficaz os seus colaboradores". Essa estratégia mostra a preocupação subjacente de que formar outros substitutos é um passo dado pelos líderes eficazes atuais.

Como dizem Collins e Drucker (2000, p. 29), "só se é um líder se as pessoas seguirem sua liderança, tendo a liberdade de não o fazerem". Trata-se de um conceito simples, mas crucial para a formação do vínculo líder/seguidores.

8.5 A dinâmica que conduz à ação

Maruska e Perry (2015, p. 14) dizem que "para atingir o melhor de si, você deve ter paixão por aprender". Há necessidade de "estar aberto para novas experiências e pronto para examinar honestamente o seu desempenho". Para tanto, só estando profundamente motivado para "aprender rapidamente com seus fracassos". Portanto, dar o melhor de si não ocorre ao acaso, trata-se de um processo consciente que se propõe a "experimentar novos comportamentos sem hesitação". É indispensável que haja um dinamismo interior que leve à ação.

A personalidade de cada um não representa uma estrutura impassível à espera que o mundo se modifique à sua volta, cumprindo o atendimento de seus anseios e necessidades. Ela representa um reduto de forças potenciais que tem dinâmica própria, traduzida por uma contínua integração de vivências, por um mudar e evoluir constantes; nunca se é o mesmo que se foi ontem.

Greenberg (1999, p. 50) possui um enfoque bem prático voltado à descoberta do que motiva as pessoas que trabalham: "os cientistas definiram a motivação como um processo que desperta, dirige e mantém um comportamento que se orienta para um determinado objetivo". O despertar refere-se à energia por trás das ações – a direção implica valorização de uma orientação que faça sentido e, finalmente, a manutenção que está ligada à persistência e um esforço até que o objetivo seja colimado.

Indícios de estagnação levam a supor que algo não vai bem, colocando em dúvida o equilíbrio e o ajustamento da pessoa. A motivação foi e continuará sendo sintoma de uma vida psíquica sadia que se move em busca de algo. Jamais se poderia descrever um ser humano, em toda a sua plenitude, se tal aspecto fosse esquecido. Ela representa um "motivo para ação" levando cada indivíduo a frequentemente não estar satisfeito com aquilo que já tem.

Na ausência de motivação, o doloroso conformismo das pessoas chega até a ser incentivado em muitas circunstâncias e, por vezes, entendido como virtude. Não estar motivado a seguir direção alguma pode ser muito confortável para os outros, mas nunca o é para o próprio indivíduo que abdicou da alegria de estar vivo. Como diz Maslow (1966, p. 2), "essas pessoas nunca se apercebem de que estão doentes, e que perderam a verdadeira felicidade", elas poderiam ter conseguido "a verdadeira realização de promessas, uma vida emocional rica e fecunda, e uma velhice serena e produtiva". Para Maslow, elas jamais saberão até que ponto é maravilhoso ser criativo, reagir esteticamente, achar a vida apaixonante e sensacional.

Um claro sintoma de ajustamento e, portanto, eficácia pessoal é a constante revisão do próprio comportamento, como propõe Bennis (1996, p. 83) defendendo que um "gerenciamento de si próprio é importante". Não se pode esquecer que "sem ele, líderes e gerentes podem fazer mais mal do que bem". Especialmente caso eles estejam em cargos de destaque na empresa e "como médicos incompetentes podem tornar a vida pior, deixar as pessoas doentes e menos ativas". É nesse momento que predomina a letargia que inibe qualquer ação construtiva.

Bennis recomenda que cada um esteja no domínio dos acontecimentos e assim "escreve a própria vida" quando consegue jogar "o jogo que era mais natural para você", sendo capaz de manter "o pacto com sua própria promessa" (p. 2). Com isso, a dinâmica da organização está viva e rola engrenada aos objetivos tanto de cada um como da organização como um todo.

Michel (1994, p. 42) retrata essa dinâmica do comportamental: "estar motivado é estar a caminho [...] buscando responder a seus desejos e a suas aspirações". Isso quer dizer "viver uma dinâmica, uma tensão interior da busca da realização de si". A ação motivadora é aquela que une os dois termos, desejos e aspirações, permitindo sentir como algo que dinamiza a si mesmo. Na ação permanente de cada ser humano é normal não estagnar, e isso seria o mesmo que abrir mão da vida produtiva de cada um. O termo é sinônimo de forças psicológicas, desejos, impulsos, instintos, necessidades, vontades, intenções.

Birch e Veroff (1970, p. 3), em seu livro *Motivação*, propõem que "o estudo da motivação é uma busca de explicações para alguns dos mais intrincados mistérios da existência humana – suas próprias ações". São muitas explicações quando se pretende compreender por que um psicótico apresenta o ritual de lavar as mãos até feri-las? Por que um assassino detona a sua arma? Ou ainda por que bombardear as Torres Gêmeas? "Quem quer que procure respostas a essas perguntas está tentando explicar a motivação", cuja origem e processamento são invisíveis aos olhos. Como uma fonte de energia interna leva os seres vivos a restabelecer seu equilíbrio, fornecendo energia para que os objetivos motivacionais se transformem em realidade, construindo *um conjunto de fatores dinâmicos que determinam a conduta particular de cada um.*

8.6 Escolha e busca de objetivos

No livro *Uma breve história da psicologia* (WERTHEIMER, 2012, p. 31), o conceito de motivação preocupa-se com o "por que e para que as ações são iniciadas e mantidas". O texto assinala que "se trata de uma condição interior que põe em movimento o comportamento ordenado para um fim". Essa pulsão interior foi sendo formada "por meio de experiências, aprendizado e de sua interpretação". Os fatores dinâmicos, ao entrarem em ação, envolvem a personalidade como um todo, colocando em atividade a inteligência, as emoções, os instintos, as experiências vividas, os dados que já fazem parte do psiquismo.

A teoria dos Atos Instintivos de Konrad Lorenz, prêmio Nobel de Medicina em 1973, permite reconhecer que os seres vivos estão em constante estado de carência. O aumento da carência em níveis insuportáveis ameaça o equilíbrio homeostático do ser vivo necessário para mantê-lo vivo em seu meio ambiente. Sentindo-se ameaçado, qualquer ser vivo dispara uma conduta de busca rumo a um esquema produtor específico, percebido como complementar à necessidade. No momento em que a necessidade encontra o fator de satisfação, dá-se aquilo que Lorenz chama de *Ato Instintivo*. Falar de instinto de maneira inespecífica é considerado inadequado de acordo com o enfoque de Lorenz.

Figura 8.4. *Esquema da dinâmica do ato motivacional*

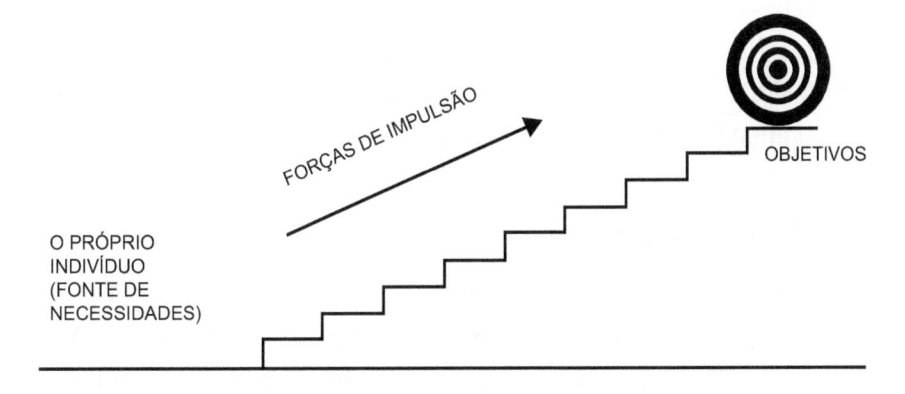

Os fatores de satisfação motivacional não têm, para diferentes pessoas, a mesma importância. A maior ou menor quantidade de forças utilizadas para atingi-los depende do valor do objetivo, enquanto para outra pessoa esse mesmo objetivo pode não ter valor algum, tudo depende do tipo de carência. Essa valorização liga-se ao estágio de vida em que cada um está, isto é, da necessidade não atendida no momento. Não existem programas para fomentar a motivação, de forma geral, dentro de uma organização. Uma boa pesquisa do clima organizacional poderá ajudar a localizar aquilo que diferentes grupos de trabalho estão buscando e a origem da insatisfação vigente. A concessão de prêmios pelo trabalho feito. Necessariamente, deve-se levar em conta as necessidades e os objetivos pessoais daquele que é premiado, para que o prêmio não seja considerado castigo.

Staples (1998, p. 21-26), em seu artigo "Uma teoria de motivação", analisa que a palavra "é uma contração da expressão motivo-em-ação". Nesse caso, "ela representa a meta pela qual se luta em busca de alguma coisa considerada como desejável e válida". As forças motivacionais próprias de cada indivíduo são "as necessidades e desejos que habitam o fundo da psique humana quando não estão sendo satisfeitos". O autor não deixa de lado o caráter individual da personalidade, apontando "que é muito mais fácil entender o comportamento humano quando se compreende que as pessoas são o que são", e isso explica porque elas "têm necessidades e desejos específicos que procuram satisfazer" num dado momento na busca do bem-estar pessoal.

Quem toca nesse aspecto é Weiten (2002, p. 249), quando explica a emoção do medo: "a relação entre o comportamento de realização e o medo do fracasso ilustra como a motivação e a emoção estão frequentemente interligadas". Sabe-se que "a emoção pode causar motivação": raiva no trabalho pode levar à busca de novo emprego. Por outro lado, "a motivação pode causar emoção": vencer um concurso gera ansiedade pelo resultado. Essa ligação não chega a confundir uma com a outra.

8.7   O dinheiro não motiva

Considerando a variedade dos campos de estudo sobre comportamento organizacional, um dos que mais tem sido pesquisado diz respeito à motivação no trabalho. Huffman, Vernoy e Vernoy (2003, p. 415) reconhecem que as "pesquisas sobre motivação tentam responder às questões relacionadas ao 'porquê' do comportamento", isto é, por que fazemos aquilo que fazemos, ou melhor, quais são suas causas. Os autores exploram o lado emocional da motivação, apontando que "os comportamentos motivados estão frequentemente relacionados com as emoções", sendo essa a melhor forma de compreendê-la. Esses autores distinguem dois tipos de motivação: "**motivação intrínseca**" liga-se à "vontade de desenvolver uma ação por si só", bem como a "**motivação extrínseca**" representada pelo "desejo de desenvolver uma ação por causa de recompensas externas", como é o caso de "evitar punições".

A motivação se dá no caso da busca de satisfação e da fuga de situações desconfortantes, como o que é ilustrado no filme *Meu tio da América*, de 1980, dirigido por Alain Resnais, onde vários personagens são pegos de surpresa em situações nas quais foram longe demais e não é possível evitar ocorrências que não desejam.

A confusão entre esses dois tipos de comportamento levou a sérias consequências a respeito daquilo que as pessoas buscam em sua vida de trabalho. A crença de que elas trabalham pelo salário que recebem gerou uma infidelidade no meio organizacional.

Gellerman (1976, p. 110-113), no artigo "A motivação do dinheiro é a essência da motivação", propõe que o "dinheiro é um símbolo, destituído do valor intrínseco", quando se afirma que ele pode motivar porque tem a propriedade "de simbolizar qualquer outra vantagem que as pessoas sentem" em relação ao desejo de obter. Não existe um tipo específico de necessidade para a qual o dinheiro seja um fator complementar. Por meio dele é possível obter "realização, prestígio, poder ou segurança" e outras. Ele compra tudo o que está fora da pessoa, atendendo, assim, às necessidades extrínsecas, que nada têm a ver com a verdadeira motivação intrínseca. Gellerman, em resumo, quer dizer que "o papel do dinheiro como fator motivacional não poderá ser compreendido"; portanto, ele não é um fator de satisfação. É forçoso reconhecer que o dinheiro não motiva. Devido a sua natureza extrínseca, ele só tem o poder de condicionar.

Deci (1990, p. 37) é implacável quando fala do estrago feito pelo dinheiro na vida das pessoas, que considera "uma força poderosa". O dinheiro faz com que elas se "engajem em uma ampla variedade de atividades". Como resultado, elas "se arrastam para trabalhar em empregos que odeiam, pois precisam do dinheiro". O autor complementa essa crítica afirmando: "claro que o dinheiro motiva". Mas, para Deci, "enquanto o dinheiro está motivando as pessoas, também está diminuindo sua motivação intrínseca". Tais pessoas acabam por perder seu empenho no trabalho, e permanecem apenas correndo atrás dele.

Para Deci (1990, p. 38), no momento em que as pessoas afirmam "que dinheiro motiva, o que querem realmente dizer é que o dinheiro controla". Dessa forma, as pessoas se alienam, perdendo sua vitalidade e entusiasmo. Elas estão "perdendo contato consigo mesmas quando se tornam controladas por recompensas monetárias". Na busca de uma solução para o impasse, Deci (1998, p. 67) admite que "o dinheiro é o meio de trocas em todos os sistemas modernos". Os "pagamentos monetários são necessários". As pessoas "precisam sentir que suas recompensas equivalem às suas contribuições" devendo ser equitativas. Talvez uma das poucas indicações seria no caso de tarefas simples e rotineiras, quando se quer "acelerar o desempenho", mas a qualidade não acompanha essa quantidade.

O condicionamento fala a respeito da ligação necessária entre o estímulo "S" e a resposta "R". Dado um estímulo, pode-se prever a resposta. Da mesma forma, quando detectada a resposta, pode-se inferir o estímulo que a provocou. Essa é a base do controle comportamental. O dinheiro não motiva, mas controla o comportamento e retém as pessoas no emprego. Para que um dado comportamento se repita ou desapareça, é necessário oferecer novamente o estímulo dinheiro ou removê-lo. Tudo depende de como esse tipo de recompensa afeta cada um, é recomendável evitar esse tipo de recompensa ao máximo devido aos problemas posteriores que acarretam.

8.8 O perigo da recompensa

Fernández-Aráoz (2012, p. 247) considera que, no trabalho, "todos nós esperamos ser recompensados de modo ao menos proporcional aos nossos esforços e realizações". É praticamente impossível avaliar com precisão os esforços e as realizações humanas. Muitas vezes, recursos apenas numéricos e quantitativos chegam a desempenhos indesejáveis e fomentam a competição, "motivando os indivíduos a concorrer entre si e não colaborar" (2012, p. 253). Para o autor, o que as pessoas procuram, "acima de tudo, não é mais dinheiro, mas um trabalho em que possam oferecer o que têm de melhor", elas querem "um desafio que corresponda perfeitamente ao seu grau de competência". Mais do que qualquer outra coisa, buscam "um lugar em que crescerão e se desenvolverão" sem falar em "um bom chefe e um excelente grupo de colegas".

Oferecer mais dinheiro pode distorcer expectativas interiores que são as verdadeiras, uma vez que a recompensa não foi corretamente estimada. Sem motivação, desaparece o significado do trabalho, como diz Sievers (1996, p. 120), e "isso implica no conhecimento da relação do mundo interior de cada pessoa, seus sonhos, esperanças e ansiedade". A pessoa desiste, então, de procurar seu verdadeiro eu diante do trabalho, transformando o dinheiro em uma forma de punição. Haverá um momento em que a organização não poderá mais arcar com tais custos.

8.9 Teorias motivacionais, hedonistas e do instinto

Os filósofos da Antiguidade, Sócrates, Platão e Aristóteles, preocuparam-se com a origem e os fins últimos dos seres humanos. A partir de então, a psicologia buscou saber como ocorrem as ideias e os raciocínios em termos do psiquismo, também chamados por alguns pensadores de *mente humana*. Acreditou-se que os motivos levam o homem a agir e o pensamento orienta sobre que direção tomar para chegar ao ponto desejado. Tendo o poder de controlar sua vontade, o homem foi considerado responsável por suas ações.

Conforme Osório e Garcia (2013, p. 75), David McClelland prioriza na vida de cada um três motivos, que são:

❖ Realização: "que diz respeito a uma orientação para a excelência, a busca de *feedback*, com vistas a melhorar o desempenho".

❖ Afiliação: "interesse recorrente em estabelecer e manter ou restaurar relações íntimas, afetivas e positivas".

❖ Poder: "interesse recorrente em ter impacto sobre as pessoas, em afetar seus comportamentos e suas emoções". Este é o motivo daqueles que buscam assumir posições de liderança.

Como se pode depreender dessas descrições, em momento algum são mencionados motivos extrínsecos como prêmios que podem com maior frequência se reduzir a dinheiro. Isso depõe a favor de que seja um engano acreditar que as pessoas são motivadas pelo salário.

McClelland (O LIVRO DA PSICOLOGIA, 2012, p. 322-323) aponta que a "motivação é um componente essencial para o desempenho profissional". Segundo os testes que utilizou, o "desempenho é o resultado de três grandes motivações". O Teste de Apercepção Temática (TAT) foi utilizado acreditando-se que o título da história escolhida permitia interpretar imagens que relatavam o tipo de motivação que representa a melhor maneira de avaliar o sucesso no trabalho. Trata-se de um teste que permite avaliar predisposições interiores, sendo considerado até hoje como um dos mais respeitados instrumentos de avaliação.

Como diz *O livro da psicologia* (2012, p. 322-323), McClelland acreditava que a "motivação deriva dos traços de personalidade alojados nas profundezas do inconsciente", cujo caráter é eminentemente interior, defendendo o princípio de que o comportamento humano acha-se especialmente orientado no sentido de buscar o prazer e evitar a dor ou o sofrimento.

Algumas dessas teorias que foram inspiradas no trabalho de Darwin defendem que certos comportamentos mais simples são herdados, mas outras ações mais complexas são consideradas como instintos, tendo como função principal a preservação da espécie. O tipo desses instintos permite classificar a espécie de cada animal.

Os reflexos são menos flexíveis que os instintos, impedindo o controle do comportamento da ação do próprio sujeito. Psicólogos como William James (1842-1910), Sigmund Freud (1856-1939) e William McDougall (1871-1938) são representantes típicos dessa teoria. Aqueles que se dedicaram ao estudo do instinto como propulsor do comportamento tinham como meta descobrir quais são esses instintos. Surge uma exaustiva lista que atingia a ordem dos 6.000 instintos, por volta de 1920, trabalho esse feito pela observação dos animais inferiores, em laboratórios.

Os impulsos instintivos interiores representam o recurso para recuperar o estado de equilíbrio, considerado como recompensa. O homem vive em estado de carência, e seu comportamento segue a direção daquilo que lhe falta para recuperar o equilíbrio perdido. Considerado como "pai da psicologia", na universidade de Harvard, William James utilizou essa metodologia como recurso de descoberta dos processos mentais.

O exame de todas essas teorias mostra que a motivação humana é um processo intrínseco. Como propõe Deci (1990, p. 21): "a motivação intrínseca refere-se ao processo de desenvolver uma atividade pelo prazer que ela mesma proporciona". Estar motivado para o trabalho significa estar satisfeito com aquilo que se faz. Quando esse trabalho é fonte de prazer, espera-se maior produtividade e qualidade, bem como o fortalecimento da competência. Sem motivação, a empresa fica à deriva do seu principal objetivo, que é a produtividade, rodando em falso sem sair do lugar.

Levy-Leboyer (1974, p. 150) considera que "a motivação para o trabalho aparece como um fenômeno complexo, que não se pode analisar sem levar em consideração o conjunto da situação". Isso envolve "o indivíduo (suas características e experiências), o trabalho (sua natureza e restrições) e a organização com suas regras, seus objetivos, bem como o clima que lhe é próprio". A autora considera que assim será possível compreender a dinâmica intrapsíquica que dispara o comportamento motivacional.

Maslow Abrahan (1908-1970) propõe, em 1943, um tipo de classificação ou hierarquia dos motivos humanos: em primeiro nível coloca as necessidades corporais e fisiológicas, seguidas da busca do atendimento das necessidades de segurança, propondo a seguir os incentivos sociais que, uma vez satisfeitos, precedem a última classe de incentivos que denomina de incentivos de ego, caracterizados pelo domínio do conhecimento ou autoestima. Esse enfoque abrange necessidades verdadeiramente psicológicas, da mesma forma como ocorre no último nível, no qual aparece a busca do atendimento de autorrealização, sintomática da maturidade motivacional. Para Maslow, em numerosas descrições, amplamente utilizadas de motivação, é entendida como "redução de necessidade, redução de tensão, redução de impulso e redução da ansiedade, há o favorecimento do equilíbrio e de maior conforto".

Figura 8.5. *Esquema sequencial das necessidades de Maslow*

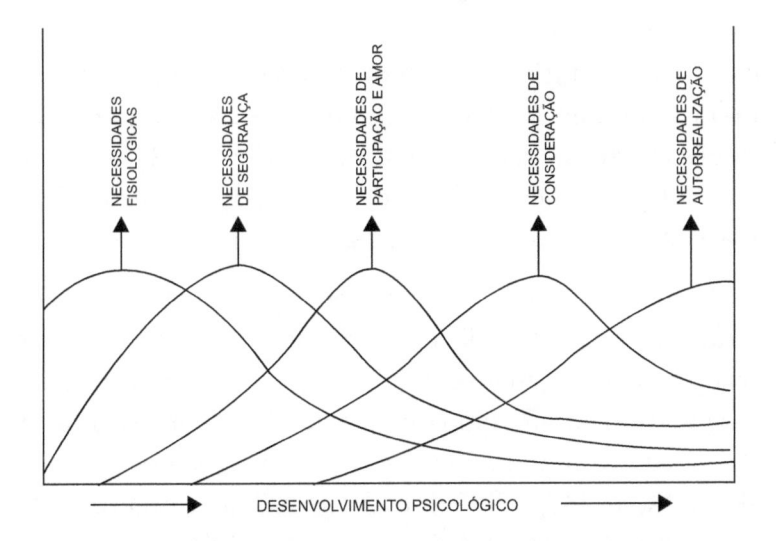

Um mesmo indivíduo ora persegue objetivos que atendem à determinada necessidade, ora busca satisfazer outras. Tudo depende da carência mais proeminente naquele momento. O tipo de comportamento motivacional traduz a necessidade em jogo. A mãe não deve pretender que seus filhos tenham necessidades idênticas; o professor não pode concluir que seus alunos tenham para com sua disciplina os mesmos interesses. Um líder eficaz não pode pensar que seus seguidores esperam do trabalho as mesmas recompensas. A caracterização sequencial mostra que, quando atendida uma necessidade, esta desaparece e outra surge em seu lugar, perfazendo o caminho para a maturidade motivacional. O próprio Maslow (1966, p. 53) expõe que "a progressão motivacional para a individuação, em que as necessidades básicas são completamente satisfeitas, uma por uma, antes de surgir na consciência a necessidade seguinte e de ordem mais elevada. O crescimento é visto não só como a satisfação progressiva de necessidades básicas, até o ponto em que elas 'desaparecem', mas também na forma de motivações específicas do crescimento, além e acima dessas necessidades básicas: talentos, capacidades, tendência criadora e outras". Para o autor, a "pessoa transita de uma para a outra e a primeira é condição prévia e necessária para a segunda", empreendendo a marcha rumo à maturidade emocional.

Como diz Archer, "água, comida, reconhecimento etc. não são necessidades, nem motivadores – são fatores de satisfação das necessidades". Os fatores de satisfação devem ser considerados como a antítese das necessidades, uma vez que eles as eliminam. Se as necessidades são os motivadores, e os fatores de satisfação a antítese das necessidades, então os fatores de satisfação também serão a antítese dos motivadores. "**A motivação, portanto, nasce somente das necessidades humanas, e não daquelas coisas que satisfazem essas necessidades**" (ARCHER, 1997, p. 24-46). A motivação é vista como redução de necessidade, da tensão, do impulso e da ansiedade, acalmando assim a necessidade não satisfeita.

Douglas McGregor (1906-1965), propõe que "talvez a melhor maneira de demonstrar por que a abordagem convencional da administração é inadequada seja por meio da análise de motivação". Para tanto, "recorrerei em grande escala ao trabalho de um colega meu, Abraham Maslow, da Universidade de Brandeis". Como diz, "esse é o ensaio mais proveitoso que conheço" (MCGREGOR, 1973, p. 7). Seu enfoque enriqueceu o conhecimento da ligação que existe entre a motivação e o estilo de liderança adotado.

McGregor aborda o dinamismo motivacional em circunstâncias organizacionais. Ele parte de uma posição crítica à filosofia administrativa manipuladora dos indivíduos pela empresa, propondo que cada um é capaz de se comprometer com seu autodesenvolvimento no trabalho, sem que haja coação externa. Para o autor, "a menos que o próprio emprego seja satisfatório, a menos que se criem oportunidades na situação de trabalho, que permitam fazer dele próprio uma diversão, jamais lograremos conseguir que o pessoal dirija voluntariamente seus esforços em prol dos objetivos organizacionais". Diz que, "na realidade, é o reverso que acontece. O trabalho transforma-se numa espécie de castigo ao qual os trabalhadores têm de se submeter" como recurso para "obter aquilo que necessitam para a satisfação de suas necessidades depois que deixam o serviço" (MCGREGOR, 1973, p. 10). Essa é uma visão mais otimista daquele que trabalha.

Ele denominou o enfoque de Taylor de Teoria X e sua preposição de Teoria Y. McGregor (1973, p. 10) afirma: "finalmente, como cúpula, por assim dizer, na hierarquia das necessidades humanas, encontramos o que poderíamos chamar de necessidades de autorrealização. "O indivíduo faz valer suas potencialidades latentes de ser criador no mais lato sentido do seu autodesenvolvimento". A frustração que as pessoas sofrem com relação às necessidades de nível inferior determina uma dispersão de energia "na luta para satisfazer aquelas necessidades enquanto as necessidades de autorrealização permanecem adormecidas". É natural que a pessoa procure galgar o mais alto nível de maturidade motivacional.

Para McGregor: "a teoria da motivação da cenoura na ponta da vara (como a teoria da física de Newton) funciona razoavelmente bem em certas circunstâncias". Ele acredita que "o próprio emprego é um desses meios, assim como são o salário, as condições de trabalho e os benefícios adicionais". A ênfase em fatores extrínsecos poderá controlar alguém enquanto estiver lutando pela sua subsistência. O homem vive só para o pão quando não há pão. "A teoria da cenoura na ponta da vara não é mais válida; contudo, quando o indivíduo já atingiu um nível razoável de subsistência, já está motivado principalmente por necessidades maiores". Com toda certeza "a administração não tem meios de proporcionar ao indivíduo autoestima, ou estima de seus companheiros, ou, ainda, de promover as necessidades de autorrealização". A solução desse impasse reside em "condições tais que ele se sinta estimulado e capaz de procurar essas satisfações por si próprio" (MCGREGOR, 1973, p. 11-12). Nesse caso, a organização abre suas portas à competência e autoestima.

8.10   Satisfação e insatisfação

Frederick Herzberg pesquisou quais fatores se acham relacionados com a motivação no contexto de trabalho são responsáveis pela satisfação, bem como aqueles que determinam a insatisfação. Seguindo um raciocínio lógico, se um determinado objetivo motivacional, quando atingido, traz satisfação, sua ausência deveria promover insatisfação. Por outro lado, se alguém se sente insatisfeito pela inexistência de um determinado fator ambiental, o oferecimento deste deveria trazer satisfação. A análise dos resultados da pesquisa de Herzberg mostra que, estatisticamente, na realidade, isso não ocorre.

A técnica de coleta de dados utilizou a entrevista na qual o tema principal consistia em localizar uma determinada ocasião na vida do entrevistado na qual ele havia se sentido excepcionalmente bem ou excepcionalmente mal em relação ao seu trabalho. Era solicitado ao sujeito descrever se as sensações de bem-estar ou mal-estar tinham tido curta ou longa duração, quer no trabalho atual ou em atividades passadas.

A amostragem da pesquisa foi feita por 715 sujeitos, entre os quais estavam cientistas, engenheiros, supervisores, técnicos e montadoras diaristas. O autor envolveu toda uma organização em seus diferentes níveis. O tratamento estatístico dos dados das entrevistas evidenciou que não somente os objetivos motivacionais almejados variavam de acordo com cada categoria de cargo, como também quanto à importância dada a eles.

	Mais Frequentemente Escolhido	Mais Insatisfeito	Maior Insatisfação	Mais Frequente
Cientistas	Realização	Trabalho em si	Política administrativa	Responsabilidade
Engenheiros	Realização	Trabalho em si	Política administrativa	Responsabilidade
Supervisores	Realização	Possibilidade de progresso	Política administrativa	Responsabilidade
Técnicos diaristas	Realização	Responsabilidade	Competência do supervisor	Trabalho em si
Montadoras	Realização	Amizade do supervisor	Realização	Reconhecimento

A segunda mais importante revelação foi a diferenciação entre fatores de Motivação e Higiene. Tabulando os dados da pesquisa, segundo o percentual de agrado ou desagrado de cada um, descobriu-se que certos fatores, quando estão presentes, propiciam alto nível de satisfação, mas sua ausência não determina insatisfação significativamente proporcional – são os fatores que foram denominados de *motivacionais*. Há fatores que, quando estão ausentes, proporcionam grande insatisfação, mas sua presença não traz o mesmo nível de satisfação eles só previnem a insatisfação – são os fatores que chamou de *higiênicos*. Eles apenas previnem a insatisfação, conforme se verifica a partir da figura a seguir.

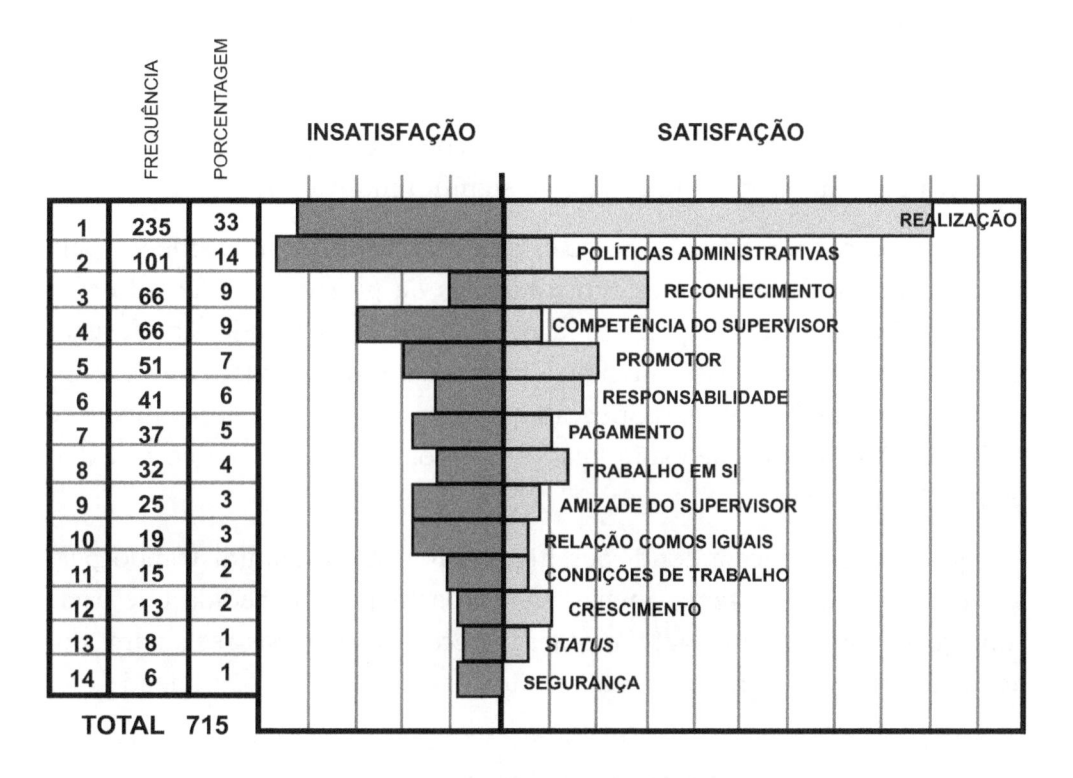

De acordo com as palavras de Herzberg, esses dois fatores podem ser compreendidos como: "os fatores de higiene satisfazem os anseios do homem em evitar aborrecimentos". Por não ser tratado corretamente, "sofrer privações por causa de um baixo salário, relações interpessoais más causam aborrecimento". No caso, as pessoas "desejam que suas vidas sejam higienicamente limpas". Por outro lado, os fatores motivadores "tornam as pessoas felizes com seu serviço porque atendem à necessidade básica e humana de crescimento psicológico" [...]. "Isso representa, para o autor, tornar-se competente" (HERZBERG, 1973, p. 58). O hábito de considerar que fatores extrínsecos, principalmente o dinheiro, não motivam a diferença entre si foi mal aceito por muitos que não veem diferenças nesses dois tipos de fatores propostos por Herzberg.

Os fatores higiênicos não fazem as pessoas produzirem mais; sua presença garante apenas que se esteja conseguindo manter o grau de insatisfação delas em nível mínimo. São uma obrigação da empresa em assegurar uma política administrativa adequada, promover a competência dos supervisores, cumprir com justiça os seus compromissos de pagamento do pessoal, favorecer um clima de amizade entre supervisores e colaterais, cuidar para que as condições ambientais de trabalho sejam adequadas e inspirem segurança pessoal. Caso isso não ocorra, as pessoas reclamarão, mas sua existência não torna ninguém mais satisfeito. Tais fatores conseguem prender as pessoas à empresa por mais tempo, mas isso não significa motivá-las.

Ao favorecer a realização pessoal, demonstrando reconhecimento pelo valor profissional, oferecendo oportunidades de promoção de acordo com a competência, dando responsabilidade a cada um, tornando significativo o próprio trabalho e possibilitando o crescimento do indivíduo, as organizações oferecem fatores de motivação e podem conseguir maiores níveis de satisfação intrínseca, que estão ligados ao próprio indivíduo e ao trabalho que ele desenvolve.

Quando se oferecem condições higiênicas, está-se administrando pelo movimento que representa apenas condicionamento. À medida que estas condições que cercam o indivíduo desaparecem, as pessoas reclamam, podendo até chegar a parar de trabalhar ou mesmo sabotar essa atividade.

8.11 Pontos fortes e motivação

Alguns autores atuais como Buckingham e Clifton (2008, p. XX) são de opinião que para ter uma vida realmente produtiva no trabalho as pessoas constroem sua vida ao "redor dos seus pontos fortes". Isso quer dizer que elas têm a "capacidade de criar para si um papel que põe em movimento os pontos fortes que possui. Para os autores, aquilo que se acredita ser ponto fraco não deve consumir o tempo das pessoas. A única preocupação deve ser administrá-los, isto é, organizar as atividades pessoais de tal forma a não colocá-los em xeque querendo desenvolvê-los, isso representa perda de tempo. Como dizem os autores, "tire partido dos seus pontos fortes e administre seus pontos fracos". Gerir a própria vida nesse sentido pressupõe "autoconsciência, sua maturidade, suas oportunidades", bem como estar motivado para fazê-lo. Esses pontos fortes são o talento das pessoas e podem ser descobertos quando a pessoa "se deixa absorver pela atividade a ponto de perder a noção do tempo". Isso só ocorre quando se está intrinsecamente motivado por aquilo que se está fazendo.

O grande interesse prático da pesquisa de Herzberg é distinguir as pessoas enquanto representantes de tipos motivacionais diferentes. Fica nítido que há pessoas voltadas especialmente à procura da realização, da responsabilidade, do crescimento, da promoção do próprio trabalho e do reconhecimento merecidos – são classificadas como tipos que "procuram motivação". A tarefa em si adquire especial significado para elas; os fatores ambientais pobres não lhes criam dificuldades, pelo contrário, são tolerantes com essas imperfeições organizacionais.

Por outro lado, há indivíduos ligados apenas a aspectos extrínsecos que devotam sua atenção em aspectos, tais como pagamento, vantagens adicionais, competência da supervisão, condições de trabalho, segurança, política administrativa da companhia e bom relacionamento com colegas. Herzberg chama essas pessoas de tipos que "procuram manutenção". O comportamento aparente dessas pessoas caracteriza-os como indivíduos constantemente insatisfeitos.

Segundo Myers, "os que procuram manutenção mostram pouco interesse pelo tipo e qualidade do trabalho, podem ser bem-sucedidos no serviço pelo talento, mas raramente tiram proveito profissional da experiência". Aqueles "que procuram motivação gostam do trabalho, esforçam-se pela qualidade, tendem a produzir muito e aproveitam profissionalmente sua experiência". Os que são controlados através da "manutenção são geralmente dirigidos exteriormente, e podem ser altamente reacionários ou ultraconservadores". Essas pessoas "assumem o colorido do meio ambiente", enquanto aqueles que procuram motivação mais frequentemente são "dirigidos internamente, são pessoas automotivadas e aproveitam os erros que cometem" (MYERS e HAMPTON, 1973, p. 70). Isso ajuda a saber como tratar as pessoas. Uma coisa é simplesmente tratar bem, oferecendo fatores higiênicos àqueles que buscam manutenção. Outra é como se usam as pessoas, o que significa dar oportunidade para que elas se sirvam de seus próprios talentos e pontos fortes para atingir a realização pessoal como seu objetivo motivacional.

8.12 A desmotivação

Para Mary Coeli Meyer, "atualmente, muito tempo, esforço e dinheiro têm sido gastos para tentar motivar os empregados". É sabido que a "maioria das pessoas já chega ao trabalho motivada. No entanto, através da falta de consideração e negligência, o empregado é colocado no atalho da desmotivação". Nesse processo de desmotivação, em primeiro lugar, "o emprega-do fica confuso. Isso o leva à irritação e à esperança subconsciente, depois chega à desilusão e daí ao estado de falta de cooperação". Nessa fase "final da desmotivação ou deixa a empresa, ou se acomoda a um padrão de traba-lho cínico e lento, que resulta na queda de produtividade" (MEYER, 1977, p. 14). Não é possível motivar ninguém, mas desmotivar as pessoas qual-quer um pode facilmente fazê-lo. Como ninguém motiva ninguém, melhor seria "se os administradores, em primeiro lugar, simplesmente evitassem desmotivá-los, fazendo com que percam a motivação que já tinham no seu primeiro dia de trabalho", examinando, cuidadosamente, quais necessidades estão em jogo para poder atendê-las.

A grande incógnita é descobrir por que o homem trabalha. Essa pergunta é feita com grande frequência a especialistas do comportamento humano, principalmente na tese da Escola de Relações Humanas, inaugurada por El-ton Mayo (1880-1949) na década de 1920. A posição anterior foi defendida pela Administração Científica, que propõe uma compreensão extremamente mecanicista do homem. Taylor e seus seguidores parecem ter conseguido atender de maneira satisfatória e definitiva ao que seria conforto e satisfação no trabalho. O ser humano não pode ser considerado como uma espécie de engrenagem, que segue os ditames da máquina, buscando adaptar-se a seu ritmo, como exemplifica Chaplin, no seu filme *Tempos modernos*. Pessoas pouco avisadas e, principalmente, desconhecedoras dos princípios básicos do comportamento humano, acreditam que resolvido o problema pecuniário nada mais há para ser considerado.

Meignez (1965) ressalta que, quando o empregado reclama salário den-tro de uma empresa, é porque não acredita que ela possa lhe oferecer outro tipo de satisfação que não seu salário. Isso reduz a situação da relação de emprego a um nível de mercado, na qual o empregador compra pratica-mente as mãos e a cabeça dos funcionários, mas nunca chegará a conquis-tar-lhes o coração. Se for constatado que os objetivos dos trabalhadores são opostos aos objetivos da empresa, de duas uma: ou a empresa está adminis-trativamente desorientada e carente de maiores recursos, ou o trabalhador está pessoalmente desajustado e infeliz.

Não basta tratar bem as pessoas, é necessário saber como utilizar o po-tencial dos pontos fortes que possuem, ou seja, dar valor ao aspecto intrín-seco das suas motivações.

Não existem setores especializados em atender às necessidades dos funcionários. Os requisitos do próprio trabalho, a estruturação hierárquica da empresa, o planejamento de um quadro de carreira que atenda à necessidade de autorrealização, regras claras e objetivas, sistemas adequadamente construídos e utilizados de avaliação de desempenho, políticas de comunicação, programação e execução de planos adequados de treinamento precisam ser cuidadosamente planejados. É, sobretudo, um quadro de líderes eficazes que viabilizará os verdadeiros instrumentos de incentivo ao trabalho.

As organizações que descobriram a importância das pessoas como diferencial competitivo têm investido em programas que desenvolvem o potencial de líderes eficazes atuais e futuros. Elas sabem o quanto demora formar líderes bons. Em algumas delas, cada um participa do planejamento e controle de validade desses programas. O desenvolvimento de líderes assume seu caráter individualizado, que permite a cada um gerenciar seus recursos de forças, tirando partido do caráter próprio de cada estilo. Osório et al. (2013, p. 14) concordam que os programas voltados ao desenvolvimento de pessoas devem "levar o indivíduo a compreender suas ações e redirecioná-las a partir dos mecanismos da mente", para facilitar "a aplicação desses conhecimentos" na prática organizacional.

Segundo Wagner III e Hollenbeck, caso "todos os supervisores, colegas e subordinados fossem semelhantes, a administração seria uma tarefa muito fácil". Esse é o grande desafio enfrentado quando se deseja tirar "partido de diferenças individuais" por meio da seleção, treinamento e desenvolvimento de líderes. Quando "não é possível que as diferenças individuais desapareçam", "as empresas que desejam ter êxito devem tentar capitalizar as diferenças de modo a aumentar sua competitividade" (WAGNER III e HOLLENBECK, 2000, p. 31). Para os autores, no mundo empresarial de hoje "a criação e sustentação da vantagem competitiva podem significar a diferença entre vida e morte de uma organização" (WAGNER III e HOLLENBECK, 2000, p. 3). Os líderes precisam estar especialmente preparados para serem sensíveis a esse aspecto.

Grandes organizações têm se concentrado em torno de assuntos ligados ao comportamento humano e não em assuntos técnicos, como era hábito anteriormente. Levy-Leboyer propõe: "o verbo motivar não pode existir sem complemento". Sabe-se que "não existe o pequeno gênio da motivação, que transforma cada um de nós em trabalhador zeloso, ou nos condena a ser o pior dos preguiçosos". Estar desmotivado "não é nenhum defeito de geração, nem uma qualidade pessoal, pois ela está ligada a situações específicas". A autora acentua que "um indivíduo motivado aqui será motivado em outro lugar" (LEVY-LEBOYER, 1994, p. 43). A motivação representa o combustível que mantém o fortalecimento saudável do clima organizacional.

Ninguém se deixa manipular ou convencer por argumentações superficiais e improváveis. Não é esse o melhor meio de vencer pressões e contra-pressões na busca da produtividade. Quanto mais se demorar em perceber esse aspecto, mais as forças da pressão aumentarão, debilitando o controle produtivo. Os males crescerão, podendo chegar a um patamar em que os dirigentes não saberão como cortá-los. O bem-estar individual e coletivo desapareceu, e o grande objetivo empresarial cedeu lugar a um feixe de interesses pessoais desconexos e mutuamente destrutivos.

Em condições normais, ninguém procura um emprego onde se trabalha o mínimo possível e se ganha o máximo. Somente um ser em situações anormais ou emocionalmente patológico declara ter esse tipo de objetivo. Quando a empresa consegue identificar com clareza seus objetivos e os objetivos dos seus colaboradores, ocorre o aproveitamento conjunto de forças e o aumento da possibilidade de realização para ambos. Uma das formas mais frequentes de se proceder ao diagnóstico do quanto e como uma organização esteja conseguindo atender às necessidades normais dos seus empregados é por meio do levantamento do clima organizacional.

As pessoas se sentem bem quando suas qualidades são valorizadas. No geral, programam-se os temas de um treinamento para corrigir defeitos, quando o mais produtivo é saber o que fazer com os pontos fortes do seu pessoal. Buckingham e Clifton (2008, p. 12) apontam que uma "organização revolucionária deve construir toda a sua dinâmica em torno dos pontos fortes de cada pessoa". Não vale a pena o empenho em minimizar pontos fracos dos colaboradores quando as empresas "os despacham para cursos de treinamento a fim de que suas fraquezas sejam corrigidas". Assim, "isso não é desenvolvimento, é controle de danos". Aqueles que são escalados para esses programas não se sentem bem, o que é absolutamente natural, podendo até sabotar o êxito desse tipo de treinamento.

Além dos sintomas de desencontro entre os objetivos empresariais e individuais, outros especialistas propõem formas diferentes de diagnóstico, que se detenham mais na análise do comportamento em situação de trabalho.

Como diz Smith, "uma importante limitação desses estudos era que somente uma medida de eficiência poderia ser constantemente empregada: a produtividade". Muito pouco era utilizado de forma sistemática como o absenteísmo, giro de mão de obra no trabalho, desentendimentos ou qualidade do produto acabado. Assim sendo, a produção foi medida em períodos de tempo relativamente pequenos, enquanto medidas tiradas em espaços mais longos poderiam levar a resultados diferentes (SMITH, 1955, p. 18). Fica assim proposto que o líder dotado de alta sensibilidade interpessoal é o principal responsável pela manutenção do esforço motivacional daqueles a quem deve orientar.

A visão robotizada do homem proposta pela Administração Científica especializou e subdividiu o trabalho humano, de forma lógica, do ponto de vista cibernético, mas se mostra imprópria para o resto do mundo que não seja aquele das máquinas. Perdida a noção da sua inteireza, o homem perdeu com ela o significado e, por conseguinte, não consegue mais reconhecer a verdadeira diferença do sentido entre sua vida pessoal e sua vida de trabalho. Tudo seria muito diferente se ele pudesse sentir que passa o dia todo de trabalho utilizando seus próprios pontos fortes.

Em um de seus mais conhecidos artigos, "Além do sucedâneo da motivação" (*Beyond the surrogate of motivation*), Sievers ressalta que a fragmentação do ser humano chegou a tal ponto que ele acaba por perder sua própria perspectiva de vida: "a hipótese que eu gostaria de colocar e explicar é a seguinte: a motivação só passou a ser um tópico – tanto para as teorias organizacionais quanto para a organização do trabalho em si – quando o sentido do próprio trabalho desapareceu, ou então foi perdido". Para ele, a perda de sentido do trabalho está diretamente ligada à crescente divisão e fragmentação desse trabalho. A "consequência das teorias motivacionais têm se transformado em sucedâneos na busca do sentido do trabalho" (SIEVERS, 1996, p. 53-54). O assunto é amplo e profundo exigindo sensibilidade e discernimento amadurecido para percebê-lo.

Referências

ARCHER, E. R. O mito da motivação. In: BERGAMINI, C. W.; CODA, R. *Psicodinâmica da vida organizacional:* motivação e liderança. São Paulo: Atlas, 1997.

ARGYRIS, C. *Personalidade e organização*. Rio de Janeiro: Renes, 1969.

ARMSTRONG, M. *Gerente eficaz:* resolva problemas, motive, inspire e aumente o desempenho de sua equipe. São Paulo: Clio, 2011.

BASS, B. M.; AVOLIO, B. J. Full Range leadership development. *Manual for the multifactor leadership questionare.* USA: Mind Garden, 1997.

_____; STOGDILL, R. M. *Handbook of leadership*: theory, research and managerial applications. New York: The Free Press, 1990.

BENNIS, W. *A invenção de uma vida*: reflexões sobre liderança e mudanças. Rio de Janeiro: Campus, 1996.

BERGAMINI, C. W. *Motivação nas organizações.* São Paulo: Atlas, 1997.

BIRCH, D.; VEROFF, J. *Motivação.* São Paulo: Heder, 1970.

BUCKINGHAM, M.; CLIFTON, D. *Descubra seus pontos fortes.* São Paulo: GMT, 2008.

BURNS, J. M. *Leadership.* New York: Harper Torchbooks, 1979.

COLLINS, J.; DRUCKER, P. *Os muros vieram abaixo.* London: Collier Macmillan, 2000.

CURY, A. *Ansiedade*: como entender o mal do século. São Paulo: Saraiva, 2014.

DECI, E. L. *Why do we do, understanding self motivation.* Londres: Penguin Books, 1990.

DRAKE, R.; SMITH, P. *Ciência, o comportamento na indústria.* São Paulo: McGraw-Hill, 1976.

FIEDLER, F. E. *A theory of leadership effectiveness.* New York: McGraw-Hill, 1967.

_____; CHEMERS, M. M. *Liderança e administração eficaz.* São Paulo: Pioneira, 1981.

GARDNER, J. W. *Liderança.* Rio de Janeiro: Record, 1990.

GELLERMAN, S. W. *Motivação e produtividade.* São Paulo: Melhoramentos, 1976.

GEORGE, B.; SIMS, P. *Autenticidade.* O segredo do bom líder é ser fiel a seus princípios. São Paulo: Saraiva, 2012.

GOLDSMITH, M.; FULMER, R. M.; GIBBS, P. A. Incubadora de líderes. *HSM Management.* São Paulo, nº 26, maio/jun. 2001.

GREENBERG, J. *Managing behavior in organizations.* New Jersey: Prentice Hall, 1999.

HANDY, C. B. *Como compreender as organizações.* Rio de Janeiro: Zahar, 1978.

HEIFETZ, R. Os novos desafios. *HSM Management.* São Paulo, ano 3, nº 14, maio/jun. 1999.

HERZBERG, F. O. O conceito da higiene e os problemas do potencial humano no Trabalho. In: HAMPTON, D. *Conceitos de comportamento na administração.* São Paulo: EPU, 1973.

HUFFMAN, K.; VERNOY, M.; VERNOY, J. *Psicologia.* São Paulo: Atlas, 2003.

KOLE, M. Become a leader followers want to follow. *Supervision*, v. 60, nº 12, dec. 1999.

KRECH, D.; CRUTCHIFIELD, R. *Elementos de psicologia*. São Paulo: Pioneira, 1963.

LEVY-LEBOYER, C. *Psychologie des organisations*. Paris: Press Universitaires de France, 1974.

_____. *1994, a crise das motivações*. São Paulo: Atlas, 1994.

LEWIS, T. B.; PEARSON, W. *O desenvolvimento de organizações:* diagnóstico e ação. São Paulo: Edgard Blücher, 1977.

_____. *Manual de psicologia industrial*. Rio de Janeiro: Denisa, 1964.

MARUSKA, D.; PERRY, J. *Acredite, você é o cara:* como fazer a diferença na empresa, nos negócios e na vida pessoal. São Paulo: Makron do Brasil, 2015.

MASLOW, A. H. *Introdução à psicologia do ser*. Rio de Janeiro: Livraria Eldorado Tijuca, 1966.

MCCLELLAND, D. *The achievement motive*. New York: Appleton-Century-Crofts, 1953.

MCGREGOR, D. *Motivação e liderança*. São Paulo: Brasiliense, 1973.

MEIGNEZ, R. *Pathologie sociale de ventreprise:* essaide sensibilization. Paris: Gathier--Villars, 1965.

MEYER, M. C. *International management*. USA: April, 1977.

MICHEL, S. *Peut-on gérer les motivations?* Paris: Press Universitaires de France, 1994.

MORIN, E. M.; AUBÉ, C. *Psicologia e gestão*. São Paulo: Atlas, 2009.

MURRAY, E. *Motivação e emoção*. Rio de Janeiro: Zahar, 1971.

MYERS, S. M. Quem são seus trabalhadores motivados. In: HAMPTON, D. R. *Conceitos de comportamento na administração*. São Paulo: EPU, 1973.

O LIVRO DA PSICOLOGIA. Tradução de Clara M. Hermeto e Ana Luiza Martins. São Paulo: Globo, 2012.

OSÓRIO, L. C.; GARCIA, L. M. *Mente, gestão e resultados:* como empreender e inovar no mundo dos gestores de pessoas. São Paulo: Editora Gente, 2013.

RITTER, R. Peut-on enseigner le leadership? In: _____. *L'ecole des managers de demain:* ie professeurs du group HEC. Paris: Colection Gestion, 1994.

SCHERMERHORN, J.; HUNT, J. G.; OSBORN, R. N. *Fundamentos de comportamento organizacional*. Porto Alegre: Bookman, 1999.

SIEVERS, B. Além do sucedâneo da motivação. In: BERGAMINI, C. W.; CODA, R. *Psicodinâmica da vida organizacional, motivação e liderança.* São Paulo: Atlas, 1996.

SMITH, H. C. *Psychology of industrial behavior.* New York: McGraw-Hill, 1955.

SMITH, P. B.; PETERSON, M. F. *Leadership, organizations and culture.* London: SAGE, 1989.

STAPLES, W. D. Uma teoria da motivação. In: _____. *A essência da sabedoria dos grandes gênios de todos os tempos.* São Paulo: Martin Claret, 1998.

VERGARA, S. C. V. *Gestão de pessoas.* São Paulo: Atlas, 1999.

WAGNER III, J. A.; HOLLENBECK, J. R. *Comportamento organizacional:* criando a vantagem competitiva. São Paulo: Saraiva, 2000.

WEITEN, W. *Introdução à psicologia:* temas e variações. São Paulo: Pioneira Thomson, 2002.

WERTHEIMER, M. *Pequena história da psicologia.* São Paulo: Nacional, 1977.

YAGO, A. Leadership: perspectives. *Theory and Research Management Sciences,* nº 28, p. 315-336, 2000.

9

AJUSTAMENTO E PRODUTIVIDADE

"O sofrimento nos ameaça a partir de três direções: do nosso próprio corpo, condenado à decadência e à dissolução [...]; do mundo externo que pode voltar-se contra nós com forças de destruição esmagadora e impiedosa; e finalmente de nossos relacionamentos com outros homens. O sofrimento que provém dessa última fonte talvez seja o mais penoso do que qualquer outro."

Freud (1969, p. 33)

Em busca do ajustamento

Sumário

9.1 Seres programados; **9.2** Em busca do ajustamento; **9.3** A feliz normalidade; **9.4** Equilíbrio emocional; **9.5** Em busca do ajustamento; **9.6** A busca da saúde mental; **9.7** O verdadeiro e o falso ajustamento; **9.8** O bom ajustamento; **9.9** Motivação x frustração; **9.10** O falso ajustamento; **9.11** Ajustamento ao trabalho; Referências

Eu procurava algo na ilha.

As pessoas viviam perto da terra, perto do mar, perto daquilo que é natural e predeterminado para nós.

O sinal distintivo das pessoas que encontrei, quando os turistas partiram, no fim do verão, era sua simplicidade.

Nenhum daqueles homens e mulheres, segundo percebi, poderiam jamais ser humilhados. Viviam em harmonia com os seus eus, com tudo o que era bom e mau em si mesmos. Nenhum estranho poderia apontar para eles e fazê-los sentirem-se inferiores.

Pessoas que confiaram no seu lugar na Terra, estavam longe de não ter complicações, não eram destituídas de exigências, ódios e agressões. Mas possuíam orgulho, e uma dignidade que não permitiam a ninguém destruir. Tinham raízes que ficaram plantadas no mesmo lugar da terra, durante sua vida inteira.

Muitos velhos têm isso. Renunciaram a pretensões, deixaram de lado sonhos falsos, pararam com a louca corrida.

Também são ilhéus em nossa sociedade.

Como as crianças.

Pessoas que não se preocupam em manter a máscara e a fachada em ordem.

Que ousam mostrar quem são.

Ilhéus.

Pessoas que vivem de acordo com sua maneira de pensar. Mesmo que esta não seja assim tão notável.

De alguns deles, emana uma sensação de segurança, uma coisa simples, que talvez seja a dignidade do coração (ULLMANN, 1978, p. 108).

Com esta singular descrição do comportamento normal, Liv Ullmann, traduz a sensação de felicidade como o significado de liberdade e de viver de acordo com sua própria maneira de ser.

Kets de Vries (2010, p. 28), como consultor especialista em psicopatologia do comportamento organizacional, admite que "os seres humanos lidam com situações estressantes, a natureza singular de nossa capacidade adaptativa" que resulta muitas vezes no "perigo de se ficar preso em círculos viciosos". Dentro desse quadro, "caracteriza a saúde mental como a habilidade de se fazer escolhas, de se evitar ficar criativo em um círculo repetitivo". Kets de Vries propõe que a "saúde mental significa ajudar a pessoa a ter mais opções" abrindo-nos horizontes para novas e diferentes ações.

A discussão sobre o ajustamento humano e a felicidade dele resultante constitui um dos capítulos da psicologia contemporânea considerado como um dos mais ambiciosos e atraentes. Embora esse assunto atraia, ele também amedronta aqueles que buscam enveredar no próprio íntimo.

Preocupar-se com o próprio ajustamento é uma busca que dura a vida inteira, e não termina nunca a procura daquilo que dá sentido à existência. O processo de ajustamento começa, como diz Ullmann, no momento de viver de acordo com sua própria maneira de ser. Essa é a responsabilidade que cada pessoa tem para consigo, e ninguém fará isso por ela, mesmo que possa amedrontar quem o faz por não saber ao certo aquilo que encontrará.

George (2012, p. 107) fala da dificuldade de conhecimento do eu autêntico como uma "recomendação que tem milhares de anos de idade". Apesar disso, reconhece que "não é fácil para ninguém atingir um nível mais profundo de autoconhecimento". Há necessidade de explorar a complexidade do ser humano. No âmago de cada um "o autoconhecimento está no centro da nossa bússola". Conhecer-se de verdade e confiar naquilo que o interior de cada um propõe é o que se descobre o mais autêntico valor que cada um tem, bem como seu propósito de vida.

9.1 Seres programados

Pesquisas que tratam do ajustamento do ser humano mostram estar em vias de se abrir para além das fronteiras habituais e aceitar colocações realmente inéditas, como as propostas por Reusch (1964, p. 18): "a morte, a incapacidade e a angústia continuam sendo as maiores preocupações do homem". Todavia, "nenhuma das máquinas construídas" [...] "alteraram fundamentalmente a natureza humana". O autor acrescenta: "a reação de alarme que permite ao homem vencer os perigos da vida não pode ser substituída pela razão nem pela tecnologia". Por isso, ele "reage com cólera, temor e ansiedade" e, sentindo-se "inseguro, reage com agressão e angústia", que, para o autor, representa a "maldição da humanidade". Tal cenário tem levado o ser humano à perplexidade diante de si mesmo, deixando repetidas vezes esse autoconhecimento para depois.

Reusch mostra a veemência do apelo que o homem faz em direção à busca da sua própria felicidade. Quando restringido na sua ânsia de buscá-la, reagirá com violência e seu comportamento poderá mostrar-se desastroso.

As preocupações, as ansiedades e as angústias não deverão inquietar aquele que busca seu ajustamento, ele lutará com forças para livrar-se delas e viver uma vida saudável. Em condições normais, é natural que cada um lute pelo seu próprio ajustamento, o que significa buscar a própria felicidade.

Buckingham et al. (2008, p. 50) propõem que a "consciência do eu é vital para o desenvolvimento dos pontos fortes". Ao conhecê-lo, cada pessoa é capaz de identificar "mais claramente seus talentos naturais e os cultivar, transformando-os em forças". Essa predisposição facilita a felicidade pessoal. Tentar consertar pontos fracos é ineficaz e extenuante.

Os autores que seguem a linha psicanalítica, como Fromm (1978, p. 47-48), defendem formas para atingir a realização do eu, como a manutenção da saúde e a integridade própria da natureza humana. O homem tem que aceitar a responsabilidade por si mesmo e o fato de que só quando utilizar seus pontos fortes é que poderá dar significado à sua vida. Como propõe o autor, "a busca de certeza impede a de significado". Essa incerteza leva o homem a "expandir suas forças", o que poderá fazê-lo "reconhecer que não há outro significado senão aquele que o homem dá à sua própria vida". Desenvolvendo ao máximo seu potencial, "o homem nunca deixará de ficar descoberto de dúvidas e de formular novas perguntas". O desejo de "ser ele próprio e por si próprio, e conseguir a felicidade por meio da concretização total das faculdades que lhe são peculiares". Para tanto, ele buscará forças na razão, no amor e no trabalho produtivo o cumprimento desse desejo.

Cada um se deixa envolver como um todo, não somente quanto ao uso dos seus recursos intelectuais, mas também aproveita seus sentimentos, emoções e sensibilidade. A busca do ajustamento e da felicidade representa um impulso natural do ser vivo. Trata-se do sentido mais importante que cada um dá à própria vida, sendo essa a maior responsabilidade perante si.

O envolvimento só se torna viável com o concurso das emoções. Como propõe Caruso e Salovey (2007, p. 9) essas "emoções contêm dados sobre você e seu mundo". Ninguém consegue envolver-se sem elas "em razão de haver algum fator importante para você contribuindo para motivá-lo ao sucesso". É natural que cada um se apegue às suas emoções e se sinta protegido por elas, sentindo aquilo que vale a pena na estrada do seu ajustamento. Embora cada um tenha sua maneira pessoal de ser, seu DNA, programa seu ajustamento e felicidade pessoal.

Em seu livro *Psicopatologia*, de 1968, Madre Cristina Maria, professora da Faculdade de Filosofia, Ciências e Letras, Sedes Sapientae, da Pontifícia Universidade Católica de São Paulo, assume o referencial da natureza humana como parâmetro de normalidade. Para ela: "normal é o ser que se desenvolve sujeitando-se aos padrões reais da sua natureza; é aquele que é como verdadeiramente deveria ser". Para a autora, "normal é o homem que realiza os fins próprios da natureza humana" (DÓRIA, 1968, p. 19). Esse conceito espelha a concepção filosófica de normalidade. Traz à tona a infinita sabedoria que é a busca de si mesmo, dentro da natureza que é própria a cada um.

9.2 Em busca do ajustamento

O comportamento pode ser considerado como apropriado ou não, tendo grande importância e necessitando ser levado em consideração quando se está disposto a compreender, não apenas a si mesmo, mas também aos que desenvolvem um relacionamento produtivo e prazeroso.

A maneira de ser de alguém que não chegou ao ajustamento leva a considerá-lo como "pessoa-problema". Não se trata do resultado da ação do meio em que vive e do momento que atravessa. Há sempre uma resposta individual, ligada à história de vida da pessoa, que representa em parte seus padrões ou atalhos escolhidos para chegar a ajustar-se às situações difíceis.

A valorização do significado real do comportamento mergulha suas raízes no mundo inconsciente, e na dinâmica comportamental que o caracteriza para enfrentar esses problemas para vencê-los. Conhecendo os tipos de padrões de ajustamento, é possível lidar de forma mais adequada com as pessoas consideradas como problemáticas na família, na escola, na sociedade e no trabalho.

Segundo Caruso e Salovey (2007, p. 11), se "nos preocupamos com alguma coisa, ficamos potencialmente motivados" por alcançar um determinado objetivo que é "agir de maneira a superar o medo". Assim é que se consegue vencer situações problemáticas, que são os tropeços na via que vai até a felicidade.

Os autores também distinguem dois grupos de emoções, que são as "emoções aprazíveis ou positivas que nos motivam a explorar o ambiente", bem como "a alargar nossos pensamentos e ampliar nosso relatório de comportamentos". É necessário administrar nossas "emoções negativas"

(p. 17). Esse segundo grupo "nos leva a mudar o que estamos fazendo". Sua influência "afunila nosso campo de atenção, nos motivando a agir de maneira bastante específica. Elas empobrecem nosso campo de ação.

A melhor forma de compreender o comportamento de um indivíduo normal é compará-lo com aqueles que não tiveram a mesma sorte em tomar atitudes e que não trouxeram alívio às suas ansiedades e angústias. Como na medicina, na psicologia o anormal foi sempre, como diz Meignez (1965, p. XI), uma "caricatura do normal e nos ensina a olhar este último com olhos novos". Para o autor, a ideia de que a "técnica" moderna veio contribuir para um maior ajustamento do homem não é tão digna de confiança quanto se gostaria, ela é enganosa e até traiçoeira. Meignez propõe que, em situação organizacional, "tudo se passa como se os homens tivessem mais problemas em seu comportamento natural do que as máquinas em seu funcionamento artificial". A grande diferença entre o homem e a máquina operada por ele é que, para consertar a máquina, o homem consulta um manual. Como não existem dois seres idênticos, não pode haver nenhum manual que ajude alguém a retornar à normalidade.

Heath (2011, p. 22) propõe que a resistência à mudança seja motivada para resistir a novas ideias, porque raramente aceitam alterações no *status* que para tanto "elas se agarram à maneira como tudo sempre foi feito", resistindo em mudar seu modo de pensar. Quando alguém está habituado a agir de uma determinada forma sente que seu território foi invadido quando "se contrapõe de algum modo ao pensamento já estabelecido" (p. 24). Essa situação pode "lhe parecer uma ameaça; a primeira reação é atacar a ideia". Ser capaz de ultrapassar a si mesmo pede caminhos inéditos, que podem ameaçar a segurança até então conquistada.

George e Sims (2012, p. 23) reconhecem a importância que cada um tem na busca do próprio ajustamento porque "seu verdadeiro norte se baseia no que mais importa para você". Isso representa "a sua bússola interior", por isso é importante que "sua verdade se origine da sua história e só você pode conhecê-la". Para os autores, "descobrir seu verdadeiro norte requer comprometimento e aprendizado". Como resultado no processo de ajustamento, "respeitar quem você é pode lidar com as circunstâncias mais difíceis que a vida apresentar". A busca do ajustamento esconde dificuldades que em certos momentos parecem impossíveis de serem suplantadas pela dificuldade que apresentam.

Ajustar-se implica renunciar a um estado de vida atual e conhecido para lançar-se ao desafio de um novo e incerto tipo de vida. Nem sempre as pessoas conseguem renunciar aos anos de emprego, em uma determinada organização aborrecida, abandonar anos de convivência em um casamento falido, para voltar atrás, assim como optar por outro curso universitário quando se está às vésperas da formatura em uma profissão sem sentido.

Quando se fala de mudança profunda ou reversão completa da ordem das coisas, pode-se *considerar que tudo muda na empresa, menos as pessoas*. São as solicitações organizacionais que devem ser reorganizadas segundo as características humanas. A compreensão imediata, pragmática e mecanicista pode e deve existir. Ela reclama maturidade do administrador que, sem se envolver com atitudes de "pieguices humanistas", nem se jactar de uma atitude autocrática de comando, procura apenas ser obedecido. Para os autores, não mudamos. Simplesmente aceitamos nossos talentos e reordenamos nossas vidas em torno deles. Com isso, "nos tornamos mais conscientes" (p. 51), não cabendo aí o uso de nossas defesas.

Durante muitos anos considerou-se que as pessoas podem mudar e que, por isso, devem se adaptar às condições organizacionais. Essa crença não encontra respaldo na pesquisa científica. As pessoas só modificam alguns aspectos da sua personalidade mais superficialmente quando o querem e quando sua nova fisionomia fizer sentido a elas. O que desafia os especialistas em Recursos Humanos na atualidade é modificar as atividades de trabalho para que elas se adaptem às diferenças individuais de quem as executa. Atualmente, em muitas organizações, surge o papel privilegiado da formação intelectual ou técnica, em detrimento do aspecto importante e pessoalmente motivador que são as condições para que uma pessoa se identifique com aquilo que faz, confirmando assim sua individualidade.

Pflalging é bem enfático quanto a esta predisposição; para ele "fica claro que, para o desempenho de uma organização o desafio é bem mais importante do que o comando e controle hierárquico". Para chegar a esse ponto, é preciso "promover cada pessoa e moldar a organização, tanto quanto possível, segundo os talentos individuais". As pessoas que estão acima na rotina repetitiva é que alimentam a perenidade organizacional.

Osório e Garcia (2013, p. 20) apontam que "a mudança é crucial: em primeiro lugar, não há mais espaço para que se estabeleça em uma empresa a tradicional relação patrão-empregado" no mundo de hoje. Trata-se de uma relação "estagnante", e por isso ela desagua no "conformismo do indivíduo". Os autores consideram que "essa relação é totalmente contrária ao ato de empreender" qualquer atividade por vontade própria. Ao contrário, esse tipo de relação, "além de se revelar um relacionamento estagnante", pode alimentar "paternalismo e o conformismo do indivíduo". Torna-se assim necessário descobrir *uma forma de alinhar as aspirações individuais com as expectativas da empresa. Esse é um ponto-chave"*. Conseguir um final produtivo para essa empreitada é muito mais delicado e sutil que se possa pensar.

Fernández-Aráoz (2012, p. 24) propõe que, embora as decisões sobre as pessoas no trabalho sejam fundamentais à continuidade da empresa, "recebemos pouco treinamento formal para tomarmos decisões acertadas sobre elas" – isso ocorre porque "não percebemos sua importância". Inicialmente, porque "temos a falsa convicção de que essa habilidade não pode ser aprendida". O autor acrescenta que tomar "grandes decisões sobre pessoas é uma habilidade indispensável na vida. É a habilidade mais decisiva na determinação do seu sucesso profissional e também de sua felicidade pessoal" (p. 25). Problemas técnicos, financeiros, comerciais e outros já passaram para segundo plano para a maioria dos bons executivos organizacionais.

Segundo Thomas (2010, p. 25), as organizações deveriam ter um "comportamento que faça a empresa conquistar o carinho e a afeição dos seus contribuintes". Essa representa "uma das diferenças competitivas mais fundamentais". Esse é um atrativo importante para aqueles que buscam atingir notória competência. É muito especial o cuidado que se precisa ter para que as pessoas estejam desejosas que seus pontos fortes façam a diferença no contexto organizacional, o que indiscutivelmente é verdade.

Levinson (2005, p. 86-87), em seu artigo publicado pela *Harvard Business Review*, com o título *Administração pelos objetivos de quem?*, aponta que esses dois tipos de objetivos são inseparáveis: "a tarefa organizacional é, primeiro, entender as necessidades do funcionário" para verificar "até que ponto tais necessidades podem ser atendidas dentro da empresa". A eficácia dos processos organizacionais ocorre "quando se dá uma complementaridade entre as necessidades do indivíduo e as exigências da organização". As "exigências de ambas as partes mesclam-se, interagem e formam uma sinergia". Sem dúvida, "energias do funcionário e da organização congregam-se para benefício mútuo". Eles não existem *per se*. O descompasso entre os objetivos individuais e organizacionais leva ao conflito e mais adiante cada um sentir-se-á apenas realizando aquilo que é sua obrigação, cumprindo metas impostas e não definidas por ele.

9.3   A feliz normalidade

O ambiente organizacional interfere na saúde física e psicológica dos seus empregados. Como prevê Heath (2011, p. 75), aqueles conhecidos como "verdadeiros líderes criam um ambiente no qual seus funcionários entendam que não apenas podem errar", mas podem também aprender com seus erros que "fazem parte do caminho para a vitória". É possível "remover o peso do fracasso". Todavia, isso não é tão fácil, pois encarar equívocos do passado "porque dói requer certo grau de compreensão e autoconfiança". Aquele que confia em si não teme a transição do erro para a vitória, visando garantir sua feliz normalidade.

No decorrer da Idade Média, quando a psicologia ainda sofria as marcas do pensamento filosófico, o conceito de normalidade estava diretamente ligado ao respeito da natureza humana como tal. Para esses psicólogos-filósofos, tão mais normal seria uma pessoa quanto mais ela se aproximasse dos padrões próprios da sua espécie, isto é, da sua maneira humana de ser. A visão filosófica da normalidade representa uma porta aberta às especulações sobre a natureza humana. Não há, na prática, exemplos fidedignos do comportamento humano absolutamente ajustado. Cada pessoa possui algum tipo de desvio de comportamento, mas nem por isso se encaixa no referencial típico da anormalidade.

Fora de dúvida, o trabalho desempenha um importante papel no caminho ao ajustamento de cada um – dificultando ou facilitando tanto o ganho como a perda da normalidade e da produtividade. Decorrem daí as diretrizes assumidas por grandes organizações em oferecer programas de preparação de líderes em todos os níveis organizacionais para fazer face às expectativas dos trabalhadores de ser possível encontrar felicidade pessoal no próprio trabalho, e não mais fora dele.

Como diz Kohlrieser (2013, p. 39), as organizações precisam permitir que aqueles que aí desenvolvem suas atividades de trabalho se tornem "um ser humano integrado". Dessa forma, essas pessoas conhecerão as próprias motivações e as das outras pessoas, bem como aquilo que as afeta – o que significa "administrarmos as nossas motivações", podendo "influenciar positivamente as emoções dos outros". O autor denomina esse estado "uma autoridade interior que possa mover montanhas"; cada um sente-se dono dos próprios recursos pessoais.

Outra abordagem é proposta pela estatística. Segundo o conceito estatístico, quanto maior for a frequência de um determinado evento, mais normal ele é. É necessário determinar estatisticamente quais são os comportamentos humanos que se repetem de modo a formar amostras representativas. Ao reuni-las, torna-se possível determinar qual é o conjunto estatisticamente normal por ser o mais frequente. O referencial da normalidade estatística segue a distribuição da curva de Gauss, na qual 50% da amostra é considerada normal, 20% está acima e abaixo do normal e 5% muito acima e muito abaixo do ponto central da normalidade. A determinação das faixas do quociente intelectual (QI) é feita usando o tratamento estatístico dos resultados de testes aplicados em grandes e representativas amostras de indivíduos de uma população. Esse conceito não é válido no caso das características emocionais e afetivas, que representam nuanças que levam à caracterização do ser normal a um resultado mais complexo e mais sutil.

Bergeret (1985, p. 279) afirma que, para ele, "o critério de *normalidade* permanece ligado ao grau de adaptação às realidades interna e externa do sujeito". Não sendo um conceito preciso, repete aquilo que a maioria dos autores escreveu a esse respeito. Parece mais fácil a todos os pesquisadores descrever os desvios de comportamento ou a anormalidade do que retratar o estado sadio.

9.4 Equilíbrio emocional

A normalidade do ponto de vista afetivo está ligada ao sentido do ajustamento consciente. Ela depende da percepção que cada um tem de si perante três variáveis diferentes, que são características e anseios pessoais, circunstâncias pessoais e grupais do meio e os referenciais do ambiente em que está. Como dizem Caruso et al. (2007, p. 201): "As emoções oferecem dados que nos ajudam a tomar decisões racionais e agir de maneira adaptativa." Sem as emoções, a vida humana parece perder sentido.

Diante dos dois níveis de solicitação, que são o próprio mundo interior e as exigências do meio, cada um busca o seu equilíbrio. Esse conceito é mais subjetivo, envolvendo opiniões da própria pessoa a respeito do seu maior ou menor grau de conforto pessoal e felicidade. As pessoas que se sentem normalmente felizes diante do mundo, não se julgando vítimas da perseguição alheia, refletem nesse mundo sua própria imagem, elas sentem o mundo com o colorido que ele realmente tem. Nesse caso, a percepção que o indivíduo possui de si e do mundo representa elemento crítico para o diagnóstico da normalidade emocional. Não sendo um sociopata, assim chamado porque representa um perigo à sociedade, e não sentindo angústia, a normalidade emocional leva ao conforto consigo mesmo. Essa aceitação de si é a chance de conquistar sua normalidade emocional, seja qual for a escolha feita. Betz (2014, p. 134) diz: "se você não se ama, não se honra, não se respeita e não se apoia por completo, está em guerra contra si próprio", comprometendo seu próprio ajustamento.

Ajustamento implica saber atender às próprias necessidades motivacionais, de forma objetiva, inteligente, produtiva, sem rebaixar o outro. Fromm (1978, p. 69) conceitua normalidade em termos de maturidade, propondo que: "o indivíduo amadurecido e produtivo tira seu sentido de identidade da sensação que tem de si mesmo como o agente que está unido às suas forças". Por isso, "esta sensação do seu eu pode ser expressa como significando 'eu sou o que eu faço'". Os especialistas dizem que a diferença entre o normal e o patológico não é uma questão de tipo de comportamento, mas de grau da intensidade com a qual esse comportamento se manifesta. Por exemplo, lavar as mãos é um ato higiênico, mas esfregá-las até que sangrem, para tirar uma sujeira invisível, já é anormal.

Betz (2014, p. 15), ao abordar de maneira até então inédita felicidade e normalidade, propõe de início que "muitos estão abandonando as tradições de 'pessoa normal' e optando por levar vidas totalmente diferentes", percorrendo assim a via que leva à felicidade.

Para o autor (p. 68), a *"bagunça externa, que frequentemente merece ser chamada de 'caos'* reflete *"sua bagunça interna"*. Ela nada mais é do que *"a falta de clareza e de ordem em seus pensamentos"*, bem como dos *"sentimentos e do relacionamento entre a sua mente e o seu coração"*. Trata-se de uma "lei universal" na qual algo que *"acontece internamente precisa acontecer externamente"*. Para organizar esse caos é preciso começar do interior.

Esforçar-se para "cumprir e satisfazer as expectativas dos outros" como pessoas normais representa uma "insanidade que chamamos de normal". Para o autor, felizmente isso parece que "está chegando ao fim". Mais adiante considera que aquelas "pessoas normais" confrontam a si mesmas "diariamente". Essas pessoas "trabalham, pagam suas contas, consomem, cumprem suas tarefas e tentam não atrair qualquer atenção negativa". Parece que não conseguem dirigir suas vidas, mas não acreditam ter outra escolha.

Especialista em psicopatologia do comportamento organizacional, Kets de Vries (1997, p. 207), quando se refere ao normal e ao patológico, propõe: "espero que tenha ficado claro que a diferença entre a saúde e a doença depende da posição de cada um, dentro de um espectro que vai da sanidade à patologia". Considera que seu "argumento é que apenas os extremos desse espectro causam preocupação e podem resultar em uma série de disfunções comportamentais". O autor considera que o normal e o patológico representem assim dois extremos de um mesmo contínuo.

9.5 Em busca do ajustamento

Etimologicamente, adaptar significa acomodar, amoldar; pressupõe a alteração de alguma coisa em função das características de outra. Segundo as características da palavra, o indivíduo, ao tentar adaptar-se, muitas vezes terá de renunciar a certas convicções e até anseios pessoais mais profundos, tendo em vista a necessidade de aceitar normas que lhe são impostas por alguém em um contexto externo.

Maruska e Perry (2015, p. 17) dizem que, "na busca do ajustamento, o reconhecimento e a utilização do próprio talento representam uma predisposição inigualável". Quando seu talento permanece dormente, cria-se um "vazio em seu cotidiano". Como resultado, a "produtividade cai, sua criatividade desaparece e seu amor pela vida pode evaporar". Você pode não ver novas oportunidades. "Quando você expressa seu talento o mundo vibra com a possibilidade." No entanto, "quando você engaja mais do seu talento, torna-se mais feliz". Você sente que sua "vida fica repleta de recursos que levam você adiante, às vezes de formas surpreendentes" (p. 18).

Para os autores, se você "se sentir plenamente engajado em seu trabalho", encontrará "fortes razões para assumir o comando de seu talento" (p. 19). A busca do ajustamento deslanchará de forma aprazível, sem tropeços.

Reush (1964, p. 46) assim coloca o problema: "adaptar-se implica submeter-se aos valores do grupo, concordar com aquilo que ocorre e negar autodeterminação". O autor inspirou-se na Alemanha nazista, e quanto mais uma pessoa estivesse adaptada ou ajustada, tanto melhor ela marchava junto ao grupo e aceitava passivamente o regime de terror. Para Reush, "renunciar a individualidade significa suicídio moral". Esse conceito não é aceitável em termos do verdadeiro ajustamento. No ajustamento verdadeiro, ela se adapta, mas também modifica o meio em que está para se sentir bem nele, não somente se adapta. Esse ajustamento é consciente e feito pelo uso de ato voluntário.

Bill e Sims (2012, p. 24) dizem: o ajustamento propõe você estar "alinhado com quem é" que caracteriza aquilo que "é o verdadeiro eu". Isso é importante porque "ninguém pode ser autêntico tentando ser outra pessoa".

Um "grande desafio é nos conhecer bem o suficiente para descobrir onde podemos utilizar nossos dons" na medida exata para que não sejam transformados em pontos fracos pelo uso excessivo e disfuncional deles. É imperioso que não se corra atrás da perfeição como reconhecem os autores, não ficar "tão ansioso pela perfeição" a ponto de se tornar incapaz de reconhecer fracassos e fraquezas", e sim aprender com eles.

9.6 A busca da saúde mental

Para chegar ao verdadeiro ajustamento, cada um precisa ser "adepto da autocrítica, do desenvolvimento e do autoconhecimento". É com essa predisposição que se descarta a simples adaptação e se chega ao ajustamento, sentindo-se à vontade na própria pele sem tentar ocultar as próprias falhas, mas responsabilizar-se por elas.

Ajustamento e autorrealização são termos que constam daquilo que se tem chamado de saúde mental no trabalho. Codo, Soratto e Vasques--Menezes (2004, p. 279) afirmam que "a saúde mental é a capacidade de construir a si próprio e à espécie". Já o "distúrbio psicológico, sofrimento psicológico ou doença mental são o rompimento dessa capacidade". Mais completo e abrangente que o conceito de adaptação é aquele que considera como objetivo principal a busca de autorrealização, também chamada de ajustamento, por Reush (1964, p. 46): "a autorrealização requer que o indivíduo aceite as diferenças e reconheça que as dificuldades interpessoais não são resolvidas pela violência e pelo isolamento, senão através da comunicação". Isso implica que a "pessoa que seja feliz com aquilo que faz, e se sinta satisfeita de que suas características pessoais tenham sido aceitas, terá mais a oferecer aos outros". Apenas "o homem que tem alcançado certo grau de autorrealização será capaz de sobreviver à diversidade" ao buscar a saúde mental. Essa adaptação e autorrealização dependem, em muito, do próprio indivíduo.

As pessoas bem ajustadas conseguem administrar suas emoções. Como propõem Gardenswartz, Cherbosque e Rowe (2012, p. 116), ela "pode impedir as pessoas de se destruírem mutuamente". Isso leva a um "ambiente de trabalho – em que vigore o respeito, a sinergia e a compaixão". "Fazendo da ambiguidade uma aliada, tornar-se um mestre da mudança e assumir a responsabilidade pelo diálogo interior." Ao atender tais necessidades, a pessoa consegue chegar à autogovernança.

O indivíduo normal não é vítima do seu ambiente, mas atua nele construindo novas realidades a partir das mudanças que promove. Como diz Hepner (1965, p. 48), "quanto mais se comparam as histórias daqueles que foram bem-sucedidos em lidar com as condições da vida, com aqueles que falharam", descobre-se "que as pessoas fortes desenvolveram bons hábitos de ajustamento e os que fracassaram desenvolveram hábitos de evasão ou fechamento". O "bom ajustamento significa que a pessoa está conseguindo lidar satisfatoriamente com a vida e seus problemas, sem evidenciar sentimentos anômalos de ansiedade, hostilidade, ou dependência dos demais", evitando sentimentos negativos como a angústia, por exemplo.

George e Sims (2012, p. 107) confirmam que: "é muito importante desenvolver o autoconhecimento, e quanto mais cedo melhor". Conclui que "quanto mais cedo se conhecer, mais chance terá de escolher o papel certo para você". Cada um deve "conhecer o suficiente para saber aquilo que não sabe", isso reforça o conforto da própria autoconfiança. Em situação organizacional, quando "os líderes conhecem suas próprias forças e fraquezas, tendem a complementar suas lacunas de competências com colegas que sejam bons naquilo que lhes falta" – isso vale muito mais a pena do que "tentar ser alguém que você não é", sendo essa tentativa o uso inteligente dos próprios pontos fortes.

Como propõe Betz (2014, p. 23), "somos nós quem decidimos, inconscientemente, continuar com nossas dores e nossos sofrimentos todos os dias". É necessário "não fazer jogo de vítima, bem como lembrar sempre que sua vida o tratará como você trata a si mesmo". Essa é uma realidade inquestionável que não deve ser desafiada.

9.7   O verdadeiro e o falso ajustamento

No comportamento ajustado, o indivíduo tem a visão clara sobre as suas necessidades, sobre a real dificuldade representada pelos obstáculos e dos objetivos aos quais planejou chegar. No falso ajustamento, essa visão se deforma e a pessoa passa a avaliar mal as necessidades que tem, não equaciona o tipo ou tamanho da barreira que representa a frustração, chegando a perder de vista seus objetivos. Na medida em que uma pessoa vai se distanciando das formas produtivas de ajustamento, vai perdendo a capacidade de perceber a realidade, evadindo-se a ponto de perdê-lo de vista.

Para Caruso e Salovey (2007, p. 99), não é fácil conviver com pessoas que têm uma "visão deprimente do mundo". São aquelas que carregam seu "mau humor, veem as coisas sob uma luz negativa, superestimam a ocorrência de eventos negativos". Consequentemente, "subestimam a ocorrência de eventos positivos". Como confirmam os autores (p. 115), "alegria e a felicidade é um sinal de que fazemos algo que valorizamos". Assim, nos sentimos "felizes quando nossos valores são atendidos e a felicidade é um sinal para que prestemos atenção na vida". Com isso, conquistamos a felicidade do verdadeiro ajustamento.

Tedlow (2012, p. 49) aponta algumas dificuldades de autoconhecimento e aceitação da realidade pelo fato de achar que uma "negação é um impulso poderoso, mas não somos incapazes de resistir a ela". Isso pode ser conseguido pela utilização "da abertura às críticas e da receptividade aos fatos". O normal não aceita "imposição para ver ou admitir uma situação aparente e claramente visível para outras pessoas", quer sobre o aspecto positivo ou negativo com relação a si mesmo, fazendo de conta "que a realidade em questão simplesmente não é verdadeira ou não existe". O amadurecimento emocional reclama por felicidade.

Hepner subdivide essas duas classes de ajustamento em quatro subclasses, que são:

1º) *O ataque direto:* O indivíduo consegue avaliar que a deficiência do seu ajustamento reside justamente na sua falta de recursos pessoais. Mobiliza então mais forças e consegue quebrar a barreira, como preparar-se melhor quando existe ameaça de não conseguir posição dentro da empresa.

Trata-se de uma atitude corajosa na qual o indivíduo reexamina criticamente a própria conduta e coragem significa agir com o coração.

2º) *Atitudes substitutivas de valor positivo:* O indivíduo se conscientiza de que a causa do seu fracasso reside no tipo de objetivo escolhido e decide então escolher novos objetivos de forma consciente e racional, como adotar filhos abandonados pelos pais quando não se pode ter os próprios.

Substituir objetivos anteriores por outros não pretendidos inicialmente representa um momento difícil e para amenizá-lo usam-se recursos comportamentais transitórios, mas conscientes, conhecidos como mecanismos de defesa.

Segundo Garcia (2012, p. 71), essa substituição representa a "abertura de novas frentes", considerando os dados da realidade concreta. Essa predisposição traz otimismo ou "sensação de ser capaz de resolver tudo em uma próxima grande tacada", não se deixando levar à autofrustração.

Os mecanismos de defesa são recursos utilizados higienicamente pela própria vida psíquica, para evitar a tensão intrapsíquica, causada pela situação de frustração. Como lembra Garcia (2012, p. 23), esses mecanismos representam "*truques* que a psique usa para disfarçar aquelas lembranças que acabam se manifestando formas de neuroses". A perda de controle marca um clima propício para a desorganização psíquica.

No entender de Banov (2011, p. 44), "os mecanismos de defesa, embora apresentem a realidade de maneira destorcida, ajudam a preservar a saúde mental". Eles são o recurso para "descarregar a energia que foi acumulada pelas situações em que não pode responder ou revidar". Para a autora, "valores morais impediram a manifestação da emoção". É a forma de extravasar "energias acumuladas pelos contratempos cotidianos". Eles diminuem o estado de ansiedade e angústia, evitando estresse psíquico. A utilização prolongada e inconsciente deles pode ser perigosa, afastando a pessoa da realidade.

9.8 O bom ajustamento

A predisposição ao ajustamento, como propõe Maslow (1960, p. 239), é função de um "crescimento, possui não só recompensas e prazeres, mas também muitas dores intrínsecas e sempre terá. Cada passo para frente é um passo no desconhecido e, possivelmente, perigoso". Ele pode representar "uma despedida e uma separação, mesmo uma espécie de morte antes da ressurreição, com a nostalgia, o medo, a solidão e o pranto consequentes". Ajustar-se representa "abandono de uma vida mais simples, mais fácil e menos esforçada, em troca de uma vida mais exigente, mais responsável e mais difícil". Para crescer e ajustar-se, é necessário "coragem, vontade, deliberação e vigor do indivíduo". A chegada à maturidade e ao ajustamento se faz por caminhos difíceis para quem os trilha. Ele exige vigília e consciência diante de si e da realidade. É preciso dispor de recursos pessoais para encontrar-se consigo mesmo no seu próprio mundo de trabalho.

Como coloca Clot (O LIVRO DA PSICOLOGIA, 2011, p. 71-83), por "real trabalho compreende-se aquilo que é difícil executar, fazer ou dizer, mas é também a prova que podemos dar de nosso pleno valor, ou ainda com o prazer do possível". "Tanto no plano técnico como no plano social", esse prazer "sofre um recalcamento social". O modo funcional "das coisas do mundo do trabalho harmoniza-se cada vez menos com a autenticidade das relações", bem como "com a verdade da relação real com o mundo". Clot se permite concluir que é "a tirania do lucro que leva ao cinismo e à linguagem cúmplice". Isso acaba tanto "em ressentimento como em rancor". A consciência de si e do mundo alivia esse sentimento, sendo por aí o caminho da felicidade pessoal.

Segundo Betz (2014 p. 124), a realidade atual não facilita a chegada de uma vida normal e produtiva: "as grandes mudanças que estão ocorrendo nos dias de hoje [...] estão deixando as pessoas amedrontadas". Ocorre que "o mundo está mudando mais depressa e mais radicalmente do que nossas mentes conseguem acompanhar". Para o autor, cada um precisa "manter a ordem na sua consciência, nos seus pensamentos, nos seus sentimentos e no seu corpo". Betz ressalta que "se você tiver uma conexão ativa com a voz do seu coração" será capaz de permanecer "calmo e tranquilo durante esses tempos turbulentos". Para tanto, se exige um profundo autoconhecimento e uma quase perfeita aceitação de si, como cada um verdadeiramente é.

Caruso e Salovey (2007, p. 13) concordam que: "A preocupação e a ansiedade podem desempenhar um papel positivo em nossa vida", que estamos vistoriando nosso ambiente no receio que algo esteja por ocorrer, assim somos obrigados "a considerar planos e opções". Surge aqui o papel da emoção, "que não é apenas importante, mas absolutamente necessária" para tomarmos boas decisões. Ela também contribui para "agirmos de maneira otimizada na solução de problemas". Com ela, enfrentamos "as mudanças e alcançaremos o sucesso", com o uso racional das emoções (p. xvii).

Raudsepp (1972, p. 38) analisa as tensões no trabalho, quando propõe que "ninguém está realmente livre de conflitos e tensões ocasionais que desaparecem, porém, quando se remove o problema ou situação que os causou". Sempre estarão presentes outras tensões criadas pela angústia que persiste e interfere seriamente na eficiência, tomada de decisões e no julgamento no trabalho. Não raro "leva às faltas no serviço e trocas de emprego" devido à intensidade e persistência dessa tensão, ela é considerada como uma das reações que nada resolvem.

São cinco os traços que caracterizam aqueles que são capazes de viver bem com suas tensões, conforme diz o autor: "mantêm-se flexíveis sob pressão; tratam os outros como seres independentes; encontram satisfação numa variedade de fontes, como pessoas, ideias, tarefas e interesses externos". Isso ocorre porque aceitam as próprias capacidades e limitações, e têm uma imagem realista de si mesmos conseguindo manterem-se ativos e produtivos no interesse da realização própria e a serviço dos outros". Essa predisposição nos torna donos de nós mesmos.

Faz bem a todos conviver com alguém ajustado. Sente-se que a pessoa transmite segurança ao integrar seus próprios objetivos, prima pela espontaneidade e não usa subterfúgios desagradáveis ao se mostrar como é. Tem coragem e energia suficientes para digladiar-se com os problemas que enfrenta. Antes de tudo, mostra conhecimento de si, dos seus poderes e limites. A pessoa oferece uma interação extremamente agradável, sendo socialmente hábil e bem-aceita nos ambientes que frequenta. Pode ser difícil encontrar tudo isso em uma só pessoa, mas as mais agradáveis têm maior quantidade desses traços, que são percebidos por aqueles com quem interage e não se compromete além daquilo que faz naturalmente. Na linguagem corrente, na maioria das vezes, estão de "bem com o mundo".

É normal a pessoa desejar controlar suas emoções, permitindo que os outros discutam ou anulem suas decisões pessoais sem sentir que isso representa uma ameaça ao seu valor. Quando existe ajustamento, a pessoa aguenta expressões de hostilidade com a mesma classe com que sabe recebê-las. Aceita vitórias sem se embriagar com elas; suporta derrotas sem se imaginar liquidada; encontra motivação para orgulhar-se de si. Quem se conhece muito bem e se sente ajustado é capaz de tanto.

Collins e Hansen (2012, p. 13) caracterizam essa realidade propondo que ninguém "é capaz de prever com certeza as reviravoltas que vão nos atingir". Ressaltam que nossa "vida é incerta e o futuro uma incógnita". Consideram que esse momento "não é bom nem ruim, simplesmente é como a gravidade". Como resultado, "permanece diante de nós a tarefa de administrar o próprio destino, apesar de tudo". Só a própria pessoa pode ter esse orgulho.

9.9 Motivação × frustração

No contexto da psicodinâmica motivacional, a frustração surge como um elemento estranho, que se interpõe entre o sujeito e seus objetivos. Ela representa um degrau mais alto de uma parede aparentemente intransponível que, para ser vencida, obriga planejar novas estratégias comportamentais.

Para os psicólogos da aprendizagem, a frustração é representada por um tipo especial de *feedback* negativo, resultante do bloqueio de uma atividade em andamento, como um choque elétrico que impede o animal de acionar uma barra para obter o alimento que sacia sua fome. Aquilo que foi inicialmente pretendido torna-se impossível e o indivíduo vê-se obrigado a reformular sua pretensão inicial, redirecionando a satisfação das necessidades pessoais.

Embora os objetivos sejam inatingíveis, as forças mobilizadas pelo indivíduo não deixam de existir. Essas forças concentram-se dentro de cada um, precipitando uma sensação interior de pressão desconfortável.

O uso de estratégias de recompensas que estão fora de cada um e fora do trabalho em si para resolver pressões interiores causou mais problemas do que se poderia imaginar. Pink (2010, p. 46) se refere a esse incidente, comparando as recompensas que vêm de fora à dependência de drogas "que potencialmente têm efeitos colaterais perigosos". Como diz ele, "recompensas em dinheiro e troféus reluzentes podem causar uma deliciosa sensação de prazer a princípio, mas o sentimento logo se dissipa". O autor propõe que, "para mantê-lo ativo, o recebedor requer doses ainda maiores e mais frequentes desse tipo de recompensa". Pelo fato de "oferecer uma recompensa, o principal sinaliza para o agente que a tarefa é indesejável". Receber prêmios fora do trabalho indica que o trabalho representa algo desagradável.

Há alguns tipos de obstáculos na vida de cada um que ocasionam frustrações consideráveis, tais como a quebra de carreira profissional ardentemente desejada, uma doença incurável ou um desastre financeiro sério. O impacto da frustração é tão grande que só em condições muito especiais o indivíduo conseguirá lograr outro tipo de comportamento que viabilize o pretendido ajustamento. Esse tipo de frustração deixa marcas na personalidade e frequentemente é necessário pedir ajuda a outras pessoas para sair dessa situação desfavorável. Frustrações muito fortes põem em risco a integridade da estrutura da personalidade, chegando a abalá-la, levando aquilo que a psicopatologia chama de trauma, que é o início de um estado patológico indesejável.

No caso da frustração, dois valores são desejados pelo indivíduo que precisa resolver aceitar um deles e abandonar outro, vivendo uma situação típica de conflito. Enquanto não puder optar por um deles, abandonando o outro, estará inteiramente absorvido na busca da resolução desse impasse. Quando muito tempo é decorrido sem assumir uma das opções, o indivíduo passa a viver uma situação interior de grande tensão, o que pode levar à quebra de homeostase e infelicidade. Em conflito, qualquer pessoa perde sua eficiência frente a outros campos de atividade.

Gazzaniga e Heatherton (2005, p. 280) encaram o tema motivação como "a área da ciência psicológica que estuda os fatores que energizam ou estimulam o comportamento". Os autores citam Walter Cannon, fisiologista de Harvard que, por volta da década de 1920, "cunhou o termo **homeostase** para descrever a tendência das funções corporais de manter o equilíbrio". Para os autores, um "objetivo é um resultado desejado e normalmente está associado a um objeto específico". A substituição por outro objeto não raro se associa à quebra de homeostase. Como explicam, "um **ponto estabelecido** é um resultado hipotético que indica homeostase". "As **expectativas** são representações mentais de futuros resultados" e determinam sua desejabilidade. Analisando os graus de satisfação, se "o desempenho das pessoas está abaixo dos seus padrões ideais, elas experimentam um afeto negativo, como sentimentos de tristeza, frustração e ansiedade". É importante saber que "o afeto negativo serve como um sinal de que você não está atingindo seus objetivos pessoais". Quando isso acontece para reduzir o afeto negativo e evitar a consciência daquilo que está ocorrendo, pode ocorrer um comportamento típico de *escapismo*, no qual as pessoas "bebem álcool ou usam drogas para esquecer seus problemas", o que se qualifica como falso ajustamento.

Segundo Wagner III e Hollenbeck (2009, p. 121), a satisfação com o trabalho é "um sentimento agradável que resulta da percepção de que nosso trabalho permite realização de valores importantes" que estão "ligados ao próprio trabalho". É necessário evitar "um estado emocional que é desagradável" nesse momento em que "as pessoas estão inseguras de sua capacidade para enfrentar um desafio percebido em relação a um valor importante". Cabe à própria pessoa influir positivamente na busca da sua satisfação.

Hepner (1965, p. 23) aponta que "toda pessoa problema é uma pessoa com problema". Torna-se alguém que possui uma dificuldade, que não é tão simples nem tão objetiva como se possa pensar, "guarda dentro de si uma série de preocupações pouco confortáveis". Executivos menos avisados prestam atenção apenas nos sintomas externos do conflito e esquecem-se do mal-estar intrapsíquico. Para o autor, não existem manuais que esgotem soluções mágicas às frustrações e aos conflitos humanos.

Levinson (1970, p. 241) ressalta um conjunto de atitudes que podem ser úteis na situação de conflito: "não ignore um conflito por considerá-lo um 'simples conflito de personalidade'; não se deve procrastinar um problema desagradável; não espere que ele se resolva sozinho". É necessário que pergunte a si quem está sendo ameaçado e por quê. É preciso também avaliar a tensão do conflito; se você é uma das partes do conflito, converse com uma terceira pessoa; reconheça que nem todos os problemas têm solução". Não são as frustrações que fazem os grandes homens, ou determinam os fracassados, mas a maneira particular como cada um as enfrenta. As frustrações podem até ser consideradas benéficas, uma vez que elas colocam as pessoas em ação para resolver seus problemas; tudo depende de como elas reagem.

9.10 O falso ajustamento

O fato de estar trabalhando não assegura que a pessoa esteja livre de desajustar-se, embora cada um faça o possível para esconder qualquer anormalidade ou desorganização psíquica em seu ambiente de trabalho. Nem sempre as pessoas sentem-se seguras de que realizaram verdadeiros ajustamentos. Muitas vezes, assumem o estereótipo de condutas que refletem o uso de falsos ajustamentos.

Impulsionado pela pulsão das suas necessidades motivacionais, que batem na barreira representada pela frustração. Incapaz de perceber corretamente todas as variáveis que compõem a situação, o indivíduo considera de forma emocional, mergulhando na explicação subjetiva e imatura do quadro complicado que está enfrentando. Perdendo sua capacidade de raciocinar de maneira objetiva e amadurecida, o indivíduo avalia mal quais são suas necessidades. Não reconhecendo a amplitude da barreira, a pessoa perde de vista os objetivos originalmente almejados.

Uma boa parte dos conflitos de alguém é enfrentada por atitudes improdutivas. A pessoa acaba entrando em uma situação delicada, que poderá levá-la a tomar o plano inclinado dos distúrbios de comportamento de maior gravidade, tais como neuroses e psicoses. Aqueles que tentam ajustar-se usando a substituição negativa de objetivos evidenciam duas constantes de comportamento, que são: alto nível de ansiedade e agressividade destrutiva. O próprio indivíduo tem uma vaga sensação de que as coisas não vão bem, e a angústia de ter fracassado na resolução dos seus problemas se transforma numa predisposição quase permanente.

Os sintomas comportamentais dos desajustamentos são sensibilidade à crítica – a pessoa reage mal às críticas e ao ridículo, sofrendo com elas; tendência a inferiorizar os outros – aponta as falhas dos demais, minimizando as próprias; preocupação constante – prende-se a pequenas tarefas, detalhes ou pessoas insignificantes; racionaliza suas deficiências – pronuncia seu sentimento de inferioridade e encontra razões para as suas deficiências, mesmo que elas nada tenham a ver com seus fracassos; grande sensibilidade a elogios – está faminto de autoestima, e considera os elogios como completas gratificações; solidão – por medo da crítica, não desenvolve contatos sociais produtivos.

A análise desses sintomas leva à conclusão de que o indivíduo trocou os objetivos produtivos por outros que não levam a lugar algum, e começa a criar dificuldades a todos à sua volta. Essas atitudes desagradáveis representam, também, uma forma de liberação da tensão interna, que resulta em uma reação indesejável e destrutiva. A pessoa se paralisa frente aos problemas como se não houvesse mais nada a ser feito. Claramente tranformou-se numa pessoa-problema.

Como analisa Garcia (2012, p. 37), costuma-se projetar no outro "sempre algo incômodo ou reprovável que está dentro de nós" e, embora isso não seja produtivo, a pessoa acredita livrar-se de "sentimentos que não podemos admitir ou suportar". Assim fazendo, tem a impressão que seja "uma das maneiras de dar vazão a algo que incomoda, de tirar isso do mundo interno e jogar no mundo externo" mesmo que de forma não plenamente consciente. Tais indivíduos atribuem "o fracasso a fatores externos, que 'protejam' seu ego do desconforto da derrota", e da ansiedade que esse fracasso mobiliza.

Essa ansiedade representa uma moeda de duas faces, ela "pode ser a energia que constrói, mas também a doença de destrói", tudo depende de como se está lidando com a situação.

A probabilidade de refazer um ajustamento eficaz está praticamente perdida nesse momento. Essa maneira de agir representa a adoção de uma conduta já anormal que, se não for orientada a tempo, torna-se alarmante, não só para o próprio indivíduo, mas para todos aqueles com quem ele convive. Utilizando uma estratégia inadequada que o faz mergulhar em um mundo não usual para os demais.

É importante que se conheça a diferença entre o comportamento normal e o patológico. A patologia reside apenas na intensidade com que o comportamento é exibido. Trata-se de uma diferença representada pelo grau de intensidade e não de natureza do comportamento.

Como dizem Osório et al. (2013, p. 197), "Para Freud, o normal e o patológico são determinados pela maior ou menor eficiência dos mecanismos de defesa em controlar a angústia". Nesse sentido, a "distinção entre esses dois estados não é 'qualitativa', e sim 'quantitativa'". Para os autores, "o que distingue um indivíduo 'normal' de um 'neurótico' ou um 'psicótico' é a capacidade do Ego de empregar mecanismos de defesa adequados. Com isso ele visa controlar a angústia, que é a 'mãe' de todos os sintomas".

Gazzaniga e Heatherton (2005, p. 508) oferecem um quadro descritivo desse estado. Os transtornos patológicos são reconhecidos "por ansiedade excessiva na ausência de um perigo verdadeiro". Os autores consideram "anormal sentir uma forte ansiedade crônica sem motivo", na qual as pessoas se sentem tensas, apreensivas além do habitual. "É frequente o sentimento de depressão e irritabilidade" por não se conseguir chegar a soluções efetivas.

Essa predisposição é sinal de que a pessoa não está bem e que chegou a hora de reagir procurando ajuda especializada, para não trilhar um caminho praticamente sem volta. Além de procurar um especialista, é necessário levar em conta uma possível prescrição medicamentosa que deve ser acompanhada por cuidados médicos. É bom que se saiba que não é fraqueza procurar ajuda. Pelo contrário, encarar o problema de frente exige coragem para admitir que é necessário analisar de perto a anormalidade psíquica. É consenso em psiquiatria que as neuroses são distúrbios de comportamento que se caracterizam por distorções da percepção, inadequação de reações emocionais, distanciamento da realidade objetiva, na qual o indivíduo não está consciente, perdendo assim a noção da adequação do seu comportamento.

Yourcenar (1980, p. 32) descreve o esforço de uma vida consciente: "emprego toda a minha inteligência para observar minha vida de tão longe e de tão alto, que ela me parece como a vida de outro, e não a minha própria". Para a autora, "a dificuldade desses processos de autoconhecimento é difícil e requer um mergulho autêntico dentro de nós mesmos". Assim sendo, "a maioria dos homens prefere resumir sua vida, não raro, numa fórmula de louvor ou de queixa". Eles adotam "complacentemente uma existência explicável e clara". Muitas pessoas têm coragem para tanto. Esta é a razão pela qual existe uma costumeira resistência a um tratamento psicoterápico.

O neurótico caracteriza-se por suas obsessões, reconhecidas como ideias ou pensamentos fixos de que são portadores, e se sente impossibilitado de apagar voluntariamente, embora os sinta como inoportunos e desagradáveis. Em casos mais graves, as obsessões tornam-se estados mentais exclusivos que desgastam o indivíduo, podendo levá-lo a uma significativa confusão mental. Exemplo disso são as manias injustificadas, como as de perseguição, limpeza, culpa e muitas outras.

Como exemplifica o filme de Elio Petri, vencedor da Palma de Ouro do Festival de Cannes de 1971, *A classe operária vai ao paraíso*, no qual o operário luta para assumir o mesmo ritmo da máquina em que trabalha depois de já ter perdido um dedo. Todos à sua volta não entendem esse comportamento estranho para os que o veem operar a máquina.

A intensificação das perturbações da percepção e das emoções pode se tornar mais grave. Trata-se aqui de um quadro patológico reconhecido como psicose, no qual o indivíduo é verdadeiramente incapaz de se relacionar, fechando-se em um mundo totalmente seu, impenetrável e inexplicável aos demais. Esse mundo é construído de alucinações, delírios e um total rompimento com o mundo objetivo. Por estar desenvolvendo comportamentos tão inesperados, o psicótico tem reações, às vezes, perigosas contra si e contra a sociedade, precisando geralmente ser afastado dela e ser hospitalizado para um tratamento mais severo – como no caso dos sociopatas.

O psicótico está mergulhado em um mundo estranhamente caótico, no qual os conteúdos psíquicos se ligam de forma confusa, ilógica e atemporal, cujas emoções são totalmente inadequadas à realidade do momento. Ocorre uma evasão praticamente total da realidade objetiva, e o paciente sente-se em um contexto desconexo. O psicótico não é capaz de conseguir qualquer tipo de produtividade. Os rituais psicóticos são conhecidos como compulsões e os neuróticos como obsessões.

Do ponto de vista científico, é sabido que nunca um quadro neurótico ou psicótico formou-se apenas a partir de um único acontecimento. Ao examinar a história de vida dos psicopatas, encontra-se ao longo dos anos uma série de eventos que foram preparando um sofrido desfecho.

Os distúrbios psíquicos há muitos anos chamam a atenção dos especialistas. As explicações dadas a esses comportamentos foram de início míticas, levando a considerar esses doentes como possuidores de maus espíritos. Eles eram presos nas paredes, acorrentados de tal forma que não lhes era possível sentar-se ao chão para descansar. Foi Pinel (1745-1826) quem os soltou dessas correntes, em 1801. O termo "neurose" surge em 1774 com Willian Cullen, e o termo psicose, em 1845, por Feuchters Leben.

Erroneamente, acredita-se que a intervenção de um terapeuta seja feita para curar um desvio comportamental, como enfatizam aqueles que acreditam "ainda não estarem loucos para ir a uma psicoterapia". A consulta com o especialista em saúde mental deveria ser feita preventivamente para evitar que se chegue ao quadro anormal irreversível. Quanto maior o desajustamento, mais difícil e demorada será a recuperação da saúde psicológica. Psicólogos e psiquiatras devem ser consultados periodicamente, da mesma forma que as pessoas fisicamente sadias fazem um *checkup* com seus médicos e dentistas particulares.

Embora seja um hábito saudável, muitos temem mergulhar dentro de si para pesquisar aquilo que realmente esteja acontecendo. Como diz Garcia (2012, p. 131), entrar em "contato com a própria psique quase nunca é um caminho fácil". Para tanto, é necessário: "vencer as próprias resistências, trazer à tona traumas do passado". Além do mais, é preciso "lidar com fantasmas internos, o que pode ser doloroso". O autor confirma que "ninguém sai incólume do processo". Embora seja um momento delicado a ser ultrapassado, ele se faz indispensável.

Como acrescenta Drucker (1981, p. 385), é indispensável reagir diante da estagnação patológica, sendo "grossa tolice esperar que tais problemas desapareçam se nós não olharmos para eles". Dentro de qualquer ambiente e em especial dentro do ambiente organizacional, tais "problemas só desaparecem quando alguém faz alguma coisa a respeito deles". Para Drucker, as causas dessa estagnação podem ser "imprevidência, indolência e incompetência". Embora existam exceções louváveis, algumas instituições regidas pelo Estatuto dos funcionários públicos podem ser um bom exemplo dessa inoperância. Isso vem embutido nas queixas daqueles que delas precisam.

9.11   Ajustamento ao trabalho

O Instituto Gallup fez uma pesquisa sobre a vida no trabalho, batizando-a de "Uma triste realidade sobre o local de trabalho". A pesquisa conclui que "apenas 30% dos funcionários estão ativamente comprometidos em realizar um bom trabalho". Ela foi levada a efeito em 2013, mostrando que "50% dos funcionários simplesmente passam seu tempo na empresa, sua predisposição não é inócua". Ao mesmo tempo, 20% demonstram descontentamento de forma contraproducente, "influenciando colegas negativamente, faltando e afastando os clientes por oferecer serviços de má qualidade". Para finalizar, o Gallup afirma que os "20% custam à economia americana perto de meio trilhão de dólares por ano". Depois de todas essas considerações, perguntou-se aos pesquisadores qual a razão desta "falta de engajamento tão generalizada dos funcionários". A resposta direta e sem rodeios foi: "uma liderança insatisfatória". No perfil dessa triste realidade, chega-se a perceber que aqueles que são liderados com frequência se ressentem de uma liderança precária.

Assim como as pessoas têm personalidade, as organizações também as têm. Assim como a personalidade de cada um pode ficar doente, a personalidade dessas empresas pode adoecer com elas. As pessoas doentes têm sua eficácia comprometida, as empresas que adoecem também perdem seu referencial de produtividade e, com isso, perdem também seu referencial competitivo no mercado onde estão. Essa é a história de muitas delas que chegaram a ser consideradas como as melhores durante alguns anos, saindo dessa lista depois de algum tempo.

As competências individuais e organizacionais andam lado a lado. As pessoas têm uma necessidade central de competência. Por isso, o ato de coordenar esforços de contribuintes individuais em face de um objetivo organizacional só passa a lograr êxito quando é concebido como um ato global. O desenvolvimento da organização é atingido pelo desenvolvimento do potencial integral dos seus recursos individuais. A velocidade da mudança na atualidade impõe novas formas de sobrevivência a serem assumidas por todos, fluindo no sentido cúpula-base, caso se pretenda mesmo tornar viáveis mudanças indispensáveis. Saber conduzir pessoas até os objetivos a que se pretende produz um dos aspectos mais significativos da almejada vantagem competitiva. Se a empresa emprega as melhores pessoas e é capaz de mantê-las, dispõe dessa vantagem competitiva – dificilmente será alcançada por outras empresas. Esse é o diferencial estratégico das organizações que possuem colaboradores cujos pontos fortes se encaixam às suas necessidades, que estão em constante mutação. Por parte dos empregados, sentir que usam seus pontos fortes todos os dias representa um referencial de grande motivação, uma vez que assim sentem que fazem a diferença.

Toledo (1981, p. 23) chama "de organização (privadas ou não), com um nível gerencial maduro aquelas que tratam profissionalmente das várias fases do processo de gestão". Para o autor, "a maturidade gerencial das organizações reside em criar e manter condições propícias ao desenvolvimento da motivação do seu maior patrimônio, que é o patrimônio humano". Para tanto, levam "em conta que as pessoas e os grupos buscam o autodesenvolvimento, o autocontrole, a participação", o que significa autorrealização. Elas "veem no seu patrimônio humano um recurso de produção comparável aos seus recursos tecnológicos, financeiros ou suprimentos materiais"; para elas, as pessoas não são todas iguais.

A psicologia do comportamento humano na empresa é o tema central da preparação dos seus executivos, independentemente da área que dirigem ou do nível hierárquico em que estão. Eles precisam estar preparados para reconhecer quando um empregado não está mais em condições de produzir satisfatoriamente e atingir o perfil comportamental desejável. Caso seu ajustamento a situações da vida, em geral, e no trabalho, em particular, se faça de maneira inesperada e imprevista, contribuirá para a ineficácia do ambiente global em mutação e constantes inovações.

A pessoa é uma só, e não muda de identidade, desfrutando sua vida pessoal ou empregando seus esforços no trabalho. A propósito, Bartolomé (2001, p. 95) afirma: "para ter uma vida saudável, é preciso administrar as emoções negativas que se originam no trabalho". O autor enfatiza que, durante cinco anos, temos reunido mais e mais evidências que sugerem que, ao menos entre os gerentes, os interesses individuais e organizacionais podem estar em harmonia. Confirma, ainda, que "uma vida profissional saudável é um pré-requisito para uma vida privada saudável". É praticamente impossível que uma pare de influenciar a outra. Ao longo do século XX, houve uma tentativa de separar esses dois lados da vida do ser humano; todavia, esse foi um esforço que só trouxe problemas. Aborrecimentos e alegrias de um contexto contaminam o outro – uma vez que cada um possui sua integridade afetiva indivisível dentro de uma só personalidade.

O envolvimento pessoal com a organização está na ordem direta da satisfação dos anseios pessoais que essa organização pode proporcionar. Um número significativo de pesquisas tem estudado a ligação entre a satisfação com o contexto de trabalho e o envolvimento pessoal dos trabalhadores. Isso fica evidente no relato de Siqueira e Gomide Jr. (2004, p. 31-32): "satisfação e envolvimento com o trabalho dominaram as pesquisas que buscavam identificar possíveis antecedentes que participariam da predição de níveis de produtividade e desempenho". O objetivo foi conseguir "que gerentes pudessem planejar estratégias capazes de levar trabalhadores a se tornarem satisfeitos e envolvidos com o trabalho". Era esperado que se atingisse "elevação da produtividade e desempenho, bem como redução do absenteísmo e rotatividade". Principalmente em países mais desenvolvidos, a cúpula organizacional tem, pessoalmente, assumido um papel ativo na busca de procedimentos que facilitem o aproveitamento de toda a sinergia dos pontos fortes de cada um, da criatividade e do ajustamento das pessoas dentro das organizações, sem desgastá-las.

Kets de Vries, devido a sua reconhecida competência em trabalhar com executivos de forma praticamente psicoterápica, faz um alerta sobre a importância da preparação que devem ter para reconhecerem o efeito das suas ações. "Ao trabalhar com executivos, logo se percebe que eles não agem de forma racional o tempo todo." Propõe que esses "líderes empresariais são muito mais complexos que o grupo usual de indivíduos". Eles são pessoas "imbuídas de uma motivação e determinação extremas", e isso tem seu peso. Podem exibir necessidades irracionais.

A luta que travam pelo poder "pode ser como uma doença que contamina aqueles que entram em contato com ele". Essa luta "pode ser como um narcótico, transformando em viciados aqueles sedentos de poder". O trabalho de Ketz de Vries junto a esses executivos é feito ao longo de mais de um semestre, não em um final de semana como acontece em muitos seminários de desenvolvimento de líderes executivos.

O envolvimento integral de todos os níveis de liderança, desde a alta cúpula até a base da empresa, tem sido feito habitualmente, o que conduz a um clima harmônico, que permite a troca de conhecimentos de diversos problemas e a solicitação de informações sobre como resolvê-los. Antigos setores de Recursos Humanos, em numerosas organizações, hoje estão sendo denominados de Desenvolvimento Organizacional, desaparecendo para sempre a figura temida que representava o *chefe do pessoal*.

Como diz Muchinsky (2004, p. 435): "se o mundo do trabalho está passando por uma mudança tumultuada, certamente ela influenciará as características dos indivíduos que prosperarão nesse novo ambiente". Não se pode negar que os parâmetros para selecionar futuros empregados têm sido modificados constantemente. As empresas que dão aos seus colaboradores a oportunidade de utilizarem seus pontos fortes todos os dias vêm se tornando cada vez mais vitoriosas. O autor (2004, p. 436) aponta: "com a crescente mudança para o uso de equipes de trabalho, está se tornando cada vez mais importante ter funcionários com habilidades sociais". Essas habilidades incluem "comunicação, relacionamento interpessoal, resolução de conflitos e a capacidade de influenciar". Os perfis de competências humanas foram alterados para fazer face ao desafio da mudança trazida pela globalização.

Tempos atrás, os programas de desenvolvimento de líderes buscaram corrigir fraquezas, como apontam Buckingham e Clifton (2008, p. 11), "nos quatro cantos do mundo, cada pessoa tem sido encorajada a identificar, analisar e corrigir suas fraquezas para se tornar forte". Parece que errar não faz parte da realidade organizacional. Os autores propõem que "a grande organização deve não apenas se ajustar ao fato de que cada funcionário é diferente" (p. 12). Para continuar grande, "precisa também tirar proveito dessas diferenças". Isso leva a "situar e tratar cada pessoa de modo que seus talentos sejam transformados em pontos fortes". Essas organizações promovem o autoconhecimento, a autoaceitação e o autoajustamento desses pontos fortes já existentes no potencial de competências de cada um. Os autores propõem também que "a organização revolucionária deve construir toda a sua dinâmica em torno dos pontos fortes de cada pessoa", caso queira continuar viva, e, para isso, deve tratar "cada pessoa de modo que seus talentos se transformem em genuínos pontos fortes". Só assim conseguirá aproveitar o seu diferencial competitivo.

Como afirma Stewart (2010, p. 28), o bom administrador caracteriza-se como "alguém com grande conhecimento do mundo e ainda maior sobre como as pessoas trabalham", bem como "alguém que sabe tratar as pessoas com respeito". Para os autores, as pessoas têm um grande peso a favor do seu diferencial. A produtividade vem, sobretudo, do ajustamento que se consegue atingir. Hoje, são muitas as empresas que perceberam isso e trabalham junto aos seus colaboradores para que se consiga ter um todo organizacional ajustado e produtivo.

Domingos (2009, p. 12) propõe: "os empresários e executivos estão desorientados, angustiados e exaustos com as metas agressivas, a concorrência feroz, as crises frequentes e o mercado cada vez mais hostil". Sentem-se tão pressionados que muitas vezes duvidam que possa existir luz no fim do túnel. Em momentos assim, descobrir que outras pessoas viveram problemas semelhantes e saíram vitoriosas serve de estímulo. Saber que empresas hoje consagradas já foram pequenas, frágeis e problemáticas ajuda a compreender que todos passam por dificuldades. É possível, nesse caso, concluir que o sofrimento pode ser um aliado no caminho para o sucesso é altamente revelador.

Referências

ARGYRIS, C. *Personalidade e organização*: o conflito entre o sistema e o indivíduo. Rio de Janeiro: Renes, 1969.

BANOV, M. R. *Psicologia no gerenciamento de pessoas*. São Paulo: Atlas, 2011.

BARTOLOMÉ, F. O álibi do trabalho: quando torna-se mais difícil voltar para casa. In: LISSOVSKY, E. *Trabalho e vida pessoal*. Rio de Janeiro: Campus, 2001.

BERGERET, J. *La personalité normale et pathologique*: les structures mentales, le caractére, les symptomês. Paris: Bordas, 1985.

BETZ, R. *É melhor ser feliz do que ser normal*. Liberte-se de velhos padrões e descubra uma nova forma de amar e viver. Rio de Janeiro: Sextante, 2014.

BOOZ ALLEN, H. 10 passos para mudar as pessoas. *HSM Management*, nº 46, ano 8, v. 4, p. 104-110, set./out. 2004.

BUCKINGHAM, M.; CLIFTON, D. *Descubra seus pontos fortes*. Um programa revolucionário que mostra como desenvolver seus talentos especiais e o das pessoas que você lidera. Rio de Janeiro: Sextante, 2008.

CARUSO, D. R.; SALOVEY, P. *Inteligência emocional*: liderando e administrando com competência e eficácia. São Paulo: Makron Books, 2007.

CODO, W.; SORATTO, L.; VASQUES-MENEZES, I. Saúde mental e trabalho. In: ZANELLI, J. C.; BORGES-ANDRADE, J. E.; BASTOS, A. V. B. *Psicologia, organizações e trabalho no Brasil*. Porto Alegre: Artmed, 2004.

COLLINS, J.; HANSEN, M. T. *Vencedoras por opção, incertezas, caos e casos*: por que algumas empresas prosperam apesar de tudo. São Paulo: HSM, 2012.

DIMITRIUS, Jo-Ellan. *Decifrar pessoas*: como entender e prever o comportamento humano. Rio de Janeiro: Elsevier, 2009.

DOMINGOS, C. *Oportunidades disfarçadas*: histórias reais de empresas que transformaram problemas em grandes oportunidades. Rio de Janeiro: GMT, 2009.

DÓRIA, C. S. *Psicopatologia* – um estudo dinâmico do adulto normal. São Paulo: Faculdade de Filosofia, "Sedes Sapientiae", 1968.

DRUCKER, P. F. *Fator humano e desempenho*. São Paulo: Cengage Learning, 1981.

FERNÁNDEZ-ARÁOZ, C. *Grandes decisões sobre pessoas*: por que são tão importantes, por que são tão difíceis e como você pode dominá-las. São Paulo: DVS Editora, 2009.

FRED, S. *O mal-estar na civilização*. Rio de Janeiro: Imago Editora, 1969.

FROMM, E. *A Análise do homem*. Rio de Janeiro: Zahar, 1978.

GARCIA, L. F. *Empresários no divã* – como Freud, Jung e Lacan podem ajudar sua empresa a deslanchar. São Paulo: Editora Gente, 2012.

GARDENSWARTZ, L.; CHERBOSQUE, T.; ROWE, A. *Inteligência emocional na gestão de resultados*: controle a força das emoções de modo a poder equilibrar as diferenças, formar equipes mais engajadas e criar organizações mais saudáveis. São Paulo: Clio, 2012.

GEORGE, B.; SIMS, P. *Autenticidade*: o segredo de um bom líder é ser fiel a seus princípios. São Paulo: Saraiva, 2012.

GEORGE, J. M.; JONES, G. R. *Understanding and managing organization behavior*. New York: Adilson-Wesley, 1996.

HEATH, R. *Transformando erros em lucro*: como aproveitar todas as experiências de gestão e convertê-las em vantagens para a sua empresa.

HEPNER, H. W. *Psychology applied to life and work*. Englewood Cliffs: Prentice Hall, 1965.

KETS DE VRIES, M. F. R. *Liderança na empresa*: como o comportamento dos líderes afeta a cultura interna. São Paulo: Atlas, 1997.

KIM, W. C.; MAUBORGNE, R. Liderança do Oceano Azul. *Harvard Business Review,* São Paulo, v. 92, nº 5, maio 2014.

KOHLRIESER, G. *Refém na mesa de negociações* – como os líderes podem superar conflitos, influenciar os outros e aumentar o desempenho. Tradução de Paulo Roberto M. Santos. Curitiba: Nossa Cultura, 2013.

KRECH, D.; CRUTCHFIELD, R. *Elementos de psicologia.* São Paulo: Pioneira, 1963.

LAZARUS, R. *Personalidade e adaptação.* Rio de Janeiro: Zahar, 1969.

LEVINSON, H. Administração pelos objetivos de quem? Motivação e liderança. *Harvard Business Review.* Rio de Janeiro: Campus, 2005.

_____. *Saúde mental na empresa moderna.* São Paulo: Ibrasa, 1970.

MARUSKA, D.; PERRY, I. *Acredite, você é o cara* (como fazer a diferença na empresa, nos negócios e na vida pessoal). São Paulo: Makron Books, 2015.

MASLOW, A. H. *Introdução à psicologia do ser.* Rio de Janeiro: Livraria Tijuca, 1960.

MEIGNEZ, R. *Pathologie sociale de l'entreprise essai de sensibilization.* Paris: Gathier--Villars, 1965.

MUCHINSKY, P. N. *Psicologia organizacional.* São Paulo: Thomson Learning, 2004.

OSÓRIO, L. C.; GARCIA, L. F. *Mente, gestão de resultados*: como empreender e inovar no mundo dos Gestores de Pessoas. São Paulo: Editora Gente, 2013.

PFLAEGING, N. *Liderando com metas flexíveis*: um guia para a revolução do desempenho. São Paulo: Artmed, 2009.

PINK, D. H. *Motivação 3.0.* Rio de Janeiro: Elsevier, 2010.

RAUDSEPP, E. Tensões no trabalho. *Revista Informativa da Fundação Getulio Vargas,* Rio de Janeiro, 1972.

REUSCH, J. *Comunicación terapêutica.* Buenos Aires: Paidós, 1964.

SHEEHY, G. *Passagens*: crises previsíveis da vida adulta. Rio de Janeiro: Francisco Alves, 1980.

SIQUEIRA, M. M. M.; GOMIDE JR., S. Vínculos do indivíduo com o trabalho, e com a organização. In: ZANELLI, J. E., BORGES-ANDRADE, J. E.; BASTOS, A. V. B. *Psicologia, organização e trabalho no Brasil.* Porto Alegre: Artmed, 2004.

STEWART, M. *Desmascarando a administração*: as verdades e as mentiras que os gurus contam e as consequências para o seu negócio. Rio de Janeiro: Elsevier, 2010.

TEDLOW, R. S. *Miopia corporativa*: como a negação de fatos evidentes impede a tomada das melhores decisões – e o que fazer a respeito. São Paulo: HSM Editora, 2012.

THOMAS, K. W. *A verdadeira motivação*. Rio de Janeiro: Elsevier, 2010.

TOLEDO, F. *Recursos humanos no Brasil:* mudanças, crises e perspectivas. São Paulo: Atlas, 1981.

ULLMANN, L. *Mutações*. Rio de Janeiro: Editorial Nórdica, 1978.

WAGNER III, J. A.; HOLLENBECK, J. R. *Comportamento organizacional:* criando a vantagem competitiva. 2. ed. São Paulo: Saraiva, 2009.

YOURCENAR, M. *Memórias de Adriano*. Rio de Janeiro: Nova Fronteira, 1980.

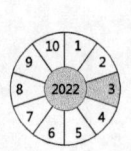